U0606220

辽宁省社科规划基金项目(L07CZX013)
辽宁省教育厅高等学校科研项目计划(2010016)
辽宁省教育厅高等学校科研项目计划(2009JD10)
大连市人民政府资助出版

先秦儒学视域下的中华民族精神研究

唐明燕　著

人民出版社

责任编辑:陈寒节

责任校对:湖　催

图书在版编目(CIP)数据

先秦儒学视域下的中华民族精神研究/唐明燕著.
—北京:人民出版社,2010.7
(科学与人文研究丛书)
ISBN 978 – 7 – 01 – 009015 – 3

Ⅰ.①先…　Ⅱ.①唐…　Ⅲ.①儒家 – 研究 – 中国 – 先秦时代
②中华民族 – 民族精神 – 研究　Ⅳ.①B222.05②C955.2

中国版本图书馆 CIP 数据核(2010)第 110489 号

先秦儒学视域下的中华民族精神研究
XIANQIN RUXUE SHIYUXIA DE ZHONGHUA MINZU JINGSHEN YANJIU
唐明燕　著

人民出版社 出版发行
(100706　北京朝阳门内大街 166 号)

北京龙之冉印务有限公司印刷　新华书店经销

2010 年 7 月第 1 版　2010 年 7 月北京第 1 次印刷
开本:710 毫米×1000 毫米　1/16　印张:14.25
字数:200 千字　印数:1～2200 册

ISBN 978 – 7 – 01 – 009015 – 3　定价:28.00 元

邮购地址:100706　北京朝阳门内大街 166 号
人民东方图书销售中心　电话:(010)65250042　65289539

《科学与人文研究丛书》总序

科学和人文是一对孪生兄妹，两者可以说是"相融是利，相离则是'半个人'"（杨叔子语）。

英文的 science 一词基本上指 natural science（自然科学），但 science 来自拉丁文 scientia，而后者涵义更广泛，是一般意义上的"知识"。德文的 wissenschaft（科学）与拉丁文的 scientia 类似，含义较广，不仅指自然科学，也包括社会科学以及人文学科。我们知道德国人喜欢在非常广泛的意义上使用"科学"这个词，比如黑格尔讲哲学科学、狄尔泰讲精神科学、李凯尔特讲文化科学等。这些词的历史性关联暗示了一个更深层更广泛的思想传统，狭义的自然"科学"只有在这个深广的思想传统之下才有可能出现和发展。从静态的观点看科学是一种认识成果，是一种系统化、理论化的知识体系。在欧洲，文艺复兴运动之前，科学是小规模的运动，主要是少数学者和哲人的个人活动。文艺复兴运动之后，才相继建立了一批大学和科学院。尤其 19 世纪以后，科学活动的规模空前扩展，科学的社会化和社会的科学化才迅速发展。到现在，科学活动不再是少数人进行的纯学术研究，而是由众多社会成员参加，对于整个社会而言，科学研究成为一种专门的社会事业、社会结构中的一个独立部门。如今运用动态的观点把它看作是人类进行社会实践的一种特殊形式，认识世界的一种过程，生产科学知识的一种特殊的社会活动。科学技术能使人类认识未知世界，帮助人类提高认识能力，同时人的认识世界的预测能力更是全面提高，突出人的主体性，表现了科学认识的能动性。在人类文化发展过程中，随着自然科学的不断发展，它的地位不断提升，成为一种高尚的文化成就。早在 17~18 世纪，科学就已成为一个重要的文化因素,被纳入整个文化体系,发挥着重要的文化功能。到了 19 世纪中期,科学文化更是蓬勃发展,在某些人心目中,科学文化简单是文化的典范,代表着文化的未来。如今,在这个文化多元化的社会,科学文化是其有机组成部分,而且成为一种相对独立的文化过程。社会文化是一个复杂的系统,是物质成果和精神成果的总汇,对社会文化的发展起到巨大推动作用,而且科学发展离不开一定的社会文化背景,受到其他文化因素的制约和影响,如政治、民族的精神状态和文化传统。

英文的 Humanities 直接来源于拉丁文 Humanitas,而拉丁文 Humanitas 继承了希腊文 paideia 的意思,即对理想人性的培育、优雅艺术的教育和训练。公元 2 世纪罗马作家格利乌斯(Aulus Gellius)的一段话成了 Humanitas 的经典定义:

那些说拉丁语以及正确使用这种语言的人,并没有赋予 Humanitas 一词以一般以为具有的含义,即希腊人所谓的 philanthropia,一种一视同仁待人的友爱精神和善意。但是,他们赋予 humanitas 以希腊文 paideia 的意思,也就是我们所说的"eruditionem institutionemque in bonas artes",或者"美优之艺的教育与训练"(education and training in the liberal arts)。热切地渴望和追求这一切的人们,具有最高的人性。因为在所有动物中,只有人才追求这种知识,接受这种训练,因此,它被称作"Humanitas"或"Humanity"(人性)。①

汉语的"人文"一词同样有这两方面的意思。最早出现"人文"一词的《易经·贲》中说:"观乎天文以察时变,观乎人文以化成天下。"这里的人文就是教化的意思。中国的人文教化同样一方面是强调人之为人的内修,另一方面是强调礼乐仪文等文化形式。那么人之为人最重要的是什么呢?一般认为,以儒学为代表的中国思想把理想人性规定为"仁",在孔子那里,仁者人也,人者仁也,两者互训互通。仁通过什么方式可以获得呢?克己复礼为仁!礼是实现仁的教化方式。

---

① 参见吴国盛:《反思科学》,新世界出版社 2004 年版,第 33—34 页。

人文学科一词来源于公元前55年,西塞罗在其《论雄辩家》一书中首先把 humanties(人之品质)列为辩论者的一项基本训练项目。后来经过希腊罗马修辞学学者的发挥,humanitas 就成了古典文科教育的基本大纲。再往后,由圣·奥古斯丁和其他教父们使之转为基督教服务,它又构成了中世纪基督教徒的基础教育,构成了称之为 artes,bone artes("通艺")或 artes liberals("自由艺术")的研究领域,其中包括数学技艺和语言艺术,也包括某些科学,历史学以及哲学。欧洲十五六世纪时期开始使用此词。原指同人类利益有关的学问,以区别于中世纪占统治地位的神学。后含义几经演变。狭义指拉丁文、希腊文、古典文学的研究,包括哲学、经济学、政治学、史学、法学、文艺学、伦理学、语言学等等。20世纪上半叶,中国大学仿照美国体制分为3个学院,其中的文学院教授的就是人文学,简称文科,以别于教授自然科学的理学院和教授社会学的法学院。

科学与人文都是社会文化现象,所以对它们的考察不能脱离时代背景和社会系统去孤立分析。科学与人文本来是统一的。在古希腊时代至欧洲中世纪,科学和人文皆被包含于哲学之中,是处于一种相互包容、相互渗透的状态之中,当然,这种浑然未分的统一是由于科学和人文学科皆未分化的结果。近代以后,当人文学科从中世纪的神学解放出来,尤其是科学真正意义上从自然哲学中分离出来时,科学与人文真正走向独立。此阶段的科学与人文之间的关系表现为双向互动的主要特征:一方面表现为科学与人文相互依存,相互促进机制;另一方面表现为科学与人文之间相互对立,彼此竞争的互斥机制。人文运动把科学从神学中解放出来,促进了科学的发展,科学的发展反过来又推动了人文主义的传播。用理性来对抗神学迷信,就是这一阶段科学与人文携手共进的重要目的之一。从18世纪中期开始,科学在西方已不仅仅是一种观点或学说了,它已是建制化的活动,已是最有权威性的实践。到19世纪下半叶,科学成为主旋律,几乎占领了整个知识领域,在这种社会背景下,人们相信只要掌握了科学就能给人类带来美好的未来。另外科学对社会系统的作用愈来愈大,成为推动社会系统进步的主要力量,从而导致在一定程度上把自然科学绝对化,产生了以实证主义为代表的科学主义观,强调知识必须建立在确实可靠的基础上,只有经验的知识才是确实可靠的,即实证的。科学几乎成为衡量万物的尺度,即"判定什么存在或不存在的尺度"。科学主义的诞生不仅否定了宗教权威,而且动摇了以人的感性经验为基础而建立起来的人文知识体系。而这一时期人文精神对社会的影响日渐消退。科学与人文之间表现出逐渐分离的趋势。人文固守绝对价值目标,忽视通往这一理想境界的现实道路。

近代以来,科学探索与人文探索关注事物的角度、它们的知识系统、文化思维、问题域和观念系统等等不同,科学和人文处于分化,对峙状态,甚趋于紧张。另一原因是人为原因,这就是受现实的功利价值、经济效益驱使。在现代社会,随着实证科学和近代技术的兴起,人与自然之间发生了角色转换。由于社会制度的作用,自然界开始变成被人们操纵的对象和被人们利用的工具,人本身变成了中心。科学作为工具价值的一面和作为目的价值的一面出现了严重的背离,以致在资本主义国家产生了科学的异化现象,科学技术对大自然的征服,导致了全球性问题的出现。全球性问题的出现,把当代人类推向了严重的生存困境。科学成了统治人的外部强制力量,这种状况,在科学技术迅猛发展的 20 世纪,西方的人本主义思想家不是对科学本身的异己性进行批判,而是对科学本身进行拒斥,用人文世界拒斥科学世界,从根本上否定科学精神和理性精神,并用艺术精神和非理性主义来取而代之;而实证主义、科学主义的思想家则把科学的人文价值从科学的价值中剥离出来,把科学理解为与人生存的意义完全无关的关于纯粹事实的科学,并进而用科学世界拒斥人文世界,科学与人文截然割裂。科学主义者突出强调的是科学和理性的重要性,强调要用科学的观点、方法和标准来审视别的文化,忽视或贬低人文文化的意义和价值;而人本主义者则突出强调艺术和非理性的重要性,强调要以"人"为本来审视一切文化,排斥和否定科学的意义和价值,于是,科学文化和人文文化、科学精神与人文精神的分离和对立便进一步加深了。19 世纪末最接近于对"两种文化"的分野进行表述的,是标榜新康德主义的弗莱堡历史学派传人李凯尔特,他提出了自然与文化、自然科学与历史的文化科学这两种基本对立。

自从实证主义产生之后,科学与人文之间的分别日益明显。实证主义提出"拒斥形而上学"的口号,实际上就是要严格区别科学与形而上学,逻辑实证主义继承了实证主义"拒斥形而上学"的传统,提出了分界问题,即科学与非科学、科学与形而上学的分界。此后这一问题成为科学哲学的一个主要问题被科学哲学家们广泛而激烈地争论。从总体上来看,自19世纪上半叶到20世纪中叶,思想家们大都在论证两种文化的独特性,给它们划界。实际上,这无意中加深了两种文化的裂痕。自20世纪中叶之后,思想家们大多从揭露两种文化的分化的弊端出发,寻求弥合两种文化裂痕的途径和方式。

现代西方人本主义者同狭隘的实证主义者和功利主义者一样,从根本上无法看到科学的人文意义和人文价值。人本主义者只看到科学技术对人、自然和社会的负面影响,将科学技术在资本主义条件下的异化直接归咎于科学技术本身,而看不到科学技术对于推动生产力的发展和促进社会的全面进步所起的巨大作用,因而看不到科学技术同人的生存、栖居、自由和发展的深刻的一致性。

由此可见,近代人文主义运动在近代前期带来了科学的发展,并促进了科学的发展,而在近代后期,由于科学自身独立的发展,特别是科学的功利主义的应用,造成了科学与人文的相互排斥,相互分离。在某种意义上,无论是科学主义的悲剧还是悲观的科学虚无主义的误区,归根到底都是由于离开了科学与人文的整合所致。

从整个世界教育发展的历史来看,不管是中国还是西方,古代的教育都十分重视人的素质的培养。但是近代以来,随着科学技术的发展,传统的人文教育逐渐被专业技术教育所取代。中国在19世纪后期开始学习西方,发展专业技术教育。在20世纪专业技术教育得到蓬勃发展。尤其是在20世纪50年代我国高等教育深受原苏联的影响,文理分家,理工分校,专业面狭窄。我国的数、理、化、天、地、生、文史、哲、法、经、社、农、医、工程等主要学科中,理工科比例太大,造成畸形发展。人们在思想上重工轻农,重理轻文,重"硬科学"轻"软科学",即便在文科中,人们又存在着重社会科学轻人文学科的倾向。

当前,对于理工科大学生来说,加强人文素质教育尤其重要;对于文科大学生来讲,提高科学素养也是当务之急的问题。通过近十几年来的努力,人们已经逐渐形成了"大"文化素质教育观。科学教育和人文教育要相融,科学文化与人文文化要相融,科学素质和人文素质要相融。相融则利,相离则弊。科学素质、科学精神,人文素质、人文精神就是在科学知识、人文知识中形而下的东西,经过人的努力,特别是经过人的实践,在实践中深思,在实践中体悟,在实践中磨炼,内化升华,形成形而上的精神世界的东西。科学精神也是人文精神。精神就是人文的东西,所以科学精神就是求真的人文精神;而人文精神,就是应以"实事求是"作为其基础的求善精神,从这一角度讲,就是求善的科学精神。科学与人文都有共同的追求。科学追求真,人文追求善,两者结合,保证追求正确,保证结果可以完美。这就是追求真善美高度的统一,而这种统一是创新。创新是一个民族的灵魂,是一个国家兴旺发达的不竭动力,真善美都是围绕着要建设一个更美好的新的明天。一个正确的思想,一个创造性的思想,必定是逻辑思维同形象思维、科学技术思维跟人文艺术思维的高度的统一。

大连理工大学人文社会科学学院自1999年成立以来,学院的发展得到了学校领导以及学界同仁、社会各界的亲切关怀和大力支持。经过10年的努力,学院在人文社会科学发展方面基本实现了三个方面的转变:在教学上,由以"两课"为主的教学工作向以思想政治理论课为主导、文化素质教育为基础、人文社会科学类专业教育快速发展模式的转变;在人才培养上,由专本科和短期培训为主向本科生、研究生培养为主转变;在教学与科研关系上,由教学主导型向学科建设为基础、教学科研、社会服务并重的模式转变。目前,随着学科快速发展的需要,学校在原思想政治理论课教研中心的基础上,又组建了马克思主义学院。新的人文社会科学学院正在按照"文理渗透、中西融汇、学研一体、博专结合"的理念,努力形成以文理工管交叉渗透为特色的人文社会科学学科群。

2006年大连理工大学决定设立人文社会科学研究基金,2007年就拿出112万专款用来支持人文社会科学研究,同时决定以后每年拿出100万元作为学校人文社会科学研究基金,这可以说是学校历史上的一个重大突破。2009年学校又提出文科要入主流,这对我们来说,不仅是一种期待,更是一份沉甸甸的责任。在这个过程中,我们人文社会科学学院理所当然地要一马当先,提升我们的学科水平。基于此,我们在编辑出版"科技哲学与科技管理丛书"的同时,结合我们学院学科较多、覆盖面宽、涉及面广的特点,本着"各美其美,美人之美,美美与共,和谐人文"的宗旨,编辑出版"科学与人文研究丛书"。这套丛书是一套跨越科学与人文两个研究领域的综合性丛书,具有基础性、交叉性、哲理性、现实性、综合性的特点,内容主要涵盖科学与人文综合研究的诸多方面。举凡涉及科学、人文及其关系的内容,均收入这套丛书。这套丛书是我校"211工程"和"985工程"建设项目的内在组成部分,其中的著作或者是我们学院部分教师承担的各级各类研究课题的成果,或者是来自名校的年轻博士的博士论文。我们希望通过这套丛书的持续不断的出版和若干年的努力,不仅进一步搞好我们的学科建设,形成我们的学科特色,而且为实现"文理渗透、中西融汇",促进我国科学与人文的交融发展贡献我们微薄的力量。

洪晓楠

2009年8月8日于大连

目　录

第一章 中华民族精神的界定

一、对民族精神的基本认识

民族精神问题作为关系民族兴衰的重大课题,自近代以来每至中华民族发展的关键时刻都会被提及。迄今为止,这一课题的研究以新中国成立为界可分为两大阶段,其间大致经历了三次热潮:第一次热潮发生于19世纪末20世纪初,帝国主义用坚船利炮打开了中国的大门,中国沦为了半殖民地半封建社会,中华民族面临着亡国灭种的深刻民族危机,在此情况下,有识之士开始自觉地审视、检讨民族精神,积极地探索复兴、重铸民族精神之路。资产阶级革命派、西化论者、文化保守主义者以及中国共产党人等,纷纷发表见解并彼此间展开激烈论争,这一时期出现的关于东西文化之争、关于文言文与白话文之争,关于儒学与传统道德之争等都是民族精神研究热潮的表现。第二次热潮发生于20世纪80年代末90年代初,在全球化的背景下,伴随着中国改革开放的深入,中国社会处于一个由传统农业社会到现代工业社会,由计划经济到市场经济的深刻转型期,如何应对全球化,如何处理传统文化与现代化之间的关系等问题摆在了人们面前,理论界开始围绕这些问题思索、讨论民族精神。第三次热潮发生于中国共产党第十六次全国代表大会之后,一直持续至今。民族精神问题经由十六大报告的阐述,第一次由学术层面上升到国策要求,从而引起了社会各界对民族精神问题的关注,形成了新一轮的研究热潮,这次热潮是"在党和政府的大力倡导下形成的,具有自上而下和自下而上的双重特征"①,讨论的问题是在第二次热潮基础上的进一步深化。

近百年来,民族精神问题的研究由感性到理性、由肤浅到深入取得了大量成果,使这一问题的研究愈益丰满起来。但是,关于什么是民族精神,即民族精神的概念问题,理论界依然众说纷纭,始终没有形成一个公认的定义。纵观目前已经出现的诸多民族精神的概念,如果按照价值判断来划分,可将其大致归纳为四种观点:第一种观点是将民族精神定位成进步的积极的精神,认为真正的民族精神应体现民族根本利益和社会发展方向,是一个民族得以维系和发展的精粹思想、进步观念和优秀文化,不包括落后和消极的因素。如张岱年先生认为,民族精神应具备两个要件:"一是有比较广泛的影响","二是能激励人们前进,有促进社会发展的作用。"②这种对民族精神的认识是理论界的主流看法。第二种观点认为"民族精神"优劣并存,既包含着进步、优秀的成分,又包含着落后、劣根的一面,具有双重性,例如吴来苏先生认为:"一方面民族精神中包含有凝聚力强、崇尚群体、刻苦耐劳、朴实宽厚、和谐谦逊、注重精神价值等积极内容;另一方面又有因循守旧、消极依赖、不倡个体、排斥创新的消极内容。"③第三种观点视"民族精神"为中性概念,例如李宗桂先生认为:"民族精神只是个中性概念,正如文化传统是中性概念一样,属于事实判断的范畴,而不是价值判断。"④第四种观点则对民族精神作广义和狭义两种区分,认为广义的民族精神是精华与糟粕的共同体,而狭义的民族精神则仅指正面、积极的精神因素,例如,方立天先生认为:"民族精神的广义和狭义之分是相对的,两者都是可以成立的,……广义的民族精神包含了狭义的民族精神,……广狭二义立论民族精神也各有长处和短处……只要确定参照系,界定明确,自圆其说,那就不论是从广义还是狭义立论民族精神都是

① 赵子林.民族精神研究:回顾与展望[J].兰州学刊,2007(10):66-95.
② 张岱年.文化与哲学[M].北京:教育科学出版社,1988.73.
③ 吴来苏.对构建当代民族精神的思考[J].河北学刊,1997(2):19-23.
④ 李宗桂.优秀文化传统与民族凝聚力[J].哲学研究,1992(3):46-55.

可行的。"①

本书将"民族精神"作为一个为该民族提供发展动力、帮助该民族树立正确价值观念的专有名词来对待,赞同第一种观点。本书认为:"民族精神"含义单一,仅指"民族的精神"中积极向上的部分,不包括消极、落后的方面,它是民族文化的核心和灵魂,是一个民族在长期生产与生活中表现出来的富有生命力的优秀思想,是一个民族共同的价值观和精神支撑,是民族凝聚力的思想基础和社会发展的精神动力,具有对内动员民族力量、对外展示民族形象的重要功能。弘扬民族精神,可以提升民族的认同感、归属感、自豪感;可以提升民族的自尊心、自信心;可以提升民族的生命力、创造力和凝聚力,民族精神是综合国力的重要组成部分。理越辩越明,为了更好地把握民族精神的含义,有必要将民族精神与一些相关概念做一下区分,有必要对民族精神的基本特征作一厘清。

1. 民族精神与民族意识、民族共同心理素质、民族性格、民族性

民族精神与民族意识、民族共同心理素质、民族性格、民族性是几个既有联系又有区别的概念。其共同之处在于:它们都同属于一个民族或国家的精神文化现象,都植根于民族文化传统之中,具有同一血脉;它们都体现了一个国家或民族的特点,其形成都经历了比较长的时间,都具有全民性、稳定性、连续性、持久性,其变化都是渐进的、缓慢而细微的;它们都是维系本民族存在的力量,都可以抗拒其他民族的心理和精神的渗入,都是保持民族界限的屏障。但是这几个概念又存在着不同,在日常使用中它们各有侧重。

民族意识是指一个民族在与外族接触过程中所产生的自觉,是对本民族的特点以及本民族与其他民族区别的意识,是一种民族归属感,它从自我方面标志着这个民族的形成。梁启超先生说:"何谓民族意识?谓对他

---

① 方立天.民族精神的界定与中华民族精神的内涵[J].哲学研究,1991(5):33-41.

而自觉为我。"①这一概括切中"民族意识"的要点。熊锡元先生将"民族意识"的涵义更为详细地归纳为两点：第一，它是人们对自己归属于某个民族共同体的意识；第二，在国家生活中，在与不同民族交往的关系中，人们对本民族生存、发展、权利、荣辱、得失、安危、利害等等的认识、关切和维护。②

民族共同心理素质包括民族意识，但要比民族意识的涵义更为宽泛和复杂。它是一个民族集体人格的体现，是一个民族区别于其他民族的精神特质的总和。它与民族性格和民族性是近义词。民族共同心理素质、民族性格和民族性都是一个民族的社会经济、历史传统、生活方式以及地理环境的特点在该民族心理上的反映，并通过民族的语言、文学艺术、社会风尚、风俗习惯、宗教信仰等表现出来，为全民族所共有，反映了整个民族的精神风貌。其中既有积极的、能促进民族发展的优点，也含有消极的、阻碍民族进步的因素。例如，在恩格斯所著的《英国工人阶级状况》一书中就有一段评论爱尔兰民族性格的话写到："他们机警而又轻率、急躁，没有耐性而又缺乏远见；他们生来就勇敢、落落大方；受到侮辱就马上报复或立即宽恕，交朋友快，绝交也快；他们天才四溢，但是判断力却差的可怜。"③虽然民族共同心理素质、民族性格、民族性这几个概念含义近似，但在具体使用中，往往又根据具体场合而有所区别。例如，在谈到一个民族的内心活动时，常常使用民族共同心理素质；在谈到某一民族外在的行为特点时，常常使用的是民族性格；在谈到一个国家的国民精神世界中消极落后的方面时，最常使用的是民族性。

民族精神与民族共同心理素质、民族性格、民族性的最大的不同之处在于民族精神采集了它们的精华，不包含消极落后的方面，全部内容都呈现出积极的风采。民族精神能净化民族的心理环境，吐故纳新，从而能起到增强民族意识、改善民族性的作用。

① 梁启超. 梁任公近著第一辑（下卷）[M]. 上海：商务印书馆，1923. 43.
② 熊锡元. 民族心理与民族意识[M]. 昆明：云南大学出版社，1994. 113.
③ [德]恩格斯. 英国工人阶级状况[M]. 北京：人民出版社，1956. 321.

2. 民族精神与民族主义

民族精神与民族主义也是一对容易混淆的概念,在全球化背景下,民族精神与民族主义的关系问题成为学界关注的一个热点问题。丰子义教授认为:"在当代语境中,民族主义至少有这样几种基本涵义:一是作为强烈民族意识的民族主义,即对本民族历史和文化表现出来的认同、归属等强烈情感和持久意识,它充分反映了本民族的社会心理;二是作为社会思潮的民族主义,即在特定历史时期出于维护本民族利益的需要而表现出来的一种强烈的政治诉求和社会潮流,它在不同时期往往有不同的焦点和兴奋点;三是作为意识形态的民族主义,即为谋求民族利益而在处理民族问题和对外关系上形成的一套行动准则和价值观念,它往往成为一个民族对待民族问题和国际问题的重要战略和策略思想。"[①]可见,相对于民族精神,民族主义是一种更加宽泛、复杂的概念,它可以以民族意识的面目出现,也可以以社会思潮的面目出现,还可以以意识形态的面目出现。就性质而言,与民族精神仅指一个民族的精神中进步的、积极的一面相比,民族主义则很难笼统地以优劣来判定,必须结合具体情况具体分析。

合理、健康的民族主义,主要表现为能够适应全球化的潮流,既崇尚本国民族利益和价值理念,又能尊重其他国家和地区的民族利益和价值理念,在本国利益和价值受到威胁时,能够以一种理性的尽量不伤害第三者的态度来积极地争取自身利益,这样合理、健康的民族主义是一个民族的民族精神的展现,也会促进民族精神的发展。而狭隘的、病态的民族主义则主要表现为极端标榜本民族的利益和价值理念,将其他国家和地区的民族利益和价值理念视为异端,在二者发生冲突时以一种非理性的、攻击、谩骂甚至暴力手段来维护自身利益,这样一种狭隘、病态的民族主义貌似非常热爱本国和本民族,而实际上并不能真正有效地维护自身利益,不能适应全球化的潮流,会受到世界舆论的谴责,并且会对本民族的民族精神造

---

① 丰子义.民族精神研究的若干问题[J].北京行政学院学报,2009(2):30-35.

成戕害,甚至会葬送一个民族。

3.民族精神与民族个体精神

民族精神是历史对民族个体成员的精神进行选择、积淀的产物,它以民族个体精神为基础,它最终要具体依赖每个民族个体成员来认同、接受、实现和传承,没有民族个体精神就不可能有民族精神。每个民族个体成员的思想和行为都会对该民族的民族精神产生或大或小、或短暂或持久的影响,其中民族成员中的精英人物对缔造该民族的民族精神贡献最大。民族成员中的精英人物通过自身的历史业绩在民族成员的精神世界中产生深远影响,随着民族成员对精英人物的推崇,精英们的思想、人格也便成为一种典范被该民族所效法和传承,由此成为该民族的整体精神追求。民族精英人物可分为两大类:一类是传说中的英雄人物,比如中华民族所塑造的女娲、神农、伏羲、夸父等形象,希腊民族所塑造的普罗米修斯、奥德修斯、赫拉克勒斯等人物;另一类是现实中的杰出人物,主要指该民族历史上出现的杰出的政治家、思想家、文学家、艺术家,以及民间的某一精神的杰出代表等,例如,中华民族历史上出现的以思想著称的孔子、老子,以爱国精神著称的岳飞、以孝亲精神著称的闵子骞等人都对塑造中华民族精神做出了重大贡献。

民族精神一旦产生就具有相对的独立性和历史惯性,它又会反作用于民族个体成员,深深地影响着民族个体成员的精神世界,规范和制约着民族个体成员的思想和行为。这种影响的发生大致要经历这样一个过程:民族精神作为整个民族的精神向导会在该民族中营造一种符合民族精神价值导向的社会氛围,生活在此氛围内的民族个体成员耳濡目染,其中民族精神中那些契合民族个体成员内在价值需要的因素就会被个体所认可,内化到个体的心中,进而影响个体的行为。例如,中华民族精神中"助人为乐"的精神因素被中华民族的个体成员雷锋所认可和接受,这种精神因素就内化于雷锋心中,并促使雷锋做出了"助人为乐"的行为,而雷锋又通过自己的行为,强化了中华民族精神中"助人为乐"的精神因素,为培育此种精神因素做出了自己的贡献。

4. 民族精神的基本特征

某一民族精神由特定民族来创造,与该民族共存亡。民族精神依靠汲取该民族传统文化的营养来孕育,依靠吸收时代精神与外来精神的精华来实现更新和发展,因此,应该从民族的视角、文化的视角、动态发展的视角来考察民族精神。基于这样的认识,本书将民族精神的基本特征归结为以下三个方面:

第一,民族是民族精神的承载者即主体。斯大林在《马克思主义和民族问题》一文中对"民族"下了定义,他说:"民族是人们在历史上形成的一个有共同语言、共同地域、共同经济生活以及表现在共同文化上的共同心理素质的稳定的共同体。"①民族精神不是抽象的,而是具体的,它总要与特定的民族联系在一起,民族精神是在一个民族形成、发展的过程中产生和完善的,某一民族是其民族精神的创造者和实践者。民族精神一旦形成,就会深深地渗透到该民族的文化生活中,融合于该民族成员的心理意识里,成为该民族团结与前进的动力,并能够起到净化民族心理、振奋民族士气的作用。正如黑格尔所说的那样,民族精神"构成了一个民族意识的其他种种形式的基础和内容"②,"民族的宗教、民族的政体,民族的伦理,民族的立法,民族的风俗,甚至民族的科学、艺术和机械的技术都具有民族精神的标记。"③民族精神与其承载者即该民族命运一致,当一个民族被异民族同化或消灭后,其民族精神或者湮灭,或者被征服民族吸收,成为新的民族精神的一部分。例如曾在中华大地上活跃着的匈奴、鲜卑等族因为被汉族所同化而丧失了独立性,其民族精神也便丧失了独立性,只能以碎片形式融入汉族,成为汉族民族精神的一部分。某一民族精神的面貌,与该民族

---

① [苏]斯大林. 马克思主义和民族问题[A]. 斯大林选集上卷[C]. 北京:人民出版社,1979. 64.

② [德]黑格尔. 历史哲学[M]. 王造时译. 上海:上海书店出版社,2001. 55.

③ [德]黑格尔. 历史哲学[M]. 王造时译. 上海:上海书店出版社. 2001. 67.

生存的自然环境,历史遭遇以及目前的政治、经济、文化的发展状况息息相关。因此,理解某一民族精神要从理解该民族入手,如果不顾民族发展的历史和现状而抽象地谈论民族精神,得出的结论必然是愚蠢和虚假的。

第二,民族精神植根于一个民族的传统文化之中,具有稳定性、持久性和较强的历史惯性。民族传统文化是一个民族智慧和历史经验的结晶,最能代表该民族的特色。它汇集了一个民族过去的思想文化中与该民族最切合的部分,内容丰富,历经各个时代的锤炼,生命力特别顽强、影响力异常深远。历史是割不断的,也是回避不了的,民族传统文化构成了该民族继续发展的文化环境和心理背景,在一定程度上决定了该民族的生存态度和生存方式,丧失了传统的民族就丧失了自己安身立命的根基,就丧失了自身的特色,离被其他民族同化的命运也就不远了。民族精神由传统文化所孕育,是民族传统的历史积淀。传统文化中最符合该民族利益,最能促进该民族发展的优秀思想就构成了民族精神,总之,传统文化是民族精神的母体和基石,研究一个民族的民族精神就要深入探讨该民族的传统文化。

第三,民族精神是一个动态的系统,具有与时俱进的品格。民族精神虽然植根于民族传统文化之中,具有较强的稳定性,但它并非一成不变,作为特定历史条件的产物,它与一个民族所处的社会政治、经济、文化等状况息息相关,这些因素的变化会引起该民族精神发生质的或量的改变。民族精神质的变化即变成另一类型的民族精神一般发生在该民族被同化或消亡之时,虽然在人类历史上这种状况也经常发生,但并不是所有民族精神的共同命运,它只发生在部分民族身上。而更具有普遍意义的不是这种质变,而是缓慢而持久的量的变化,这是每个民族的民族精神都必经的历程。政治、经济、文化等因素的综合作用是引起民族精神变化的深层动因,而这种动因要借助传统精神与时代精神以及外来精神的碰撞,经过纵向和横向的比较和选择才能发生现实的作用。

时代精神反映了某一最新时代思想文化的内在特质,是民族精神新鲜血液的来源,民族精神要永葆其精华性与先进性,就不能固守传统,而要以民族根本利益为出发点,根据时代的发展,不断吸收时代精神的精华以淘汰和更新一部分不利于民族生存和发展的落后因素,这样才能成为具有现实意义的民族精神。例如中国封建社会所倡导的"三纲",曾经是封建社会的民族精神,但是它最终没有经受住时代的检验,发展到今天则作为糟粕被中华民族精神给彻底抛弃了。而同样是在中国封建社会就产生的"吃苦耐劳"、"刚健有为"、"天下兴亡,匹夫有责"等精神却代代相传,依然是中华民族精神的重要组成部分而具有隽永的生命力。

民族精神的演进,除了要经历前后相继的纵向发展历程,不断从传统精神与时代精神中汲取力量之外,作为一个动态系统,它还要与其它国家或民族发生横向上的联系。"民族精神也是在发现'他者'的时候和地方出现的,即以'他者'的形象作为参照,以差异特性作为叙述动力,形成自己族群的历史故事和民族性格的叙述系统。"①一个民族与"他民族"的接触交往会促使该民族反省自身、总结自身,更新自身,从而促进本民族的民族精神的发展。在人类历史上,不同国家、民族间的交流从来就没有终止过,只不过在农业社会时期,由于受生产力发展水平的制约,这种跨国家跨民族的交流范围很有限而已。进入工业社会以来,生产力取得了突飞猛进的发展,资金、原料、市场在全世界范围内被重新分配,加之交通工具、通讯工具的改良,人们的交往越来越便利了。在当代,"全球化"、"地球村"不仅是人们耳熟能详的词语,也成为各个国家、民族的切身体会。交流的深层次必然是思想文化的碰撞,各个国家、民族的思想文化领域几乎都面临着异民族、异国家的精神文化大量涌入的状况。在这种情况下,那些能对各种精神文化现象进行鉴别,能够在保持自身民族独立性的前提下,自觉地吸收有利于本民族生存、发展的优秀外来精神的民族,就会不断发展壮大,其民族精神当然也会不断发扬光大。而那些对外来精神全盘拒绝或者全盘接受、欠缺消化吸收能力的民族,则或者会被历史淘汰,或者会被异民族同化,其民族精神的发展历史也便终结了。

---

① 韩震.论民族精神的历史性与时代性[J].理论月刊,2007(1):5-9.

总之,那些能够延续并不断繁荣的民族一定是能够对外界挑战做出恰当反应的民族,这种恰当反应是指既懂得珍视自身的传统,又知道自觉地吸收时代精华,还能够不断从横向比较中、从异民族和异国家那里撷取有利于自身发展的因素来充实自己。因此,培育和弘扬民族精神时,传统精神的精华、时代精神的精华、外来精神的精华,每一样都不应忽视。

二、中华民族精神的概念与内涵

1. 中华民族精神的概念

中国自古以来就是地域广大、民族众多的国家,但是中国没有像世界上其他许多民族国家一样出现分崩离析的状况,反倒随着历史的发展,愈来愈具有凝聚力,虽经过多次战乱却保持了统一局面,这堪称是人类历史上的奇迹。连关注中国的外国学者也禁不住感叹:"就中国人来说,几千年来,比世界任何民族都成功地把几亿民众,从政治文化上团结起来。他们显示出这种在政治、文化上统一的本领,具有无与伦比的成功经验。"①这所谓的成功经验,从精神层面则主要可以归功于中华各族在长期的发展中形成了悠久的、强劲的、富有凝聚力的中华民族精神。结合本章第一节对民族精神一般含义的认识,本书得出如下对中华民族精神的定义,即中华民族精神是由中华民族在长期的生产与生活中集体创造出来的、富有生命力的优秀思想,它植根于中国传统文化之中并与时俱进,是中华民族文化的核心和灵魂;中华民族精神是中华民族共同的价值观和精神支撑,是中华民族凝聚力的思想基础和中国社会发展的精神动力,它具有对内动员民族力量、对外展示民族形象的重要功能;弘扬中华民族精神,可以提升中华民

①　[英]汤因比,[日]池田大作.展望二十一世纪——汤因比与池田大作对话录[M].荀春生等译.北京:国际文化出版公司,1985.294.

族的认同感、归属感、自豪感，可以提升中华民族的自尊心和自信心。总之，中华民族精神由中华各民族所创造，被中华各民族所认同，并且已经内化到各个民族的理想信念、行为方式乃至风俗习惯之中，是中华民族思想文化、民族性格、道德观念的升华，是维系和支撑中华民族生存和发展的精神支柱，是中华民族的生命力、创造力和凝聚力所在，是中华民族的灵魂，是我国综合国力的重要组成部分。

2. 中华民族精神的内涵及对其研究方法的反思

中华民族精神到底包含哪些内容呢？即中华民族精神的内涵是什么？对于这个问题，社会各界的说法颇多，例如：在官方，十六大报告将民族精神的内涵概括为"以爱国主义为核心的团结统一、爱好和平、勤劳勇敢、自强不息的伟大民族精神"。在学界，学者们从各自的研究视角出发对中华民族精神的内涵作了归纳，代表性的观点主要有：张岱年先生认为中华民族精神的内涵集中表现于《周易》中的两个命题上，即"天行健，君子以自强不息"、"地势坤，君子以厚德载物"；[①]方立天先生把中华民族精神的内涵概括为五个方面，即重德精神、务实精神、自强精神、宽容精神和爱国精神；[②]李锦全先生将中华民族精神的内涵概括为八个方面，即包容和谐精神、互助友爱精神、刻苦耐劳精神、公平正直精神、经世致用精神、团结御侮精神、自强奋进精神和革故鼎新精神；[③]张铁勇先生认为，中华民族精神的独特内涵主要表现为天下一家的人间关怀、功德不朽的价值追求和自强不息的进取精神；[④]肖群忠先生认为中华民族精神的核心内涵包含四个方面，即炎黄子孙强烈的民族认同感和团结统一的民族归属意识、爱国报国的国家意识、天下为公的整体意识和责任意识以及爱好和平的和平主义。[⑤]

---

① 张岱年.文化哲学[M].北京:教育科学出版社,1988.36.

② 方立天.民族精神的界定与中华民族精神的内涵[J].哲学研究,1991(5):33-41.

③ 李锦全.论中华民族精神的基本内容[A].中华民族精神与民族凝聚力[C].广州:广东人民出版社,1994.157-163.

④ 张铁勇.中华民族精神的内涵、作用及现代价值[J].理论学刊,2003(6):122-124.

⑤ 肖群忠.孝——中华民族精神的渊薮[J].河北学刊,2004(4):64-73.

　　类似于上述中华民族精神内涵的概括方式本书将其定位为"列举描述式"。以"列举描述式"的方法来概括中华民族精神的内涵,有一定的优点,那就是可以从点入手,使中华民族精神更具体、更形象、更生动,从而更有利于部门宣传和人民群众接受、理解。但是,"列举描述式"概括方法的缺陷也很明显,首先,仁者见仁、智者见智,有以点代面之嫌;其次,中华民族精神一旦被语言限定为某几种具体的精神,就僵化住了,显示不出中华民族精神可以不断吸纳新精神因素进来的开放性。造成这些缺陷的原因一方面是因为中华民族精神所包含的精神因素十分丰富,在中华民族五千多年的发展历程中,其具体表现形式多种多样、不胜枚举,正因为如此,不同的研究者可以从不同的视角出发进行领悟和概括,而也恰恰正因为如此,采用列举式的方法将中华民族精神的内涵概括成两种、三种、四种、五种、八种、甚至是更多种,都仍然不能避免以偏概全之嫌;另一方面是因为孕育中华民族精神的中国传统文化博大精深,赋予中华民族精神活力的时代精神层出不穷,这使得中华民族精神的内涵成为一个有着深厚历史积淀且不断进行自我更新的动态发展系统,想用几个具体的框框来穷尽一个正在发展变化中的事物,这也几乎是不可能的。

　　与"列举描述式"研究方法相对的是"系统归纳式"的方法。"系统归纳式"主要是对"系统论"方法的应用。"系统论"的核心思想是整体观念,作为方法,它要求把所研究和处理的对象当作一个系统,分析系统的结构和功能,系统论认为系统是由若干要素以一定结构形式联结构成的具有某种功能的有机整体,整体性、关联性、等级结构性、动态平衡性、时序性等是系统的共同的基本特征。系统论的方法完全可以运用到民族精神问题的研究中,因为民族精神"是一种完整的文化现象,一个层次有序的有机集合体。它的各个部分分别处于不同位置,承担着不同功能,同时又互相协调、互相作用、互相渗透和互为条件。"①以系统论为指导方法,从功能出发对民族精神的内涵(并不特指中华民族精神的内涵)进行解构,可以得出这样的

---

　　① 涂可国.论中华民族精神的基本结构与主要特征[J].山东社会科学,2006(3):15-23.

结论:民族精神作为一个民族的精神支柱,从宏观的角度分析,它必然应该具备激励该民族前进的功能,教化该民族向善的功能、使该民族人与人之间关系更协调的功能、团结凝聚该民族的功能,以及在该民族感到困惑或疲乏时对该民族心灵进行安慰的功能;与此五种功能相对应,民族精神可以分为五大系统,那就是激励系统、教化系统、协调系统、凝聚系统和安慰系统。这五大系统是紧密相关的,民族精神的激励系统为该民族规设了奋斗的目标,并提供了进取的动力;民族精神的教化系统和民族精神的协调系统为完成激励系统的奋斗目标提供了具体的可操作的手段;民族精神的凝聚系统是前三个系统作用于民族全体成员所产生的凝聚效果的表达;民族精神的安慰系统是前四个系统作用于该民族每个个体成员所产生的心灵支撑效果的表达。同时,这五大系统每一个都是开放的,可以随着时代的发展不断容纳新的精神进来。这种对民族精神内涵的分类方法显然更具有概括性和开放性,这种方法对任何一个民族的民族精神都是适用的,那么这样一种分类方法怎么来体现各个民族的民族精神的特色呢? 那就是尽管每个民族的民族精神都可以分为这五个系统,但不同的民族其传统文化各不相同,现实实践也各有特色,这样便形成了对这五个问题的各自不同的解答方式,由此形成了各个民族的民族精神的不同内容。这样一种解读民族精神内涵的方式可以比较好地突破"列举描述式"研究方法的局限。

　　基于上述认识,本书将中华民族精神的内涵视为一个巨系统,并按功能将其分为五个微系统,即中华民族精神的激励系统、中华民族精神的教化系统、中华民族精神的协调系统、中华民族精神的凝聚系统和中华民族精神的安慰系统。这五大系统中的每一个都是开放的,可以不断吸纳新的精神因素进来。本书在后面的章节中,将以这种分类方法来解读中华民族精神的内涵,并以先秦儒学为思想资料具体分析中国传统思想文化的主干——儒家思想是如何来为中华民族建构这五大系统的。通过这样一种分析,中华民族精神传统部分的风貌便可基本展现出来了。

三、中华民族精神的发展特色

"规律存在于历史发展的过程中,应当从历史发展过程的分析中来发现和证明规律。"①中华民族精神的发展规律也不例外,中华民族精神由中华民族在特定的历史背景下所创造,要全面认识中华民族精神,就必须从探讨中华民族精神的创造者和孕育中华民族精神的历史背景着手,因为这两点构成了中华民族精神发生、发展的基调和底色,它们的特色直接关乎中华民族精神的特色。

1. 创造中华民族精神的主体

中华民族精神由中华民族所创造,并随着中华民族的社会实践不断发展壮大,它与中华民族同呼吸、共命运。对于什么是中华民族,梁启超先生在《历史上中国民族之研究》中有一个很生动的说法,他说:"凡遇一他族而立刻有'我中国人'之一概念浮于其脑际者,此人即中华民族一员也。"②如果用理性的语言来给中华民族下个定义,便可以描述为:中华民族是主要生活于中华自然里的以中华文化和一定的血缘关系为纽带而构成的包括汉族等 56 个民族以及世界华人在内的民族共同体。③ 中华民族历史悠久,她"作为一个自觉的民族实体,是近百年来中国和西方列强的对抗中出现的,但作为一个自在的民族实体则是几千年的历史过程中形成的。"④多元一体是中华民族的特色,其中 56 个民族是基层,中华民族是总体,56 个民族共休戚、共存亡、共荣辱、共命运,相互依存,不可分割。中华民族的这一特色主要体现在以下三个方面:

① 中共中央文献研究室.毛泽东文集第八卷[C].北京:人民出版社,1999.106.
② 梁启超.历史上中国民族之研究[A].梁任公近著第一辑(下卷)[C].上海:商务印书馆,1923.43.
③ 萧君和.中华学初论[M].哈尔滨:黑龙江教育出版社,1997.76.
④ 费孝通.中华民族多元一体格局(修订本)[M].北京:中央民族大学出版社,1999.3.

（1）自古以来，组成中华民族的中华各族对中国历史就有着强烈的认同感。

"中华民族前身的融合和统一之历史非常久远，贯穿于中国历史的全过程。在民族形成之前的原始社会，中华民族前身的多元与融合，就已经露出端倪。"[①]在中国历史上，从中华民族多元一体的发端到中华民族多元一体格局初步形成的几千年时间里，大的民族融合主要经历了三个阶段：

第一个阶段以华夏族的形成壮大为主要内容，从传说中的史前文明一直延续到春秋战国时期。华夏族是中华民族萌生的历史起点，是汉族的雏形，黄河流域是华夏族的发祥地。远古时代，黄河流域生活着很多氏族部落，氏族部落是人类最早、最基本的社会组织，这种组织可以有效地把氏族内部的成员凝聚为一个整体，以集体的智慧和力量与大自然抗争，而且实行族外婚。通过这种组织形式，族群的生存和发展能力提高很快。传说在黄河流域众多的氏族部落中，炎帝部落和黄帝部落是当时较大的两个氏族集团，由于各自势力范围的扩大，两大氏族集团发生冲突，黄帝三战而胜。战争使中原地区连为一体，推动了文化交流，促进了生产力发展。后来不仅华夏族将黄帝奉为祖先，而且边疆氏族也将黄帝奉为祖先。除兼并战争之外，共同对抗自然灾害是推动华夏族形成的另一动力。通过抗灾，炎黄部落集团领袖的威望大升，集团内部的凝聚力进一步增强。此外，联姻也是推动融合的重要手段。这种代代融合的情况经过原始社会，进入夏、商、周三代。各地区的融合进程进一步推进，中原内部，以及中原与周边地区之间"交通相当频繁，始而相争，既而相亲，以后相争相亲，参与错综，而归结于完全同化"[②]。各方人民在生产方式、生活方式、语言文字、风俗习惯以及心理素质等方面逐渐趋于一致，血缘关系造成的隔绝状态进一步突破，中原认同意识逐步增强。到西周时期，华夏族的族称正式出现。通过回顾华夏族的形成历程，可以发现华夏族是这样一个族体：她是以中原部落联

---

① 何溥滢.中国民族史与中华民族精神的形成[J].社会科学辑刊,2003(1):117－121.
② 徐旭生.中国古史的传说时代[M].南宁:广西师范大学出版社,2003.37.

盟为基础,兼并和融合了许多非华夏族的氏族部落,经夏商周三代发展而成的;在地域上她以中国自居,主要从事农业生产,创造了比较先进的生产力;在文化上,她视炎黄为共同的祖先,体现了强烈的民族自觉意识。春秋战国时期,中华大地出现了前所未有的大争斗、大统一、大分化、大融合的状况,这虽是一个动荡的时期,但同时也是个经济大发展、文化大进步、民族融合加强的黄金时期。在这一时期,地域组合进一步取代了氏族血缘纽带,华夏文明得到更新、发展,也得到了更大范围的承继与认同,而且通过思想领域的百家争鸣,中华民族文化的核心和基因得以奠定,华夏族的中心地位进一步巩固,民族意识空前强化。与华夏族相对而言的是蛮夷戎狄,这是华夏族对周边少数民族的泛称,她们在经济、风俗习惯等方面区别于华夏。由于华夏族在政治、经济、文化等方面的文明程度高于周边少数民族,对周边民族有很强的吸引力,春秋战国时期不少原来被当作蛮夷戎狄看待的民族,接受了华夏族的生活方式、文化观念,而成为华夏族的组成部分,例如,秦、楚、吴、越,在春秋前期都曾被排斥在华夏之外,秦人曾被视为戎狄,楚人曾被视为蛮夷,吴越被视为荆蛮,但是,经过春秋战国时期的发展,他们都先后融入了华夏。他们的加入使华夏族从北方民族发展为地跨黄河、长江流域的主体民族。到战国时,非华夏族不是融合于华夏,就是迁徙到周边地区,形成了"内华夏而外夷狄"的格局,可见,"这样一种有主干,又有枝叶,有融合,又有分化的格局和态势,在中华民族起源之初就已形成了。这是中华各民族关系的历史起点,也是中华民族萌生发展的历史起点。"①

第二阶段从秦汉到隋唐,这是汉族形成和壮大的时期,也是中华民族多元一体格局的初步形成时期,其中这一阶段的民族融合高潮发生于三国两晋南北朝。秦朝在全国推行郡县制,统一度量衡、统一货币、统一文字,有力地消除了先秦时期"分为七国,田畴异亩,车途异轨,律令异法,衣服异制,言语异声,文字异形"②的混乱局面。汉朝一方面着手以儒学统一思想,

① 伍雄武.中华民族的形成与凝聚新论[M].昆明:云南人民出版社,2000.33.
② 殷寄明.说文解字精读[M].上海:复旦大学出版社,2005.251.

一方面不断开辟疆域,华夏族的生活区域随着国家版图的扩大而扩大,中原先进文明被播撒到全国各地。秦汉两个多民族国家为各民族的进一步融合奠定了基础,直接促成了华夏族向汉族的转化。汉族以原来的诸夏为主体力量,又融进周边的少数民族而形成。"汉族"这一族称直到南北朝时才出现,但汉族的族体特征在秦汉时已十分明显,虽无汉族之名,却有汉族之实。自东汉末年董卓之乱之后,中国历史进入了魏晋南北朝时期,在这近四百年的历史中,除西晋实现过短暂的统一外,中华大地大部分时间都处于分裂割据状态。各民族在战乱中相互渗透融合,当时,无论是南方的汉族还是北方的汉族,都在与少数民族的混血中发展壮大起来。这一时期,"内华夏而外夷狄"的局面被打破了。少数民族与汉族经历了内迁——杂居——融合的过程。北方的匈奴、鲜卑、羯、氐、羌等少数民族大规模内迁,中原地区出现了少数民族政权林立的状况,这些政权都不是单纯的民族政权,大多数都带有联合政权的色彩。同时,汉族也向南方大规模迁徙,闽南、粤东、滇、黔、岭南等地都被南迁的汉族人民充实了起来。这并不是各民族在空间上的简单位移,而是一种深层次的交融,以儒家文化为核心的中华文化得到各族人民的认可,中华各民族间建立起一种文化纽带。至隋唐时期,中华大地形成了更多民族、更大规模的融合统一,中华民族多元一体的格局初步形成。

第三阶段是宋元明清时期,这是中华民族多元一体格局的巩固发展时期,其中民族融合的高潮发生在唐朝灭亡之后的五代十国至宋辽金。在这一阶段,北宋、南宋的军事力量比较弱,而许多少数民族政权通过学习汉族先进的经济、文化,却迅速崛起。在元、明、清三个朝代中,有两个是少数民族建立的政权。这实际上是对中华民族的内部格局所做的一次重大调整。"内夏外夷"观念已被颠覆,客观上模糊了夷夏界限。在少数民族统治时期,中华传统文化非但没有中断和毁灭,相反,随着中华民族内部关系的调整,不同民族间获得了前所未有的接触、交流、了解的机会,反倒进一步加深了民族融合和文化的互相渗透,进一步加固了民族间联系的文化纽带。这一时期,在整个中华民族凝聚力不断增强的同时,各少数民族也保持了各自相对的独立性,满族还是满族,蒙古族还是蒙古族。今天的 56 个民族在清朝时已经基本形成。可以说,经过宋、元、明、清时期的发展,中华民族的内部关系更趋合理、稳定和密切,中华民族多元一体的格局进一步巩固与扩大了。正是因为有了这样的基础,面对 19 世纪末到 20 世纪初的帝国主义入侵,中华民族不仅没有内部分裂,反而在内忧外患中更为团结,形成了整体的民族观念。

通过回顾中华民族的融合进程,我们可以发现:少数民族融入汉族的现象是持续不断的,汉族融入少数民族的现象也时有发生。在不断的融合中,中华民族的血统和文化种类也越来越丰富,其中,汉族和汉族文化始终处于核心地位,这种核心地位不是自封的,而是历史形成的,得到了各民族的认可,即使在少数民族建立政权的时期,汉文化也受到了充分的尊重和采用。在中华民族发展史上,中华各族的文化认同和历史认同的例子比比皆是,例如,有很多少数民族都以炎黄子孙自称,有许多少数民族在建国时采用了汉族政权的国号,在修订历史书时,少数民族的国史绝大多数都被视为正史,等等。血缘交融、文化认同与历史认同大大增强了各民族的凝聚力,对中华民族精神的形成发挥了重大作用。

(2)自古以来,组成中华民族的中华各族在政治、经济、文化等领域就有着密切的交往,互助互利的优良传统源远流长。

中华各族代代融合的历史,也就是各族之间政治、经济、文化等领域深入交流的历史。汉族在中华民族由多元到一体的形成过程中,发挥了核心凝聚作用。汉族由于早期生产、生活的自然条件较好,所以很早就产生了比较优越的农业文明,农业文明以其便于累积的特点,在以后的历史发展中长期保持着强大稳定的态势,并随着汉族的发展向四周辐射。相对于汉族,少数民族大多生活在边远地区,自然条件相对较差,直接影响了他们的文明进程。他们仰慕汉族的物质文化、制度文化和思想文化,在历史上,那些迁入中原的少数民族统治者很多都以习文倡儒为己任,以儒学为主导,儒、道、佛相结合的中国传统文化成为各民族联系的文化纽带。例如,三国两晋南北朝时期,就出现了少数民族大规模的"汉化"。所谓"汉化"主要指中华各少数民族主动向华夏文化及其核心儒家文化靠拢,使之融入并改造本民族文化的一种历史现象。"汉化"的发生是自然而然的,它的倡导者往往是入主中原的具有远见的少数民族统治者,他们出于发展经济,夺取和巩固中原政权的目的,主动学习汉族的先进文化知识,通过法规形式自上而下推行"汉化",因为成为华夏文化的正统继承者更有利于他们对中原的统治。例如,前秦苻坚把"庶几周、孔微言不由朕而坠"①作为奋斗目标,他广兴学校、奖励读书、劝课农桑、兴修水利、发展农业技术,他还采取宽容的政策,吸引汉人参与政权。再如,北魏孝文帝也大张旗鼓地推行汉化,他迁都洛阳,恢复和健全了汉族法制,改穿汉人衣冠,改说汉话,改用汉姓,提倡和汉族通婚,使鲜卑族完全置于华夏文化的包围中,完全接受了华夏文明。前秦苻坚和北魏孝文帝的措施在魏晋南北朝的民族融合中起了重大作用。

尽管汉族在人数上占多数,在文化上起主导作用,但少数民族与汉族在地位上是平等的,他们共同创造了中国的历史。在多元一体的形成过程中,汉族固然功不可没,少数民族的作用也不容忽视。少数民族对祖国的边疆开发做出了巨大贡献,正如范文澜所说:"按照汉族今天居住区来看,似乎中国领土上的绝大部分都是汉族开发的,其实,其中不少地区最先开发者,却是已经消失了的和现实存在并发展的许多民族。"②少数民族在手工业、音乐、舞蹈、绘画等方面成就卓越,对汉族影响很大,例如,黄道婆就是向黎族学习了纺织技术。除此之外,少数民族的生活习俗也影响到了汉族,据《旧唐书·舆服制》记载:"开元来……贵人御馔,尽供胡食,士女竞衣胡服。"南宋朱熹也说:"今世之服,大抵皆胡服,如上领衫靴鞋之类,先王冠服扫地尽矣!中国衣冠之乱,自晋五胡,后来遂相承袭。唐接隋,隋接周,周接元魏,大抵皆胡服。"③少数民族在我国历史发展中还起到了沟通中西的桥梁作用,自西汉张骞通西域后,途径河西走廊和天山南北的丝绸之路

---

① [唐]房玄龄.晋书(十一)[M].北京:学苑音像出版社,2004.5.
② 范文澜.中华民族的发展[J].学习,1950(1).
③ [宋]黎靖德.朱子语类[M].卷九十一礼八.北京:中华书局,1986.2374.

成为中西文明交流的窗口，佛教、伊斯兰教首先在此传播，然后进入内地，对中国传统文化产生了难以估量的影响。世界其他国家的科技文化、生产技术如唐朝时天竺的熬糖术、天竺歌舞也由此传入。

各民族间友好交往的例子毫无疑问是中华民族凝聚力的佐证，就是少数民族和汉族之间的战争也具有鲜明的中国特色，在中国历史上，很多民族间的战争不是离间了中华各族的关系，反倒成为中华各族凝聚力形成的推动力。这正如《血凝中华》一书在评价西汉匈奴族与汉朝的战争时所说的，"这是华夏文化传统制约下的民族内向融合的一个中间环节。在古代社会的东亚地区各国、各族中，唯有华夏族——汉族拥有比较发达的生产力水平，以农业文明为主的物质文明璀璨夺目……游牧民族发动的以抢掠为目的的战争，其实是对中原高度发达的物质文明的向往……但是，就是这种最野蛮的方式，也加强了两个民族彼此之间的交往，增进了相互之间的了解，为民族融合奠定了基础。……无论是在战争中被俘的战士，或者是主动内附的各部落，最后全都逐渐被汉族继承的华夏传统文化所同化。降汉的匈奴'五属国'，自入居塞内之后，就学会了农耕生产方式，接受了汉文化，逐渐变成了汉族的一部分。"①

总之，中国自古以来就是一个多民族国家，中华民族是"由许许多多分散的民族单位，经过接触、混杂、连接和融合，同时也有分裂和消亡，形成一个你来我去，我来你去，我中有你，你中有我，而又各具个性的多元统一体"②。

(3) 自古以来，"大一统"就是历代中央政府追求的目标，"以德怀远"的民族政策是历代中央政府处理民族问题的主流策略。

"天下一统"的观念是华夏文化的传统，这种观念在《诗经·小雅·北风》"普天之下，莫非王土；率土之滨，莫非王臣"的诗句中即可觅见端倪。春秋战国时期，诸子百家的很多有识之士都认识到天下终将归一的大趋

---

① 史建群,董海立. 血凝中华[M]. 郑州:河南人民出版社,1998.39.
② 费孝通. 中华民族多元一体的格局[J]. 北京大学学报,1989(4):1-19.

势,并且从各自学术观点出发积极寻求一统天下的方案。秦始皇统一六国之后,曾在琅琊石刻宣称:"六合之内,黄帝之土。西涉流沙,南尽北户。东有东海,北过大夏。人迹所至,无不臣者。"①汉武帝更是不惜花费巨大的人力、物力也要将匈奴部族置于自己的统治之下。但当时的"天下一统"思想包含着内在矛盾,那就是既把蛮夷戎狄看作是自己统治区应有的一部分,又不能完全接受他们,仍把他们视为异类。而到了隋唐时期,中国封建社会发展到巅峰,华夏文化的魅力也经受了魏晋南北朝时期的检验,这使隋唐统治者对同化少数民族的能力有了足够的自信。因此,这一时期,除隋炀帝好大喜功、不断对少数民族用兵以外,其他皇帝一般都能采取宽厚的长者态度,主张修文德以服远,在种种政策上表现出夷夏一体的宏大气魄。例如,唐太宗曾说:"夷狄亦人耳,其情与中夏不殊。人主患德泽不加,不必猜忌异类,盖德泽洽,则四夷可使如一家;猜忌多,则骨肉不免为仇敌。"②唐朝时在少数民族地区实行羁縻府州制度③,册封少数民族首领,并与少数民族和亲,此外还有大量少数民族在唐政府任职,仅新旧两部《唐书》立传记载的胡人官员便多达数十位,这些都有利于民族团结和经济文化交流。由于民族关系处理恰当,唐代的疆域变得空前辽阔,"东极于海,西至焉耆,南尽林邑,北抵大漠,皆为州县,凡东西九千五百一十里,南北一万九百一十八里。"④这样,至唐朝,中华大地形成了更多民族、更大规模的融合统一,出现了"胡越一家"的鼎盛局面。

元朝是少数民族建立的第一个全国政权,它虽由蒙古族所建,但却继承和发展了中原传统文化,大力吸取了儒家思想,还加封孔子为"大成至圣文宣王"。在制度上,它与历代中原皇朝一脉相承,又有所创新,定官制、立行省、备礼乐、行科举,其中行省制度是蒙古族对中华民族的重要贡献。元

---

① [汉]司马迁.史记[M].秦始皇本纪第六.北京:中华书局,2006.45.
② [宋]司马光.资治通鉴[M].卷197.北京:中华书局,1956.6216.
③ 其基本内容是羁縻州府的长官都是世袭,中央不向羁縻府州征税,羁縻府州的部民也不编入国家户籍,一般事务可以自治,但必须维护中央的权威。
④ [宋]司马光.资治通鉴[M].卷195.北京:中华书局,1956.6156.

朝还在特殊的地区实行特殊政策以配合行省制,如在西藏设立政教合一的体制,在边远地区又创立"土司制度"①。这些制度将全国各地有效地置于中央政府的直接管辖之下,进一步促进了边疆的开发。在道路交通方面,元朝为加强对南方的控制,以便保证大都和上都的物资供应,在全国广建驿站,扩建和修缮大运河,并且首开海运。这对南北经济沟通、民族交流起了积极作用。元朝是中国历史上疆域最大的朝代,在广大的国境之内,民族众多,形成了空前规模的民族杂居局面。

明朝继承了元朝的行省制度、土司制度,并且比元代更为完善和严密。同时,为适应各民族密切联系的客观要求,明朝虽有重提"内夏外夷"的倾向,但基本上摒弃了元朝的民族歧视政策。例如,明太祖在《讨元檄文》中曾说蒙古、色目人"能知礼仪,愿为臣民者,与中夏之人抚养无异",据《明太宗实录》卷十四记载明成祖也曾指出:"近世胡元,分别彼此,柄用蒙古、鞑靼而外汉人、南人,以至灭亡,岂非明鉴!"正是在这种思想的指导下,明代从少数民族中涌现出一大批功臣良将、文艺科技人才,例如率领船队七下西洋的郑和就是回族人。

清朝是中国历史上第二个由少数民族建立的全国性政权。清朝时在西藏先后制定《西藏善后章程》和《钦定西藏章程》,对西藏进行了全面改革,加强了驻藏大臣的权利,并在中央设立理藩院管理蒙藏事务;在新疆先后平定准噶尔部叛乱以及大、小和卓叛乱;在南方平定了吴三桂为首的三藩之乱并且统一了台湾;清朝前期还多次击退了俄国和英国的入侵。经过对内对外的一系列斗争,清初实现了包括新疆、西藏、台湾在内的全国统一,东南西北的疆域得到了全面的巩固和加强,基本上奠定了近代中国的版图。清朝人关后,在封建法制、政治机构方面几乎沿袭了明朝的体制。人数较少的满族人因与汉人杂居,也产生了汉化趋势。从皇帝到满洲贵族都孜孜不倦地学习经史典籍。清朝在统治全国初期虽然曾实行歧视汉族

———————

① 土司制度指在少数民族地区,利用其土著上层人物充当地方官员,对当地进行管理。交纳一定的租调后,中央一般不干涉其内部事务,但土官要由中央政府任免。这是一种为适应当地交通不便,民族成分复杂,经济文化落后而实行的间接统治方式。

的政策,但是并不能阻止长期满汉杂居中因通婚等方式而发生的血缘融合。在这一时期,汉族人口继续扩大。

新中国成立之后,党和政府对旧中国遗留下来的民族问题进行全面地梳理和研究,完成了民族识别和民族历史调查两项艰巨的任务。中国共产党始终贯彻民族平等的策略方针,并将之写人宪法中,1954 年第一届全国人民代表大会第一次会议上通过的《中华人民共和国宪法》规定:"中华人民共和国是统一的多民族国家。各民族一律平定。禁止对任何民族的歧视和压迫,禁止破化各民族团结的行为。各民族都有使用和发展自己的语言和文字的自由,都有保持或改革自己的风俗习惯的自由。各少数民族聚居的地方实行区域自治。各民族自治地方都是中华人民共和国不可分离的部分。"半个多世纪的历史证明,《中华人民共和国宪法》和中国共产党处理民族关系的政策和方针是完全正确的。

2. 孕育中华民族精神的历史背景

"人们的意识,随着人们的生活条件、人们的社会关系、人们的社会存在的改变而改变。"①中华民族精神的独特风貌与古代中华民族赖以生存的自然环境、经济政治环境和思想文化环境息息相关,它们构成了孕育中华民族精神的历史背景。

(1) 自然背景

自然环境因素与民族精神的形成有密切关系,这一点从 18 世纪开始就被一些思想家注意到了。例如,18 世纪的法国思想家孟德斯鸠曾举例说:"热带地区的民族怯懦而使这些民族沦为奴隶,而寒冷地带的民族的勇敢使他们保持自己的自由,这是自然的原因所产生的后果。"②19 世纪的德国哲学家黑格尔将地理环境视为民族精神"进行表演的场地",他认为"自

---

① 中央编译局.马克思恩格斯选集(第一卷)[C].北京:人民出版社,1995.270.
② [法]孟德斯鸠.论法的精神(上册)[M].孙立坚等译.西安:陕西人民出版社,2001.314.

然类型和生长在这土地上的人民的类型和性格有着密切的联系。"①马克思也曾指出,人类历史必须依赖一定的自然基础,它包括"地质条件、地理条件、气候条件及其他条件,任何历史记载都应当从这些自然基础以及它们在历史进程中由于人们的活动而发生的变更出发。"②20 世纪初我国也有学者指出:"人本为境遇所支配之动物,外界之状态,其有力于人性之养成,匪浅显矣,故国土之地形,往往影响于民族特性之发达。"③

那么,中华民族所赖以生存的自然环境有什么特点呢? 这些特点又会对中华民族精神的形成造成什么样的影响呢? 诞生中华民族精神的自然环境有三个突出特点:第一,中华大地幅员辽阔,是一个四周具有天然阻隔的相对独立的地理单元。它东西跨经 60 度,南北跨纬 30 度。地域辽阔、地形复杂、气候多变。从地势来说,我国自西向东可分为 3 个阶梯,海拔逐渐下降;从气候来说,我国由东到西雨量递减,由南向北,气温递减。总体而言,我国东、南濒海,北有沙漠,西和西南有高山,内陆地区的气候、地理条件较周边环境优越。这种自然特点,形成一种天然的"围墙",使"周边少数民族向内地发展比向外发展要容易得多,因而形成了一种自然的内向性。这种自然的内向性……成为维系中华民族间联系的纽带。"④地理环境的差异是产生民族间区别的最早因素,"汉族聚居的黄河、长江中下游地区,由于其地理条件的优越,生产发展始终处于领先地位,并在物质上、生产技术上和文化方面影响着周边的少数民族地区,因而形成了一种自然的凝聚力。这种建立在物质基础上的凝聚力,是不以人们的主观意志为转移的。"⑤中国古代这种地形特点使中华各民族向内发展要比向外发展容易得多,对促进中国各民族间的融合、形成中华民族的整体观念、增强各民族间的认同感和凝聚力有重大作用。此外,这种地形特点还在中华先民的心中

① [德]黑格尔著:历史哲学[M]. 王造时译. 上海:上海书店出版社,2001. 85.
② 中央编译局:马克思恩格斯选集(第一卷)[C]. 北京:人民出版社,1995. 24.
③ 张枬,王忍之. 辛亥革命前十年间时论选集第一卷(上)[M]. 北京:三联书店. 1960. 427.
④ 白寿彝. 中国通史第一卷[M]. 上海:上海人民出版社,1989. 148.
⑤ 白寿彝. 中国通史第一卷[M]. 上海:上海人民出版社,1989. 148.

植下了中国是天下中心的深刻信念。这种信念以现代的认识水平来看,当然包含着固守传统、盲目自大的成分,但在漫长的历史过程中,这种优越感却激发出中华民族强烈的自信心和自豪感,激发出对祖国的热爱。第二,中国基本上属于一个内陆国家。中国虽然拥有漫长的海岸线,但中国远离海洋的地区面积要远远大于沿海地区,又由于中国的黄海和东海风浪极强、缺乏良港、不利于航行等原因,中华民族没有向海洋发展,陆上生活比海上生活要相对平稳和安全,"尽管生活亦甚艰辛,但一般地没有什么大风险,用不着时常为性命担忧"①。陆上生活的相对安稳使"和谐安定"既成为中国人的生活习惯,又成为中国人对理想人生的一种追求,成为民族心理的一部分。第三,灾害频繁。据李约瑟统计,在过去的2100多年间,中国共有1600多次大水灾和1300多次大旱灾②。这给中国人民带来了苦难,但也同时锻炼了中华民族的生存能力,铸就了中华民族不畏艰险、吃苦耐劳的品质。

当然,自然环境因素只是影响中华精神风貌的一个因素,比它更重要的是中华民族所处的社会经济政治环境和思想文化环境,正如黑格尔所说:"我们不应该把自然界估量得太高或者太低:爱奥尼亚的明媚的天空固然大大地有助于荷马诗的优美,但是这个明媚的天空决不能单独产生荷马。而且事实上,它也并没有产生其他的荷马。在土耳其统治下,就没有出过诗人了。"③

(2)经济政治背景

诞生中华民族精神的中国古代经济政治背景,从宏观上可以概括为经济上以农业生产为主,农耕文明占主导地位;政治上以封建中央集权、"大一统"为政治理念。这两点对中华民族精神的形成产生了深刻的影响。

中华民族的主体民族——汉族发源于黄河流域和长江流域,这两处地

---

① 共青团中央宣传部.历史文化的沉思[M].北京:学苑出版社,1990.25.

② 肖君和.华魂(第一卷)·中华民族精神[M].哈尔滨:黑龙江教育出版社,1993.276.

③ [德]黑格尔.历史哲学[M].王造时译.上海:上海书店出版社,2001.85.

方地处温带,水源充足、土壤肥沃,适宜农业生产,农耕因此成为中国人的主要生产方式。历代王朝都以农立国,重视农业生产,可以说农业生产是古代中国最重要、最基本的经济活动。以农为本的经济模式对中国人的精神层面产生了深远的影响。首先,农业生产要求人们"凡举大事,毋逆大数,必顺其时,慎因其类"①,只有遵循自然界四时变迁的规律和万物生长发育的常理,才能有所收获,这使得中华先民对天地和谐运行、天人和谐相处充满渴求,"中和"的素朴观念随之植根于人们心中。其次,农业生产一般以一年为周期,经过冬天的萧瑟肃杀之后,换来的是春天万物更新、生机勃勃的景象,在付出春、夏两季的艰辛劳动之后,在金秋便能迎来收获的喜悦,农业生产的这一特点培养出中华民族勤劳、乐观、理性的人生态度。再次,农业生产以土地为生产资源,土地耕作较之游移不定的游牧生产来说更为稳定,天灾人祸可以毁掉家园却毁不掉土地,一息尚存就有复苏生产的可能,这使得中华民族成为"韧"性十足的民族。农业生活的这种稳定性,也成为中华文化传统代代相传、从未切断的经济背景。最后,我国疆域广大,资源丰富,农作物品种繁多,古代中国基本上能够做到自给自足,根本不需要对外掠夺。地大物博培养了中华民族仁爱、宽厚、爱好和平的特点,使中国举手投足间充满大国风范。如《资治通鉴》卷21记载:"天子每巡狩海上,悉从外国客,大都、多人则过之,散财帛以赏赐,厚具以饶给之,以览视汉富厚焉。"又如《明宣宗实录》76卷所说:"朕恭膺天命……君临万邦……尔诸番国,远在海外,未有闻之,并特遣太监郑和、王景弘等制昭谕,其各敬顺天道,辅揖人民,以共享太平之福。"伴随着农耕的生产方式,所萌发出来的是人们对于土地的深深眷恋。在中国人眼中,土地是衣食之源、生命之根,甚至是修身之本,例如,《周易》曰:"安土敦乎仁,故能爱"②,《礼记》曰:"不能安土,不能乐天;不能乐天,不能成其身"③,在民间也有"宁念家乡一捻土,莫爱他乡万两金"的训诫。在旧社会的农村,土地庙随处可

---

① 王文锦.礼记译解[M].礼记·月令.北京:中华书局,2001.222.
② 黄寿祺,张善文.周易译注[M].系辞上传.上海:上海古籍出版社,2001.535.
③ 王文锦.礼记译解[M].礼记·哀公问.北京:中华书局,2001.738.

见,这都反映出中国人对土地由衷地爱慕与崇拜。古时候的中国人往往以衣锦还乡为最大的荣耀,以魂归故里为走向人生归途时的最后选择。这种对乡土的眷恋构成了爱国情怀的基础和组成部分。

法国思想家爱尔维修指出:"各个民族的性格和精神是随着它们的政治形式变化的。"①中国古代社会以中央集权的封建专制体制为特点,在政治结构上主要表现为"家国同构"的模式,在政治目标上主要追求的是四海为一的"大一统"境界。这样一种政治特点对中华民族精神的影响主要体现在三个方面,其一,在民族观上,追求融合。在古代中国,"华夷之辨"主要是个文化概念,表征的是文明程度的高低,而文明的差异可以通过教化和学习来弥补,这样的理念为民族间的融合提供了通道,为政治上的大一统作了准备。在中国历史上,这样的民族观很早就出现了,例如,《春秋公羊传》将春秋242年的历史划分为"据乱世"、"升平世"和"太平世"三个阶段,"据乱世"主要特征是"内其国而外诸夏","升平世"的主要特征是"内诸夏外夷狄","太平世"的主要特征是"夷狄进至于爵,天下远近大小若一"。甚至"哪个民族入主中原并不重要,重要的是看这个政权建立了什么样的制度,使用什么样的意识形态进行统治,以怎样的文化内容涵化社会,而不能以民族简单而论。"②其二,在意识形态上,追求统一。大一统的施政目标主要表现为中央政府致力于统一治国思想和意识形态,自汉武帝"罢黜百家,独尊儒术"之后,儒家思想就成为官方统治思想,对儒家文化的掌握程度成为选拔官吏的尺度,对儒家伦理道德践履的好坏成为评判一个人道德品质、社会价值的主要标准。政治意识形态上的统一有助于增进民族间的价值认同,从而进一步增强民族间的内聚力。需要指出的一点是在中国历史上,思想文化的统一主要集中于政治领域,在民间层面仍然认可民族文化的多样性,如同《礼记·王制》所指出的那样:"中国戎夷五方之民皆

① [法]爱尔维修.论精神[A].北京大学哲学系编译.十八世纪法国哲学[C].北京:商务印书馆,1979.502.

② 陈理.大一统理念中的政治与文化逻辑[J].中央民族大学学报(哲学社会科学版),2008(2):5—10.

有性也,不可推移"应该"修其教不易其俗,齐其政不易其宜。"也正因为如此,政治上的集权、专制并没有使中华民族丧失宽容的精神,在中国文化史上,儒、释、道长期并行不悖的罕见文化格局就是中华民族兼容并包的文化价值观的有力证明。其三,在社会心理方面,崇尚责任感和归属感。中国古代封建社会家国同构的政治结构是将国家看作放大了的家庭,用家庭关系来比拟国家内各成员的关系,例如将君臣、君民关系比作父子关系,用治理家庭的模式来治理国家,将父家长制的作风用于国家管理之中,忠和孝是家国同构的情感基础,在家要尽孝,对国要尽忠。"家国同构"的政治结构反映到社会心理上就表现为个人→家庭→家族→民族→国家。这样一种政治结构尽管导致了专制,但也在一定程度上促进了社会成员的责任感和归属感,增强了民族间的凝聚力,有利于培养朴素的爱国之情。

(3)思想文化背景

对于孕育中华民族精神的中国传统思想文化,按照其叙述内容是否经过理性思辨,本书将其分为"神话传说"和"儒释道互补的思想文化格局"两部分来分别分析它们对中华民族精神产生的影响。

中国古代神话传说

神话是远古时代、蒙昧时期人类精神活动的产物,是人类童年时代心灵历程的写照,是先民把握世界的一种方式。每一个民族的神话都传达了这个民族对于世界的最初认识,它以幼稚的、想象的方式浓缩了一个民族关于远古时期的记忆。它从一开始就被打上了民族个性的深刻烙印,蕴含着一个民族主体方面的内在规定性,表达了该民族独特的思维特点、情感方式、价值取向和人生态度。可以说,神话就是一个承载着民族文化基因的伟大宝库,它对民族精神的形成起着不可忽视的作用,民族神话的内容和风格的不同深刻地反映着民族精神的差别。对此,法国著名学者丹纳作了一个生动的比喻,他将神话比作一个民族的"原始底层",这一原始底层

"在最初的祖先身上暴露的心情和精神实质,在最后的子孙身上将照样出现"①。因此,要追寻民族精神的足迹绝不能绕开该民族的神话。

中国古代神话传说主要散见于《山海经》、《庄子》、《楚辞》、《淮南子》、《列子》、《穆天子传》等古籍中,分析这些神话传说对塑造中华民族精神的作用时有两点特别值得关注:其一,中国的神话传说几乎不含有宗教式的宿命意识,它充满的是理性、务实、乐观的精神。例如,对于"火"的来源,古希腊神话认为是普罗米修斯从天上盗来的火种,而中国古代神话则直接根据经验,认为是燧人氏钻木取来的火种,这是对人智慧的肯定。再如,中国神话传说中的英雄人物一般都是经过后天努力才获得成功,因自身道德上的魅力才获得众人推崇,禹就是其中的典型,禹治水的成功靠的不是天赋的神力,而是"劳身焦思,居外十三年,过家门不敢入"②的牺牲精神和"身执耒锸,以民为先;股无胈,胫不生毛"③的吃苦耐劳。中国神话所体现出的乐观精神也很突出,那些直接以胜利告终的故事自不必说,就是以悲剧结束的,中国先民们也往往给它加上一个充满希望的"尾巴",例如女娲淹死后化为精卫鸟;夸父渴死后,其手杖化为桃林;鲧治水失败而死后,又生下了禹来继承他的事业。其二,与希腊神话注重个性、知识性和趣味性不同,中国神话的内容侧重的是伦理性以及教化作用。在希腊神话中,诸神都具有复杂的性格,很难用一个"善"或"恶"来简单概括。而中国的神话传说所讴歌的神人、英雄虽然所从事的活动各异,但在品质上却差异不大,他们都有强烈的社会责任感和使命感,往往以救苦救难、律己甚严的有德者的面目出现,都具备聪明智慧、勇敢无畏、务实乐观、公而忘私、勤劳朴实、开拓进取、坚忍不拔、矢志不渝的崇高精神,在道德上无可挑剔,是人们效仿的楷模。可以说,中国的神话传说与社会伦理教化结下了不解之缘。后人从女娲补天、精卫填海、愚公移山、弈射九日、钻燧取火、神农尝百草、炎黄二帝、大禹治水等等神话传说中获得的主要不是智慧、经验,而是精神力量。可

① [法]丹纳. 艺术哲学[M]. 傅雷译. 北京:人民文学出版社,1963. 352 – 354.
② [汉]司马迁. 史记[M]. 夏本纪第二. 北京:中华书局,2006. 45.
③ [清]王先慎. 韩非子集解[M]. 韩非子·五蠹. 北京:中华书局,1998. 443.

见,透过中国神话特有的表达方式和表达内容,中华先民们的重德、务实、理性、乐观、勤劳、勇敢、坚韧、以群体和大局为重的价值取向与精神追求已经初步展现出来,这是中华民族精神的萌芽。这些优秀品质经过世世代代的丰富发展都成为中华民族精神的有机组成部分,激励着一代又一代人。陶渊明在《读山海经》中写道:"夸父诞宏志,乃与日竞走"、"精卫衔微木,将以填沧海",其赞美之情跃然其间。顾炎武曾作《精卫》诗自励,他说:"万事有不平,尔何空自苦? 长将一寸身,衔木到终古? 我愿平东海,身沉心不改! 大海无平期,我心无绝时。"毛泽东在中共七大上也以愚公移山的精神激励中国人民坚持斗争。总之,中华先民们的精神追求被嫁接在神话传说的英雄身上,在神话传说的流传过程中,这些精神因素得以强化并被后代继承下来,熔铸于生生不息的民族精神之中,成为民族生活的内在根基。

儒释道互补的思想文化格局

以儒学为主干,儒释道互补是中国传统思想文化的总体格局。儒学产生于两千多年前的春秋时期,它是夏商周三代文化的集大成者。在春秋战国时期,儒家便广收门徒,游说诸侯,影响非常大,被称为"显学"。因为其理论切合中国实际,所以到汉武帝时期被定为官学,一直居于官方正统哲学的位置,此后一直到封建社会结束,儒家的正统地位始终没有动摇过。儒学受学与庠序、流布于民间,其思想覆盖面广、渗透性强,居于传统文化的核心,是锻铸中华民族精神的主要原材料。儒学理性务实的精神、仁德至上的观念、群体为重的意识、中庸和谐的理想、立德立功立言积极进取的人生追求、经世致用的作风,都对中华民族的精神世界产生了巨大而深远的影响,在中华民族精神的每一种具体精神中,都可以找到儒学的内核。

道家以及在其基础上发展而成的道教是中国传统文化的又一支柱,他们崇尚天道、因循自然、鄙弃功利和权势、关注生命个体的肉体和精神感受,他们在"本体论上强调一个'生'字,认为宇宙万物生于有、有生于无;在世界观上强调一个'化'字,认为任何事物都处在变化之中,强弱、祸福等都会向自己的对立面转化;在事物的转化过程中贵在一个'因'字,主张因循自然、因势利导。道家以'中'字为纲要,在处世之道上巧用一个'中'字;在协调人与人、人与自然、人与社会等关系上注重一个'和'字;在个人修养上强调一个'忍'字;而养生之道的要诀在一个'逆'字。道家以'无为'为体,'无不为'为用,以柔克刚,以弱胜强,以退为进,以不争为争。"①道家和道教的这些思想观念所蕴含的豁达、乐观、超脱的精神深深地浸润着中华民族,使得"中国人很少真正彻底的悲观主义,他们总是愿意乐观地眺望未来"②。

佛教由印度传来,进入中国之后,受到中国文化的影响而形成了异于印度佛教的特点,变成了"中国佛教"。佛教以参透万法实相、彻悟人生为主题,关注心灵痛苦的解除,提倡三世轮回、因果报应说,奉劝人们慈悲为怀、乐善好施、爱护生命、无私无欲,引导人们追求心灵的宁静与祥和。佛教的这些思想满足了世人对超越性的追求,为培育中华民族自律、宽容、人道等精神作出了贡献。总之,在漫长的历史长河中,三家学说既相互辩难、又相互补充和融合,共同培育着中华民族精神。

由于从传统思想文化的角度探讨中华民族精神传统部分的特征是本书的主旨,儒、释、道对中华民族精神的影响在本书接下来的章节中还会有大量的论述,出于行文的考虑,在此小节中仅点到为止。

3. 中华民族精神的基本特征

中国古代独特的地理环境、经济政治条件和思想文化背景,决定了其所孕育的中华民族精神除了具备民族精神的一般特征之外,还具备了自身独特风貌和鲜明的中国特色。在中华民族精神的诸多特征中,比较突出的有如下几点:

第一,中华民族精神历史悠久,源远流长。中华民族精神的这一特色主要表现在两个方面:其一,创造中华民族精神的主体历史悠久,黑格尔曾说:"只有黄河、长江流过的那个中华帝国是世界上唯一持久的国家。"③如

---

① 宋志明,吴潜涛.中华民族精神论纲[M].北京:中国人民大学出版社,2006.101.
② 李泽厚.秦汉思想简议[J].中国社会科学,1984(2):115-137.
③ [德]黑格尔.历史哲学[M].上海:上海书店出版社,2006.108.

前文所述,虽然"中华民族"这一称谓是近代在中国人民反抗外来侵略的斗争中才出现的,但是"中华民族"的族体却早已形成,她的前身是发源于黄河流域的华夏族,黄帝、炎帝是传说中的华夏族的祖先,这样追溯起来也有五千年以上的历史。到秦汉时期,华夏族发展为汉族,以汉族为中心,中华民族多元一体的格局初步形成。此后,汉族与各少数民族通过"内迁——杂居——融和"的过程,不仅没有分崩离析,反倒结合得愈来愈紧密。其二,孕育中华民族精神的中华文明历史悠久,一脉相传。中华文化"乃由一民族或一国家所独创,故其'文化演进',四五千年,常见为'一线相承''传统不辍'。只见展扩的分数多,而转变的分数少。"①中华文明有五千多年的发展历史,世界上,同样具有五千年以上历史的,除中国外,还由古代埃及、古代印度、古代巴比伦,它们与中国一起被称为四大文明古国。但是古代埃及文明、古代印度文明、古代巴比伦文明,都曾经由于战争和其他天灾人祸而出现过较长时期的中断,因为中断的时间太长,所以它们民族精神的原貌几乎丧失殆尽。唯有中华文明的血脉五千年来从未中断,始终是一个活传统。梁启超先生曾说中国"上自道德法律,下至风俗习惯、文学美术,皆有一种独立之精神,祖父传之,子孙继之,然后群乃结,国乃成。"②学者王治心在《中国宗教思想史大纲》中也曾评论说:"中国文化史上依次出现的先秦诸子学、两汉经学、魏晋玄学、隋唐佛学、宋明理学、清代朴学,其间既有一脉相承的基本内涵,又呈现出彼此各异的形态。这种在一国范围内,文化发展序列如此连续完整而又不断嬗变更新,是世界文化史上所罕见的现象。"③这样,日益团结的中华民族、从未中断的中华文明所孕育出的民族精神必然是悠久的、强劲的、富有凝聚力的。以存在时间为标准,中华民族精神的悠久性与隽永性堪称世界第一。而中华民族精神一旦形成,又促进了中华民族的进一步团结,促进了中华文明的进一步发展,它们是相辅相成、相互促进的关系。

① 钱穆.中国文化史导论[M].北京:商务印书馆,1994.21.
② 梁启超.新民说[N].新民丛报,1902-2-1.
③ 王玉东.论传统文化与民族精神的科学扬弃[J].东岳论丛,1999(6):88-93.

第二,中华民族精神传统部分受儒学影响最深,伦理道德理性色彩突出。民族传统文化是孕育民族精神的母体,儒学是中国传统文化的主干,长期居于官方正统地位,上行下效,儒家的思想深入人心,它对中国社会的影响是其它学派无法比拟的,为培育中华民族精神做出了重要贡献。当然,儒家的影响是多元的,既有积极方面也有消极方面,从近代以来,有识之士对此也进行过大量反思,但是无论褒贬,儒学是中国传统文化的主干,儒学对中华民族的影响最大,却是大家所公认的。儒家思想有两个突出特点:其一是注重道德,儒家将道德看作人与动物的根本区别,将道德水平的高低看作是文明与野蛮的分水岭,将内在人格的完善看作是成就事功的出发点和先决条件,将完善道德看作人生最有价值的追求目标。儒学以"仁"为核心建构了一整套完备的道德体系,从个人修养到处理各种社会关系,从普通百姓到帝王将相,方方面面、无所不包。并且儒家认为,完善道德并不是一件神秘的事情,而它完全取决于个人的努力程度,与贫富贵贱无关,这就为人们提升精神境界开拓了道路,坚定了信心。其二是注重群体,儒家总是立足群体来谈论个体,在社会关系中定位个体,以社会贡献的大小来衡量个体价值,在个体价值与群体价值发生冲突时,主张以群体利益为重。在儒学的熏陶浸染之下,中华民族表现出与西方民族不同的特点,那就是与西方科学理性发达、奉行个人主义、注重个人利益相比,中华民族精神的传统部分则表现为道德理性突出,注重道德教化和群体价值,这一特色在中华民族的思维方式、世界观、人生观和情感表达等诸多方面都有突出的体现。

第三,中华民族精神包容性大、创新能力强、与时俱进的品格突出。中华民族精神是一个开放的、动态的系统,在几千年的历史长河中,它不断经受着时代的检验,不断丰富着自身的内容,不断进行着自我更新。开放包容的胸怀非常明显,与时俱进的品格非常突出。这主要是由以下四个方面所决定的:其一,就创造中华民族精神的主体——中华民族来看,其组成是多元的。在中国历史上,曾经出现过许许多多的民族,延续到今天的就有56个,除此之外,还有一些民族如匈奴、契丹、羯、羌等族在民族融和的进程中,被其它民族同化了,成为其它民族的一部分。这样一种民族构成状况决定了中华民族精神并不是单纯由汉族所创造的,而是由现存的和历史上曾经存在但现在已经消失的民族共同创造的,其中不仅包括汉民族精神的精华,也包括其他民族的民族精神的精华,经过历史的洗礼,各个民族的精神因素融和在一起,你中有我、我中有你,经过长期发展,成为了中华民族共同的精神支撑。总之,"多元一体的民族结构造就了多元一体的民族文化,无论是从广博的内涵特性,还是从辽阔的地域分布,古代中华民族精神都具有深厚和深远的兼容性。"①其二,就孕育中华民族精神的母体——中国传统思想文化来看,其内容丰富、百家争鸣,中华民族精神的形成与发展是各种优秀思想共同作用的结果。考察中国思想文化发展的整个历程,我们可以发现学术氛围一直比较宽松,所谓的"独尊儒术"也只是在政治上奉儒家为正统,而在民间,仍然允许其它学派存在和发展。不仅如此,中国文化对外来思想也持包容态度,古代的佛教以及现代的马克思主义在中国的发展就是典型的例子。中华文化对外来文化吸收、同化的能力特别强,它总是能以我为主,既不放弃自身的特点,又能博采众长,不断更新自身内涵。而中国文化发展的成熟性,又使进入中国的外来文化迅速中国化,如佛教传入中国后,成为中国化的佛教,与印度佛教已有很大不同;马克思主义传入中国后,经过中国共产党的消化吸收,也开始了马克思主义中国化的进程,使之为建设有中国特色的社会主义服务。从这样的文化中孕育出来的中华民族精神必然会具有与时俱进的鲜活生命,中华民族精神是包含多种思想精华的民族精神,其中既有儒家的精神,也有道家的精神、佛教的精神、马克思主义的精神等等。其三,就塑造中华民族精神传统部分的主干力量——儒家文化本身而言,也是多元的。儒学内部有许多学派,他们对孔子的思想有不同的理解,互相之间进行辩难。同时,儒家奉"中和"为方法和境界,在整个古代社会,它总是能根据时代发展不断吸收其他学派

---

① 王仕民.论中华民族精神的历史特质[J].武汉大学学报(人文科学版),2006(6):711 - 715.

的思想,如荀子吸收了法家的思想,董仲舒吸收了阴阳家的思想,宋明理学吸收了佛教、道教的思想等等。儒家这种兼容并包的精神也遗传给了中华民族精神,赋予了中华民族精神与时俱进、开放宽容的品格。其四,我国目前所奉行的对外开放的基本国策也为中华民族精神的自我更新提供了良好条件。随着时代发展,中华民族在新的历史条件下逐渐接受了一些紧跟时代潮流的积极精神因素,例如,受儒家文化的熏陶,传统中国人往往具有重义轻利、群体为本、义务至上、知足常乐等观念,随着改革开放、市场经济的发展,现代的中华民族则义利并重,竞争意识、个性意识等都有了很大程度的增强。总之,中华民族精神正是因为具有包容、创新、与时俱进的胸怀,才得以历久弥新,倘若它故步自封,那早就被历史淘汰了,中华民族也就不可能存续至今。

第二章 儒学是中华民族精神的培养基

一、中国传统文化是孕育中华民族精神的母体

文化是一个包罗万象的庞杂体系,目前,学术界一般认为文化有广义和狭义之分,广义的文化是指人类在社会历史实践过程中所创造的一切物质财富和精神财富的总和,包括物质、制度、思想三个层面;狭义的文化则仅指人类精神创造及其成果,本书基本上以狭义的文化为讨论范围。文化具有民族性和地域性,不同的民族创造了不同的文化,民族间最本质的区别表现为不同文化间的区别。文化是一个动态的发展过程,随着历史发展和民族利益的变化,总会产生一些新因素,淘汰、更新一些旧因素。而所谓"传统"指的就是能够一代代传承下来的具有一定特点的某种思想、作风、信仰、风俗、习惯等。所以并不是所有在该民族历史上出现过的文化因素都是该民族的传统文化,只有那些被积淀、被保存下来,能够世代传承的文化才是该民族的传统文化。传统文化虽然是历史上形成的,但作为经受了民族发展历史检验和选择的产物,却并不仅仅代表少数圣贤哲人的观点和思想倾向,并不是博物馆里的陈列品,而是该民族智慧的结晶和历史经验的积累,反映和代表了该民族的整体意识,具有鲜活的生命力。传统文化具有强大的稳定性和历史惯性,是一个民族发展、进步、迎接新时代挑战、进行新的历史创造的文化环境和心理背景。它最能反映该民族的特色,每个民族在前进的道路上,都面临一个如何对待传统文化的问题。

民族精神的形成与发展尽管受到多种因素的影响,但是它与民族传统

文化的关系最为直接和密切,这是因为"一种精神从自在状态转变为自觉状态是需要人为努力的。不论是杰出的人物还是一般的民众所体现的民族精神,它的初始形态都是自在的、分散的和局部的。这种状态不可能为全民族所认识和尊奉,而它成为自觉地民族精神并为人民大众所接受都是由思想家们提炼和传播的。"①民族精神植根于一个民族的传统文化之中,该民族的传统文化是孕育该民族的民族精神的母体和基石。中华民族精神也是如此,中国传统思想文化是孕育中华民族精神的母体和基石,探讨中华民族精神传统部分的面貌,必须从分析中国传统文化的特色入手。

二、儒学是中国传统文化的主干

西周推翻商朝之后,为了给这种政权更迭寻求到合理性,西周统治者提出了"天命靡常,惟德是辅"、"敬德保民"、"以德配天"等思想,在天命面前,为人的主观能动性开辟了地盘。以此为契机,中国人逐渐从殷商时期"殷人尊神,率民以事神,先鬼而后礼"②事事卜筮,绝对笃信上帝神的宿命论中解放出来,开始用自己的智慧来思索世界,人的自觉性逐步提高。到春秋战国时期,周政权衰败,诸侯割据,学者们纷纷从各自的学理出发,对社会、政治、人生发表看法,针砭时弊,寻求出路,自由气息浓厚,思想异常活跃,形成了百家争鸣的局面。仅形成系统思想的学派就有儒家、道家、墨家、法家、阴阳家、农家、名家、纵横家、兵家等派别,"从开始形成有系统的思想体系这一点来说,先秦百家争鸣是中国文化发展的源头"③。千帆过尽,大浪淘沙,诸子百家虽然都为中国传统文化的形成与发展、为培育中华民族精神做出了贡献,但这些智慧的火花命运却不相同,有的倏然逝去,有的薪火相传。唯有儒家脱颖而出,成为中国传统文化的主干。之所以这

① 王希恩.民族精神的形成和发展[J].世界民族,2003(4):9-16.
② 王文锦.礼记译解[M].礼记·表记.北京:中华书局,2001.813.
③ 钱逊.先秦儒学[M].沈阳:辽宁教育出版社,1991.213.

样,只能结合当时的历史背景,从各学派自身寻找答案。本书将从正反两个方面来分析历史降大任于儒家的原因。

1. 其他学派何以不能成为中国传统文化的主干

诸子百家中的阴阳家、农家、名家、兵家、纵横家等,由于在发展初期力量便比较弱小,不及儒、墨、道、法四家,同时又由于这几家学派的思想比较单一,只集中在某些方面,理论的深度和广度都不够,因而在激烈的学术竞争中很难以独立的思想形态流传发展下来,其所蕴涵的合理内容只能改头换面被其他学派所吸收。所以这里不再对其进行单独论述,只择取中国思想文化史上几个当时力量较强,对后世影响又较大的学派来解答"其他学派何以不能成为中国传统文化的主干"这个问题。

(1)墨家

诸子百家中的墨家,是以墨翟为首,由代表手工业者阶层的学者组成的学术群体。能工巧匠出身的他们,对科学技术与逻辑思维的兴趣要比先秦时期的其它学派浓厚得多。他们最初信奉儒学,后因认为儒家学说繁琐、靡财、伤身害事,他们欲补弊扶偏,所以从儒家中分化出来,自成一派。其学术观点与儒家针锋相对,例如,儒家"从周",墨家就"用夏";儒家倡"亲亲",墨家就主"兼爱";儒家"厚葬久丧",墨家便"节葬";儒家重视音乐,墨家就"非乐";儒家"敬鬼神而远之",墨家就"明鬼",等等。在诸子百家中,墨家是最接近现实的一派,他们"处处把人生行为上的应用,作为一切是非善恶的标准"①。他们从实用角度出发,针对当时的社会弊端,提出了十项主张:"国家昏乱,则语之尚贤、尚同;国家贫,则语之节用、节葬;国家憙音湛湎,则语之非乐、非命;国家淫僻无礼,则语之尊天、事鬼;国家务夺侵凌,则语之兼爱、非攻。"②墨学曾显赫一时,与儒家并称显学。然而繁华过后,墨学却并没有在中国发展起来,自秦汉之后墨学便开始沉沦,司马

---

① 胡适.中国哲学史大纲[M].石家庄:河北教育出版社,1996.120.
② [清]孙诒让.墨子间诂[M].墨子·鲁问.北京:中华书局,2001.475 – 476.

迁在《史记》中对墨子的介绍仅在《孟子荀卿传》之后附了区区 24 字。此后直至清朝乾嘉年间墨学研究出现转机之前，墨学几乎从历史上消失，"乃唐以来，韩昌黎外无一人能知墨子者，传诵既少，注释亦稀。乐台旧本，久绝流传，缺文错简，无可校正，古言古字更不可晓，而墨学尘霾终古矣"①。考察墨学历史，墨学式微的原因主要可归结为四点：

第一，学说本身存在内在矛盾，功利实用色彩过浓。例如，墨家的"节葬"是为了节约社会财富、保证劳动时间、发展社会生产力；"天志"、"明鬼"是为了警示统治者谨慎行政、为民造福；"非命"是为了将人从盲目悲观的宿命论中解放出来，鼓励人们积极发挥主观能动性。单看这每一项主张确实有良好的愿望也应该有实用效果。但是，倘若将这几项主张联系起来推敲，便会发现明显的矛盾之处。例如，一方面强调"鬼"的存在，另一方面又主张"节葬"，那么鬼会不会因为"薄葬"他而迁怒于人呢，怎么消除人们的这种恐惧呢？墨家没有说明。东汉时的王充已经注意到了墨学的这一缺陷，他说："墨家薄葬、右鬼，道乖相反违其实，亦以难从也。"②再如，"天志"与"非命"也存在着类似的矛盾。可见，墨家学说仅考虑到了各主张的直接实用效果，但却忽视了各主张间的内在关联，缺乏一致性和说服力，经不起穷根究底式的追问，难以自圆其说。而一个理论系统倘若缺乏说服力，不能使人心悦诚服，那它所孜孜追求的实用效果便不可能真正落实，更经不起历史的考验。

第二，墨家的组织具有封闭性，缺乏一种兼容并包的精神。墨家组织具有半军事化的性质，其最高首领称为"巨子"，"巨子"的权力很大，墨家弟子都要服从"巨子"的旨意，这种组织形式体现了墨家"尚同"的原则，却限制了思想自由。"巨子"长期处于一片尊崇之声中，极易盲目自大，如墨子便曾说："吾言足用矣。吾言革思矣……以其言非吾言者，是犹以卵投石也，尽天下之卵，其石犹是也，不可毁也。"③而盲目自大、不能在兼收并蓄中

---

① ［清］孙诒让.墨子间诂［M］.俞序.北京：中华书局，2001.1.
② 黄晖.论衡校释［M］.北京：中华书局，2006.1161.
③ ［清］孙诒让.墨子间诂［M］.墨子·贵义.北京：中华书局，2001.448.

不断改进自身是学术发展的大敌,一旦环境变化,那些不能及时纠正自身缺陷,予以变通的学说总是难逃被湮灭的命运。

第三,墨家的思想具有空想性,行为具有极端性,严重脱离当时中国社会的实际,群众基础差,很难维继。以墨家核心主张"兼爱"为例,墨家要求人们首先是自己的弟子,要做到"视人之国若视其国,视人之家若视其家,视人之身若视其身"①的绝对大公无私,而中国自古以来就是个宗法色彩浓厚的国家,重视血缘亲情,墨子却要人们摆脱这种自然情感,完全一视同仁,虽然境界无比高尚,但却是逆人性而为。在当时,人们的道德发展水平很难达到如此高的境界。况且,墨家在精神上对人提出高要求的同时,却在物质上给人设定了很低的标准,力倡"节葬"、"节用",衣服只要能御寒、御暑即可;房屋只要能遮风挡雨即可;食物只要能果腹即可;死后衣三件、棺三寸,死者即葬、生者不久丧。精神的高要求与物质的低标准形成强烈反差,很难对普通民众产生吸引力,"墨子虽独能任,奈天下何,离于天下。"②墨家还经常率弟子直接以武力帮助弱小国家,去对抗那些在墨家看来违背"兼相爱,交相利"原则的强国。战争难免有死伤,这种极端的行为也在很大程度上削弱了墨家的力量。此外,墨家成员以手工业者为主,而中国自古便以农业立国,手工业者在中国古代社会始终是少数,从长远来看,不利于墨家发展壮大。

第四,墨家发展到后期,以名辩逻辑见长,思想单一、理论单薄,不能全方位地切合中国古代社会生活,难以撑起中国传统文化的大厦。以上因素使墨家思想中的合理内容只能以碎片的形式流传,作为一个完整的学说体系墨学湮灭了。

(2)法家

诸子百家中的法家,前期以商鞅为代表,战国末由韩非子集大成。法家基于古今异势、因时变法的观点,认为"今欲以先王之政,治当世之民,皆

---

① [清]孙诒让. 墨子间诂[M]. 墨子・兼爱中. 北京:中华书局,2001. 103.
② 陈鼓应. 庄子今注今译[M]. 北京:中华书局,1999. 863.

守株之类也"①,所以主张"美当今",反对"法先王"。秦穆公时任用商鞅变法,废井田、开阡陌、奖励耕战,使秦国国力大增,在战国七雄中脱颖而出,为后来秦始皇统一中国打下了基础。法家提出"不期修古,不法常可"②"事异则备变"③的思想,不拘泥于古代制度,勇于变法自强,较之儒家"从周"和墨家"用夏"的保守做法有积极意义,为中国传统文化注入了顺势应变的思想因素,对培育中华民族革故鼎新的精神做出了贡献。除了应变精神之外,法家的核心主张是倡言"法治",提倡纲纪,强调法在治理国家中的作用。法家批判儒家的"人治",认为"人治"会带来"无令而擅为,亏法以立私,耗国以便家"④的恶果,这种对封建社会"人治"弊端的批判是深刻而准确的。秦王对法家思想空前重视,据王先慎的《韩非子集解》记载:"秦王见其书,欢曰:'得此人与之游,死不憾矣!'急攻韩,得非。"⑤为了夺来韩非子这个法家人才,秦王不惜发动对韩国的战争,可见秦国对法家思想的重视程度。此后,法家思想成为秦朝的指导思想,影响非常大。但是,历史并没有沿着法家的思路发展下去,中国古代社会并没有成为法治社会,法家思想也未能成为中国传统文化的主流。为什么会这样呢?原因主要有五点:

其一,法家思想在实施的过程中,逐渐丧失了其本应具备的公平、正义的内在精神,而日益沦为维护封建统治的纯粹暴力手段。法家在推行法治之初,"刑"与"赏"并重,这对人民有一定吸引力。可是,随着秦国日益富强,法家思想也发生变化,"刑"越来越重、越来越繁琐,据《汉书·食货志》记载,秦朝时"重以贪暴之吏,刑戮妄加,民愁亡聊,亡逃山林,转为盗贼,赭衣半道,断狱岁以千万数",而"赏",却越来越少,最后几乎没有了。法家赤裸裸的将百姓视作专政的对象,天真地认为只须制定严刑苛法,百姓就会俯首帖耳,即谓"刑重者,民不敢犯,故无刑也;而民莫敢为非,是一国皆善

① [清]王先慎.韩非子集解[M].韩非子·五蠹.北京:中华书局,1998.443.
② [清]王先慎.韩非子集解[M].韩非子·五蠹.北京:中华书局,1998.442.
③ [清]王先慎.韩非子集解[M].韩非子·五蠹.北京:中华书局,1998.445.
④ [清]王先慎.韩非子集解[M].韩非子·孤愤.北京:中华书局,1998.78
⑤ [清]王先慎.韩非子集解[M].北京:中华书局,1998.5.

也,故不赏善而民善。"①秦朝统治者对自己的政策一律通过"重刑"来推行的做法,没有顾及到人民的情感和身心承受能力,导致怨声载道,使秦王朝失去了群众支持。而肉刑的滥用,又使许多人丧失了劳动能力,最后只能导致生产力衰退。在这种治国方略下,秦朝很快就灭亡了。

其二,法家彻底否定道德的价值,只任法治,一意孤行。法家批判儒家"有治人无治法",看到了人治的弊端,具有积极意义。但他们只是一味高扬法治去恶的功能,却忽略了道德劝善、教化的作用,具有很大的片面性。例如,商鞅曾说:"仁者能仁于人,而不能使人仁;义者能爱于人,而不能使人爱。"②韩非子亦曰:"夫严家无悍虏,而慈母有败子,吾以此知威势之可以禁暴,而德厚之不足以止乱也。"③而实际情况却是,道德以教化为主,它温和、效果缓慢,但却直指人的内心,能使人自觉的做应该做的事,有利于在整个社会建立起善良的风俗;而法律以惩罚为主,具有强制力和威慑力,效果立竿见影,能使人因惧怕惩罚而不敢做不该做的事,有利于惩处邪恶、建立起规范的社会秩序,因此道德与法治缺一不可。法家显然忽视了"徒善不足以为政,徒法不足以自行"④这一点,一味抬高法律的作用,而贬低道德的价值,是有失偏颇的。

其三,在封建高度集权的政体下,法家"法治"最终难逃"人治"的藩篱。无论是战国时期的诸侯国,还是秦朝,国家权力都高度集中在君主一人手中,君主拥有无上的权威。虽然法家高呼"法不阿贵"、"刑无等级",但同时又宣扬"权制断于君则威",法律依然在君主的控制之中。在实际落实法律时,君主及其家族仍然享有特权,例如,太子犯法后,商鞅也只能"刑其傅"、"黥其师",而不能直接处罚太子,理由是"太子,君嗣也,不可施刑"⑤。显然,法家依赖君主的权威推行法治,那么法治实行的好坏,则全赖君主是否

---

① 石磊. 商君书译注[M]. 商君书·画策. 哈尔滨:黑龙江人民出版社,2003. 122 - 123.
② 石磊. 商君书译注[M]. 商君书·画策. 哈尔滨:黑龙江人民出版社,2003. 124.
③ [清]王先慎. 韩非子集解[M]. 韩非子·显学. 北京:中华书局,1998. 461
④ 杨伯峻. 孟子译注[M]. 孟子·离娄上. 北京:中华书局,1980. 206.
⑤ [汉]司马迁. 史记[M]. 商君列传第八. 北京:中华书局,2006. 420.

是明君,这实际上还是一种"德治"、"人治"。在封建政体之下,法家所最反对者却变成了自身的归宿,这一悖论只能使法家"中主守法术,拙匠执规矩尺寸,则万不失矣"①的憧憬归于破灭。

其四,法家建议秦始皇"焚书坑儒",实行文化专制。这样做确实以最快的速度确立了法家在全国的独尊地位,但是这一胜利违背了学术发展的规律,其地位不是历史选择的结果,而是依靠单纯行政强制手段确立起来的,非常不牢靠。这使得法家的命运与秦朝政权紧密联系在一起,秦朝灭亡了,法家也便失去了安身立命的靠山,只能沉寂了下来。

其五,声名狼藉,招人反感。秦朝以法家立国,以严刑酷法建立社会统治秩序,不顾及中国的国情,不顾及人民的感受,以致二世而亡,成为历史上沉痛的教训。此后一提法家,便将其与秦朝暴政联系在一起,虽然中国封建历朝历代治国方略的内核都包含法家的因素,但由于历史教训的沉痛性,法家总不能堂而皇之地登上大雅之堂。即使某些政策实际上是依据法家思想,统治者也总是给其遮盖上儒家温和的面纱,法家始终不能成为显学。

(3)道家与道教

由老子、庄子代表的先秦道家,对现有的伦理、政治秩序悲观失望,对任何人为的外来规定都持批判、鄙薄的态度,而以柔顺、无为、自然、退守、潜隐为主要思想特色,追寻自由、清静、返璞归真、少私寡欲、逍遥放达的精神境界,奉"慈"(宽容)、"俭"(知足)、"不敢为天下先"(贵柔)为处世的基本原则,视小国寡民的原始社会为理想的社会状态。道家思想弥漫着旷达、自由、生动、浪漫的气息,确实能给乱世中的人们以心灵安慰。道家在先秦时期,愤世嫉俗,采取的是远离政治、与当局不合作的态度。而从黄老开始,道家这种态度改变了。黄老道家是从老庄道家的基础上,通过走兼容百家、博采众长的道路在战国中后期发展起来的道家新形式,它把道家

---

① [清]王先慎.韩非子集解[M].韩非子·用人.北京:中华书局.2003.205.

从玄虚拉向了现实,它从"无为"中寻求"有为",开始以自己的思想影响政治、参与政治。黄老学在汉初显赫一时,被奉为治国的指导思想,文帝、景帝、窦太后等人都很偏爱黄老道学。从汉武帝"罢黜百家、独尊儒术"之后,道家思想开始衰弱,到东汉末年,道家思想分化成两个方向:一个与儒家融合,以道家思想注释儒家经典,力图摆脱名教束缚,形成了魏晋玄学,带动、影响了当时"士"阶层的很多人;一个形成了我国唯一土生土长的宗教——道教,在民间释放着能量。唐朝时期,道家、道教力量再度抬头,唐朝皇帝因与老子同姓,自称是老子的后裔,封老子为"太上玄元皇帝",并下令贡举人士必须兼通《道德经》;唐玄宗还亲自注释《道德经》,诏令百姓必须家藏一本,以推广道家思想;唐武宗还将二月二十五日老子诞辰日定为"降圣节"。到了宋代之后,宋明理学的兴起和发展,排挤了道家和道教,加之此后清朝统治者采取重佛抑道的政策,道家在政权中日益边缘化。然而,纵观道家的发展历程,它如同一股暗流潜隐地存在于中国传统文化之中,虽只是偶露峥嵘,但其影响始终没有泯灭,在中国传统文化这个大系统中,道家的地位和作用是不容忽视的。它以柔顺的姿态顽强地渗透到中国人的日常生活中,影响着中国人的人生态度,道家思想对培养中华民族博大宽容的胸怀,淡泊名利的朴素,以退为进的策略,以及遇险不惊、临危不乱、从容处事的生活态度做出了贡献,"随风潜入夜,润物细无声"这句古诗可以很好地形容道家的影响。

道家思想之所以能够历经无数政治风云变幻和历史考验,顽强地生存下来,主要有如下几个原因:

首先,道家的人生哲学能为处于困境中的人们提供精神上的解脱之路。面对诸侯混战、离乱痛苦的残酷现实,道家没有像同期的其他学派那样采取积极有为的各种方法去整顿社会秩序,而是另辟蹊径,深入人的内心,寻求精神上的解脱之路。从老子的自然无为、少私寡欲、守柔贵雌的思想,到庄子的无己、无功、无名逍遥放达的精神境界,都旨在反对心为形役,帮助人们超越世俗的羁绊,获得自由、宁静、圣洁的心境。"免祸全生"是道家的最低目标,"使万物各安其性命"是道家的最高追求。中国人尤其是中国古代的知识分子,在追随孔孟的同时,不愿意放弃老庄的原因就在于,道家思想总能给逆境中的人们提供精神解脱、心灵安抚的途径,它使人们面对现实的利害冲突,看得开、放得下,减少了很多烦恼痛苦,提高了应对挫折、迫害的能力。

其次,道家"无为而治"、"与民休息"的政治哲学有利于帮助新兴封建王朝恢复秩序、安定民心、积蓄国力,走出建国初期的困顿局面。《老子》曰:"圣人欲上民,必以言下之;欲先民,必以身后之。是以圣人处上而民不重,处前而民不害。是以天下乐推而不厌。以其不争,故天下莫能与之争。"①黄老道家充分发挥了《老子》的这种政治思想而提出了系统的"无为而治"的治国方略。"无为而治"大体来说就是要求统治者不要过多地干涉百姓的生产生活,不要滋彰礼法,而要减少私欲、轻徭薄赋,给人民以休养生息的时间和心理空间;同时要求君主掌握好驾驭臣下的方法,调动臣下的积极性,而不要凡事都亲历亲为。总之就是要顺应自然,让众人都各得其所、各安其命,以保持社会安定。简便易行、事半功倍是"无为而治"的特色。这种治国方针对于刚刚经过战乱的新兴王朝很有帮助,例如西汉初年,人口稀少、土地荒芜、百姓无余财、将相乘牛车,到处是荒凉凋敝的景象,汉初几代皇帝便采取黄老道家"无为而治"的方针,节省开支、减轻赋税、奖励农耕、约法省禁、与民休息,使汉初国力得到恢复和发展,出现了"文景之治"的繁荣景象。除汉初以外,唐、宋初年也有相似的做法。

再次,道家思想潜隐、柔顺、弹性大,适应性、包容性强。道家在坚持"道"、"自然"、"无为"等基调的前提下,根据形势变化,不断改变自身形式,从老子、庄子到黄老道家,再到魏晋玄学和道教,道家不断根据形势调整自身以适应社会发展。在自我更新的同时,道家还基于"容乃公"②、"百家众技也,皆有所长"③的认识,兼收并蓄,融合改造其他学派的思想,例如道家名著《淮南子》便是在老庄之学的基础上,吸收儒、法、阴阳等各家思想

---

① 陈鼓应.老子注译及评介[M].老子第66章.北京:中华书局,1996.316.
② 陈鼓应.老子注译及评介[M].老子第16章.北京:中华书局,1996.124.
③ 陈鼓应.庄子今注今译[M].庄子·天下.北京:中华书局,1999.855.

而写成的。老子说:"上善若水"①,道家正像水一样,宁静淡泊、谦虚深沉、柔弱处下,以"不争"、"有容"成就了其长久。即便在儒学一统天下的时期,道家思想也并未泯灭,而是如"水"一般渗透到现实生活中,在无形中影响着中国人的人生态度,这正体现了道家思想潜隐的特点。

最后,道家思想可以和儒家思想形成有效互补。儒道两家当然有斗争,但这种矛盾和斗争并不像儒墨、儒法之间那样针锋相对、非此即彼,它们之间的矛盾是可以调和的,它们之间的互补可能而且有效。儒道在思想上存在一些共性,例如两家都信奉天人合一,都重视人际和谐、反对战乱纷争,都注重精神生活的充实提高,在政治上都重视民心向背,都具备开放宽容的胸怀,等等,这些共同之处使它们有了对话的基础。同时,儒家和道家,一个刚健有为、积极入世;一个柔顺因循、退守潜隐,各有所短,各有所长,这又使它们有了互补的可能。既相互排斥、对立,又相互吸收、融合,是儒道关系的主旋律。在中国历史上,儒道兼修的学者很多,许多人都能入世为儒、出世为道,或者熔儒道于一炉,张弛相济,进退自如。例如,东汉末年扬雄、王充兼修儒道;南齐张融兼信三教,死时左手执《孝经》、《老子》,右手执小品《法华经》;明朝憨山大师还将儒、道、佛并为治学三要,其在《道德经解·观老庄影响论》曰:"为学有三要,所谓不知《春秋》不能涉世;不精老庄,不能忘世;不参禅,不能出世。"历史上类似这样儒道互补的例子举不胜举。

道家虽然是中国传统文化的重要组成部分,影响巨大,但它以牺牲人的社会责任和使命来追寻心灵自由,其守柔贵雌、无为因循的治国策略虽在乱世时期有发展的空间,但若在治世时人还如此消极,则难以推动社会不断进步;此外,道家追寻自由、平等、超脱旷达的精神,也不适应中国封建社会注重等级、注重秩序的特点。所以历史虽然没有淘汰道家,但是也没有选择它成为中国人精神世界的主导思想,在漫长的中国古代社会中,中国传统文化的主流始终是儒家思想。

---

① 陈鼓应.老子注译及评介[M].老子第8章.北京:中华书局,1996.89.

(4) 佛教

除了上述我国自身衍生出的各家学派之外,中国传统文化中还有一个外来成员,那就是佛教。佛教自汉朝从印度传入我国以来,不断改造自身以适应中国社会,迎合中国人的心理,并在与中国本土思想派别的融会交流中,逐渐汇入中国传统文化的洪流。

佛教对我国社会产生了广泛深入的影响:从文学方面来看,佛教给中国文字、文学带来了新的意境、新的文体和遣词方法,丰富了文学宝库,汉语中的许多词汇,比如世界、如实、实际、平等、现行、刹那、清规戒律、相对、绝对、一针见血等都来源于佛教,许多佛教典籍如《法华经》、《楞严经》、《百喻经》等本身就具有很高的文学价值,一直被视为难得的文学佳作,再如中国古代的四大名著之一《西游记》直接描述的就是唐玄奘西行取经的故事;从音乐方面来看,佛教为扩大影响,在做法事的时候经常伴之以音乐,僧人进行"俗讲"时,有时也演唱佛教歌曲,这丰富、促进了中国音乐的发展,例如唐朝的乐曲中就吸收了天竺乐、龟兹乐、安国乐、康国乐、骠国乐、林邑乐等许多佛教国家的音乐;从绘画、雕塑、建筑方面来看,佛教也做出了卓越贡献,目前我们所能见到的我国最早的版画就是"释迦说法图",唐代大画家阎立本、吴道子等都以擅画"佛画"闻名于世,宣传佛教的敦煌莫高窟、云冈石窟、龙门石窟中的雕塑、壁画等已成为中华民族的艺术宝藏,目前我国保存最多的古建筑就是佛教寺塔,这些寺塔如今许多都成为当地风景名胜的标志性建筑;从天文方面来看,制定了《大衍历》,测定子午线的就是一位叫"一行"的唐朝和尚;从医学方面来看,佛教典籍中记载了不少药方,许多寺院、僧人怀着普度众生的追求行医施药、治病救人,有的还设专科,如浙江萧山竹林寺的女科就曾门庭若市,唐代名僧鉴真也是一位名医,相传著有《鉴真上人秘方》等医药著作;在民俗方面,佛教对中国的影响也很深刻,例如,寺院在农历十二月初八佛祖释迦牟尼的成道日供应腊八粥,这一习惯流布到民间,于是民间也有了腊八这天喝粥的习俗,再如,佛教认为灯火能显现佛的光明、破除人世间的阴暗、化解众生的烦恼,因此在正月十五佛祖变神、降妖除魔的日子,佛教界要举行燃灯法会纪念,中国民间受此影响,从唐代起也有了元宵节张灯的风俗,此外,中国农历七月十五中元节也来源于佛教的超度先灵的孟兰盆会;从思想理论方面来看,儒家重伦理道德和政治制度,重视现世人生,对灵魂和死后世界存而不论,难以满足民众在这方面的探求心理,而佛教恰恰弥补了儒家的这一不足。佛学还促使中国哲学提出了新命题和新方法。例如,宋明理学关于天理、天地之性、气质之性的理论,以及主静、主敬的修身方法,就直接受到了华严宗、禅宗的影响。儒家思想正是在同道教、佛教的相互斗争、相互吸收中逐渐成熟的。晚清时期,佛教的慈悲、平等、无常、无我的思想以及净化自己身心、利于社会人群的"人间佛教"精神还曾成为一些民主思想启蒙者,如谭嗣同、康有为、梁启超、章太炎等人的思想武器,甚至我国早期的马克思主义活动家瞿秋白同志也曾说过:"无常的社会观,菩萨行的人生观引导我走上了革命道路。"总之,佛教的传播和深入发展,丰富和充实了中国传统文化的内涵,成为中国传统文化的有益补充。

佛教在中国传统文化中的地位虽然不容忽视,但是佛教并没有成为中国传统文化的主流,中国并没有因为道教的存在、佛教的传入而成为政教合一的国家,中国人也从来没有陷入过全民的宗教狂热,在中国,宗教始终从属于政治、从属于哲学。佛教没有成为中国传统文化主导思想的原因主要有三点:

其一,佛教传入之时,中华文明已经发展了接近三千年,中国传统文化的核心元素业已形成,并且达到了比较成熟、完备的程度,已经具备了对外来文化的吸收能力、同化能力。中国人在中华文明的塑造、熏陶之下,在精神世界中牢固地树立了关注现实、关注现世、关注人生的务实、理性的生活态度,这根本不同于佛教关注死后、关注来生的务虚、玄想的态度;此外,中华文明发展的充分性,使得中国人在精神世界中树立了根深蒂固的夷夏之防、以夏变夷的思想,这造就了中国人强烈的自我中心意识和优越感,对一切来自华夏文明的之外的文化类型都持一种宽容但同时又非常审慎的态度,允许其存在,但又力图以华夏文明影响外来文明、改造外来文明,对待佛教的态度当然也不例外。在中国人这种心理优势之下,面对强大的传统力量,佛教必须改变自己的形态,寻找与中华文化的共同点才能在中国求得生存和发展。佛教也确实是这样做的,佛教在初传入中国时曾向道家、道教靠拢,也讲"清静无为"、"息心去欲";佛教还和儒家拉关系,例如,据《大正藏》第52卷记载晋代著名佛教徒孙绰曾称:"周、孔即佛,佛即周、孔。盖外、内名之耳。……应世接物,盖亦随时。周、孔救极弊,佛教明其本耳。共为首尾,其致不殊。"唐代佛学者还把佛的"五戒"和慈悲等义等同于儒家的五常,如《镡津文集》卷三《戒孝章第七》曰:"五戒,始一曰不杀,次二曰不盗,次三曰不邪淫,次四曰不妄言,次五曰不饮酒。夫不杀,仁也;不盗,义也;不邪淫,礼也;不饮酒,智也;不妄言,信也。"总之,面对中国传统文化的恢宏气魄与博大胸怀,面对中国传统力量的强大凝聚力与趋同性,佛教必须做出上述与儒、道结缘的姿态,这种姿态为其赢得了生存和发展的空间,但也从一开始就将其在中国传统文化中置于附属与补充的位置。

其二,中国自古以来就是个宗法色彩浓厚的国家,重视血缘亲情,重视个人对家庭、社会的责任和义务,而佛教的根本精神却与之相违背。佛教也认识到了这一点,也希图改变自身以适应中国社会的这一特点,例如,中国正统思想历来视孝道为立身之本,但是印度佛教本来不讲孝,只是联系轮回转世来解释亲子关系,为了与中国思想协调以便于中国人接受,佛教在传入中国后也大力宣扬佛教与孝道的统一,甚至不惜在翻译佛经时添词加句,编造伪经,如《善生经》中便添入了"凡有所为,先白父母","父母所为,恭顺不逆"、"父母正令不敢违背"等字句。但是,从根本上来说,佛教终究是出世的,出家人视人生为苦海、不姓俗姓、不认父母、不结婚生子,这在中国人眼中总是怪诞、不正常的举动,所以中国人但凡世俗生活中还有一丝寄托便不会出家。所以,佛教尽管努力向中国宗法社会靠拢,但其根本精神与中国社会重家庭亲情、重社会责任的精神始终是冲突的。

其三,佛教在传入中国时,儒家学说经由董仲舒的改造,已经在思想内容上非常适合封建统治,中国的封建帝王都非常清楚,要治理好国家维护自身统治就要好好地利用儒家所创设的忠孝仁爱、伦理纲常的思想。在适应中国封建统治上,佛教远不如儒家完善,连历史上以信奉佛教著称的南朝梁武帝也是把释迦牟尼、孔子、老子并称"三圣"。佛教总是要在不抵触封建统治秩序的前提下进行宗教活动,如《高僧传》卷五记载释道安就曾经说过"不依国主,则法事难立"之类的话,在中国,宗教的地位始终没有高于政治。

总之,融入中国传统文化中的佛教,已经改变了本来面目,与印度佛教有了很大差别,其内涵与中国传统思想日益契合,变成中国佛教,成为中国传统文化的一部分。

2. 儒学何以成为中国传统文化主干

在中国各种思想派别中,儒家思想与中国传统文化的关系最为密切,它在古代中国的实现程度最高,它最能体现中国传统文化的基本精神。正如著名文化史家柳诒徵先生所说:"孔子者,中国文化之中心也,无孔子则无中国文化。自孔子以前数千年之文化赖孔子而传,自孔子以后数千年之文化赖孔子而开。"[①]儒家思想是中国人精神世界的主导,它经过几千年的发展,已经深入每一个中国人的骨髓,成为中国人最基本的主流价值观,它对中华民族精神的影响最大。

儒家思想之所以能在诸学派中脱颖而出,担当起引领中国传统文化发展的重任,是因为儒学具备在中华文明土壤中生根、发芽、壮大的最基本的素质,这些素质成就了儒学的地位。这地位不是自封的,而是历史形成的,是自身素质与历史环境相契合的产物,这些基本素质主要包括:

第一,儒家的思想内容与中国家国同构的封建宗法社会相适应。

理论在一个国家的实现程度,取决于理论满足这个国家的需要程度。儒学之所以能在两千多年的封建社会中独领风骚,从根本上来说就是因为儒家的理论内容符合中国古代社会的发展需要。

中华文明发源于黄河流域,这里气候湿润、水源充足、土壤肥沃,适宜农业耕作。农业生产春生、夏长、秋收、冬藏,具有很强的稳定性和很长的

① 柳诒徵. 中国文化史(上册)[M]. 北京:中国大百科全书出版社,1988. 231.

周期性,这就将人固定在土地上,不会像游牧民族和海洋地区的民族那样经常迁徙或出海远航。此外,农耕要求有充足的劳动力,集体劳动要比单个人收到的成效大得多。以上原因使得中华先民们特别注重自身的繁衍,加上集体劳动和很少迁徙,这就很容易形成大家庭,大家庭内的人际关系比较复杂,所以,中国人历来就非常重视伦理关系和血缘亲情,注重人与人之间稳定的秩序。而儒家思想本身就带有浓厚的宗法和伦理色彩,它特别重视群体性,将个人价值寓于群体价值之中,强调个人对家庭、社会的责任和义务;它特别注重对人际关系进行规范,力倡"正名",即确定每个人的名分,要求人们按照各自在社会和家庭中的角色和位置来为人处世,"君君,臣臣,父父,子子"①,也就是君要像君的样子,臣要像臣的样子,父要像父的样子,子要像子的样子,具体来说就是要父慈、子孝、兄友、弟恭;并且儒学的核心主张即"仁"和"礼"的思想还为构建古代和谐的社会秩序寻到了现实路径,即从血缘亲情这种最朴素、最真实的情感出发,基于同情心和报恩心,层层外推,从父母子女之爱扩展到对宗族、国家、社会的责任和义务,形成了一条从父子有亲到君臣有义,从兄弟有敬到朋友有信的类推逻辑链条。儒家的这套理论为处理人际关系提供了行之有效的标准规范并对此标准规范进行了充分的理论论证,容易被人们理解和接受,有利于协调古代社会的人际关系,有利于维护家国同构的封建宗法社会秩序,有利于那个时代物质文明和精神文明的发展。

中国古代由于受生产力发展水平的限制,人们活动的范围很有限,聚集在一起生产、生活的人们之间往往存在着错综复杂的血缘和亲情关系,有的部落或村庄的成员甚至都同属于一个大家族,在这种情况下,富于人情味的道德原则、教化手段比刑罚能更有效地调节人与人之间的关系,使之协调、团结和稳定。在这样的背景下,中华文明早在孔子之前就已经形成了悠久的注重道德、注重礼乐教化的传统,中国上古传说中的黄帝、尧、舜、禹等都是道德的楷模;西周的周公还将对道德的看法上升到理论高度,

---

① 杨伯峻.论语译注[M].论语·颜渊.北京:中华书局,1980.128.

以道德来解释天命，提出"皇天无亲，惟德是辅"、"敬德保民"等思想，并且西周时已经形成了比较完备的礼乐制度。儒家学说继承了这一传统，始终以人生问题为中心，最为重视人的精神修养，以道德来规定人的属性，总是通过引导人们去追求一种崇高的道德价值，来帮助人们去寻找"安身立命"的落脚点。孔子的贡献就在于，总结了中国历史上关于道德的种种看法，从中抽象出一个最高的道德"仁"，用仁德来统摄其它的道德，使各种道德在"仁"的统领下得以整合，并且纳仁于礼，赋予礼乐以"仁"的意义，将其视为道德教化的手段。后世儒学进一步发展、完善了孔子的道德学说，不仅形成政治上的德治、民本思想，而且到宋明时期，儒家的伦理道德观念高度哲理化、精致化，无论从形式还是内容都发展到相当完备的程度。况且中国自秦汉以来一直都是一个多民族的封建国家，内部关系相当复杂，而道德手段能以一种温和的方式调节内部关系，这也使得儒家的道德教化一直都受到相当的重视。

中国古代社会以农为本，农业生产必须在人力劳动与自然界的环境因素配合得相得益彰之时才能取得大丰收，这就要求人顺应自然之"时"，遵循自然界的规律，这样人与自然界的和谐就成为社会生产所追求的目标；另外，中国古代社会无论从家庭着眼还是从整个国家着眼，人员间的关系、民族间的关系都很复杂，地域差别也很大，社会的稳定特别有赖于人与人之间的和睦相处，这样，人际和谐也成为整个社会的追求目标。可以说，"和"一词在中国人心中有着非常重的分量，"和"在一定程度上就是安宁和幸福的代名词。而儒学不仅倡导"天人合一"的观念，还尤其奉"中庸"为最高境界和达"仁"的方法，"中庸"的核心含义就是"中和"，可见，儒家的这种理论非常切合中国人的心理特点，这也是儒学能够被中国人广泛接受的原因之一。

儒学的内容适合中国古代社会，还表现在它的政治理论存在着适应封建专制统治的因素，能够满足统治者的需要，儒家一向把君民关系视作父子关系，将"齐家"与"治国"相提并论，例如《大学》曰："君子不出家而成教于国：孝者，所以事君也；弟者，所以事众也。"朱熹对此解释说："孝、弟、慈，所以修身而教于家者也;然而国之所以事君事长使众之道不外乎此。"①这样的论证就使得民众对君主的服从显得非常合理了。儒学在经过汉代董仲舒的改造之后,"君为臣纲,父为子纲,夫为妻纲"的"三纲"成为天经地义的事情,这非常符合统治者的心理,适应政治上的"大一统"的需要,儒家思想因此受到自汉以来历代封建统治者的重视。

第二,儒学具有宽容开放的胸怀。

儒学是由孔子对夏、商、周三代流传下来的文化遗产进行反思、清理和重释而形成的思想体系,孔子虽"信而好古",但又不拘泥于"古",他既重视"因",又重视根据时代需求进行"损益"。这种治学作风使儒家思想从一开始便表现出很强的批判吸收、继承发展的能力。这种能力在后世儒学的发展中表现得更为明显。

荀子就是一位先秦学术的集大成者,他不仅发展、完善了孔子"礼"的思想,而且以儒家为圭臬,吸收其他学派的思想。对法家,荀子一方面批判法家单纯因任法治的做法,如他批评说:"慎子蔽于法而不知贤,申子蔽于势而不知知。"②另一方面荀子又吸收了法家思想,纳法于礼,以礼为纲纪,以法来补充礼,丰富了礼的内涵。对道家,荀子吸收了道家的"天道自然"的思想,将儒家的"天"改造成不以人的意志为转移的自然之天,即谓:"天行有常,不为尧存,不为桀亡。"③同时,他又没有丢弃儒家积极有为的思想特色,依然强调要"以人弘道,以人胜天",荀子还扬弃了道家"静因之道"的思想,提出了"虚一而静"的认识原则。对墨家,荀子也是有批判有继承,如批评墨家"有见于齐,无见于畸",指出"有齐而无畸,则政令不施",但荀子的"有社稷者不能爱民,不能利民,而求民之亲爱己,不可得也"、"论德而定次,量能而授官"等言论,显而易见又与墨家的"兼爱"、"尚贤"等主张有很多合拍之处。荀子正是通过这种批判、继承、创新的做法,以儒学方式总结了先秦百家,将儒学推向那个时代的思想高峰。

---

① [宋]朱熹.四书集注[M].中庸章句.西安:三秦出版社,1998.14.
② 张觉.荀子校注[M].荀子·解蔽.长沙:岳麓书社,2006.266.
③ 张觉.荀子校注[M].荀子·天论.长沙:岳麓书社,2006.200.

汉武帝时期,儒家之所以能够走上至尊地位,在很大程度上得益于董仲舒以儒家思想为核心理念,以阴阳五行为基本框架,兼融道、法、名等家思想对儒学进行的改造。以董仲舒对阴阳家思想的吸收为例,他通过阴阳来解释人间秩序,认为"君臣,父子,夫妇之义,皆取诸阴阳之道……君为阳,臣为阴;父为阳,子为阴;夫为阳,妻为阴"①,进而得出"天为君而覆露之,地为臣而持载之;阳为夫而生之,阴为妇而助之;春为父而生之,夏为子而养之;秋焉死而棺,冬焉痛而丧之。王道之三纲,可求于天"②的结论。这样就在天道与人道之间建立起对应和感应的关系,为人间的尊卑秩序创设了合理性依据,如此,当然可以得到统治者的欢心。董仲舒在为封建等级秩序作论证的同时,也没有放弃儒家"德治"的核心政治立场,他同样以"阴阳"来论证,即谓:"天出阳,为暖以生之;地出阴,为清以成之。不暖不生,不清不成。然而计其多少之分,则暖暑居百而清寒居一。德教之与刑罚犹此也。故圣人多其爱而少其严,厚其德而简其刑,以此配天。"③董仲舒就是这样以"阴阳家"的瓶装了儒家的"酒",使之易于统治者接受。对于董仲舒对儒学的这种改造,后世褒贬不一,但是有一点是毫无疑问的,那就是这种改造确实有助于将儒家推上官学的地位,从而解决了儒家的政治前途问题。

佛教和道教经过魏晋南北朝的发展,到隋唐时期达到鼎盛,在文化界形成儒、释、道三家鼎立的局面,佛、道的兴盛严重威胁到儒家的正统地位,面对危机,儒家再一次选择以"和而不同"的态度来应对,从韩愈到朱熹,经过代代努力,完成了对儒学的反思和调整,形成了儒学的新形式——理学。宋明理学本着"为天地立心,为生民立命,为往圣继绝学,为万世开太平"④的奋斗目标,援佛道入儒,吸收佛教与道教的宇宙观、本体论、佛性论、修养

---

① [唐]苏舆.春秋繁露义正[M].春秋繁露·基义.北京:中华书局,1992.350.
② [唐]苏舆.春秋繁露义正[M].春秋繁露·基义.北京:中华书局,1992.351.
③ [唐]苏舆.春秋繁露义正[M].春秋繁露·基义.北京:中华书局,1992.352.
④ [清]黄宗羲(原著),全祖望(修补),陈金玉\梁连华(点校).宋元学案[M].宋元学案·横渠学案上.北京:中华书局,1986.664.

功夫论等,并将之与儒家伦理学相结合,来诠释经典、构建体系,使儒学精致化、系统化、哲学化,弥补了儒学形而上层面的不足。周敦颐的《太极图说》、邵雍的《皇极经世》、二程的天理论、朱熹的理一分殊说,都有不少佛教、道教的色彩。经过改造,此后一直到封建社会结束前,儒学的核心地位一直没有动摇过。

《论语》开篇即曰:"学而时习之,不亦说乎。"①儒家在保持其学统传承的同时,总是善于以开放宽容的胸怀向其他学派学习,以我为主,融会、贯通其他优秀思想,总是善于根据时代发展不断调整自我以丰富自身的内涵。儒学很强的开放性和包容性是它作为文化传统能够流传下来的生命力所在,正是这一品性确保了儒学能够在传统文化中长期居于领先地位。

第三,儒家具备自强不息的精神。

儒家思想在古代中国的独尊地位,并非天生如此,而是经历了一个艰难的发展过程,其间,儒家遭遇过各种非难和围攻,甚至几次险遭灭顶之灾。但是儒学始终没有沉寂,而是屡仆屡起、愈挫愈勇,终于从各家学派中脱颖而出。

儒学在先秦时期虽然被称为"显学",但也只是诸子百家中的一家,并没有特殊的地位。它的创始人孔子带着学生周游列国,四处碰壁,遭受过各种非议和耻笑,甚至被囚禁。但是孔子毫不气馁,"知其不可而为之"。其后继孟子、荀子也都如孔子一样,以毕生的精力来弘扬儒学,孟子与各派人士展开辩论,被称为"辩儒",荀子为游说诸侯还打破了儒者不入秦的传统,见过秦昭王和应侯范雎。

儒学在春秋战国时期被视为迂腐空洞之物,备受冷落,在秦朝崇尚法家、实行文化专制的恐怖气氛中处境更是艰难。秦朝灭亡、汉朝建立,儒家思潮再度抬头,但是,汉初的统治者一开始并没有意识到儒家思想在治国安邦中的作用。汉高祖刘邦甚至以儒冠为溺器,发出"为天下安用腐儒"②、

---

① 杨伯峻. 论语译注[M]. 论语·学而. 北京:中华书局,1980. 1.
② [汉]司马迁. 史记[M]. 黥布列传第三十一. 北京:中华书局,2006. 545.

"乃公居马上得之,安事诗书"①的言论,对儒学不屑一顾。但是当时以叔孙通为代表的儒生们并没有自甘沉沦,而是积极寻找理论崛起的机会。这样的机会终于来了,据史料记载,刘邦当上皇帝之后,昔日与他并肩作战的将相们依然与之形同兄弟,君臣上下之间的界限很不分明,刘邦对此感到很忧虑,这时儒生叔孙通对刘邦说:"夫儒者难以进取,可以守成,臣愿征鲁诸生,与臣弟子共起朝仪。"②得到许可之后,叔孙通带领儒生们用儒家礼仪对大臣进行训练,果然收到很好的效果,得到刘邦的赞赏,使朝廷上下对儒学刮目相看,刘邦昭示天下:"贤士大夫有肯从我游者,吾能尊显之"③,后又以"大牢祠孔子"④。汉初另一位为儒学复兴做出重要贡献,值得一提的儒生是陆贾,他曾冒颜犯谏,在高祖面前为儒学据理力争,他说:"马上得之,宁可马上治乎?且汤武逆取而以顺守之,文武并用,长久之术也。昔者吴王夫差,智伯极武而王;秦任刑法不变,卒灭赵氏。乡使秦以并天下,行仁义,法先圣,陛下安得而有之?"⑤这一番话打动了刘邦,刘邦要求陆贾"试为我著秦所以失天下,吾所以得之者,及古成败之国"⑥,陆贾于是作《新语》十二篇,借总结秦亡汉兴的机会将儒学与黄老学若干理论相结合,对儒学进行融通改造,阐述了儒学的理论价值,并得到刘邦的赞赏,"每奏一篇,高帝未尝不称善"。正是有叔孙通和陆贾这样儒生的不懈努力,才使得儒学的政治魅力崭露头角,为儒学的复兴发出了先声、提供了契机。到了汉武帝时期,汉朝国力强盛,黄老无为而治的方针已不适应形势,社会需要一种更为积极有为的治国思想,儒家终于得到了全面施展的机会,这时的大儒董仲舒进一步改造儒学,以儒家仁义道德为核心,吸收其他诸子的思想使之更利于维护封建统治,得到汉武帝的全面采纳,"罢黜百家,独尊儒术",儒家终于从先秦以来徘徊于官方政治与民间学术的尴尬境地中解脱出来,一跃

---

① [汉]班固.汉书[M].郦陆朱刘叔孙传第十三.北京:中华书局,2007.452.
② [汉]班固.汉书[M].郦陆朱刘叔孙传第十三.北京:中华书局,2007.456.
③ [汉]班固.汉书[M].高帝纪第一下.北京:中华书局,2007.17.
④ [汉]班固.汉书[M].高帝纪第一下.北京:中华书局,2007.18.
⑤ [汉]班固.汉书[M].郦陆朱刘叔孙传第十三.北京:中华书局,2007.452.
⑥ [汉]班固.汉书[M].郦陆朱刘叔孙传第十三.北京:中华书局,2007.452.

而成为官方正统思想。

《象》曰："天行健,君子以自强不息。"①《孟子》云："天将降大任于俟人也,必先苦其心志,劳其筋骨,饿其体肤,空乏其身,行拂乱其所为,所以动心忍性,曾益其所不能。"②《荀子》曰:"不积跬步,不能致千里,不积小流,无以成江海;骐骥一跃,不能十步;驽马十驾,功在不舍;锲而舍之,朽木不折;锲而不舍,金石可镂。"③一代代儒生们正是秉承了儒家这种自强不息、动心忍性、锲而不舍的勇气和毅力,怀着深沉的社会责任感和历史使命感,积极进取、奋发有为,才使得儒学一次次从困境中走出,最终走上独尊地位,倘若儒家一遇挫折和打击便偃旗息鼓,那么它早就从历史上销声匿迹了。

第四,儒学的传播方式积极有效。

儒家思想之所以影响巨大,还得益于它选择了一条行之有效的传播路径,其特点表现为:一方面收徒讲学,积极地在民间拓展,扩大群众基础;另一方面积极地寻求与政治的结合,利用政治支持,在儒学获得政治地位之后,再通过政权力量进一步将儒学、教育与选官紧密结合起来。这一传播方法从先秦儒学的发轫期就已经开始运用。孔子认为绝大多数人都是可以被教化的,所以他实行"有教无类"的教育方针,广收门徒,不拘一格扩大教育对象,孔子一生"学而不厌,诲人不倦",开私人讲学先锋,据《史记·孔子世家》记载,孔子"弟子盖三千焉",孔子因此成为我国历史上伟大的教育家,被尊称为"万世师表"。孔子所教育的内容当然就是儒家思想,这种"有教无类"广泛收徒讲学的方式,使儒家学说得到了大范围的传播。此外,儒家虽然也痛恨礼崩乐坏的政治混乱局面,但是他们没有像道家那样隐居山林,而是走与政治紧密结合的道路,孔子、孟子都曾周游列国,以儒家思想游说君主,积极寻求君主对儒学的认同,以期实现儒家治国平天下的夙愿。虽然在春秋战国时期,儒家学说因为不能在乱世中取得立竿见影的效果,

---

① 黄寿祺,张善文.周易译注[M].乾卦第一.上海:上海古籍出版社,2001.8.

② [战国]孟轲(著),万丽华(译注).孟子[M].孟子·告子下.北京:中华书局,2006.284.

③ 孙安邦,马银华.荀子译注[M].荀子·劝学.太原:山西古籍出版社,2003.6.

所以没能受到诸侯王的重视,但是这种游走四方、广泛宣传的手段无疑扩大了儒学在上层的影响,为儒学传播做出了贡献。并且,更为重要的是,这种参与政治、力图影响政治的积极入世的作风遗传下来,一旦遇到合适的土壤,儒家当然能比隐世的道家、出世的道教、佛教更易发展壮大。儒家一直没有放弃在政治上的努力,终于得到统治者的认可,汉武帝接纳儒生董仲舒的建议"罢黜百家、独尊儒术",在中央设置儒学五经博士,在长安兴办太学,用儒家经书教育青年子弟。此后,尽管中国又经历了若干次改朝换代,但儒学始终是官方的统治思想。这种政治地位带来的直接后果有两个:一个是儒学正式进入封建正统教育体制之内;另一个就是儒学成为封建社会选拔官吏的标准。无论是汉朝实行的"察举制"还是魏晋时期的"九品中正制",候选人是否符合儒家伦理道德都是重要的甄选因素,尤其是隋朝开始实行的"科举制",更是直接以儒家经典作为命题、答题的标准。这样一来,从隋炀帝大业元年(公元 605 年),到清朝光绪三十一年(1905 年)的 1300 年间,朝廷各级官吏都是熟读儒家经典、深受儒学浸染的人。而且,因为科举制为下层百姓提供了走上仕途的途径,所以极大地调动了全民学习儒学的热情,社会上也普遍对精通儒家思想的人予以尊重,甚至有了"万般皆下品,唯有读书高"的说法,这里的"读书"在古代中国当然指的就是儒家经典。科举考试倡导下的社会风气使儒家思想在全社会得到极大地普及,耳濡目染,儒家立身行事的标准便潜移默化地成为古代中国人尤其是古代中国知识分子的标尺。政治选择了儒学,儒学又通过政权力量扩大了影响。当然,儒家能够成为社会的统治思想,从根本上来说是因为儒学本身的内容适合中国古代社会的需要,但是儒家这种自觉地、积极地向政治靠拢的传播方法也为推动儒学成为正统思想发挥了促进作用。

总之,儒学既具备适应中国古代社会发展的内容,又能以开放的心态,批判吸收其他学派的思想,实现自我更新;既有自强不息、不畏挫折的奋斗精神,又能采取行之有效的传播方法。具备了这些素质,儒学能成为中国传统文化的主流,成为中国人精神世界的主导也就不足为奇了。

三、儒学社会影响的多元性

儒学作为中国传统文化的主干,在长达两千多年的封建社会中受学于庠序,流布于民间,对中国社会产生了十分深远的影响。作为官方意识形态,它长期与封建制度同生共长,确实与封建主义具有密切关系。正因为如此,在中国历史上,每一次对封建主义的大批判,其目标几乎都少不了儒学。但是,儒家思想并不仅仅是历代政治制度的附属品,作为中国传统文化的主干它更积淀了中华民族千百年的智慧和历史经验,它对中华民族的影响是多元的,应该全面辩证地看待儒学。

1. 明代中叶以来对儒学影响的反思

对于儒学的反思,首先来自于儒家内部的进步人士。从明代中叶至清朝前期,以李贽、黄宗羲、顾炎武、王夫之、戴震等人为主要代表的进步儒学家掀起了一股社会批判思潮。李贽反对以孔子的是非为是非,认为"绝假纯真"的"童心"才是人类的"本心",应以真心的自我判断为标准;他反对"存天理、灭人欲"的主张,认为"穿衣吃饭,即是人伦物理"①;他批判宋明儒学中空洞无用、虚浮伪善的因素,讥讽假道学们"只解打躬作揖,终日匡坐,同于泥塑,以为杂念不起,便是真实大圣大贤人矣",其实一旦国家遇到危难,"则面面相觑,绝无人色,甚至互相推诿,以为能明哲"②;他还大胆地构想了"因乎人者恒顺于民"③的尊重人的社会。黄宗羲直接将批判的矛头指向皇帝,他在《明夷待访录·原君》中指出:"天下之大害者,君而已矣。"他主张用"天下之法"代替专制主义的"一家之法";此外,他一反儒家"崇本抑末"的经济思想,认识到了工商业可以"兴民利、厚财源",提出了"工商

---

① [明]李贽. 焚书[M]. 焚书·答邓石阳. 北京:中华书局,1957.87.
② [明]李贽. 焚书[M]. 焚书·因纪往事. 北京:中华书局,1957.156.
③ [明]李贽. 焚书[M]. 焚书·论政篇. 北京:中华书局,1957.3.

皆本"的主张。顾炎武则倡言天下乃"匹夫"之天下,指出封建社会最大的弊端就在于君主专制,即谓:"后世有不善治者出焉,尽天下一切之权而收之在上,而万几之广,固非一人之所能操也。"①王夫之厚今薄古,反对言必称三代的保守思维模式,而主张一种具有进化色彩的"通变"观;他对君主专制社会的批判集中在以"不以一人疑天下,不以天下私一人"的"公天下"来取代"私天下"上。戴震批判儒家道德对人的禁锢,反对"存天理、灭人欲",一针见血地指出"以理杀人"比"以法杀人"还厉害。明末清初这些进步儒学家们对君主专制和被畸形化了的儒家道德的批判,是一次来自儒学内部的反思,初步觉察到了儒学自成为官方意识形态之后所产生的日益严重的封建流毒,初步认识到了盲目迷信儒学以及儒家维护君权、维护等级秩序、过分重义轻利、重农抑商等思想对中国社会的恶劣影响,可谓切中要害。

如果说明末清初的这股社会批判思潮以启蒙为主要特点的话,那么随着封建社会的进一步发展,内忧外患的加深,从鸦片战争到清末出现的,对儒家所立足和维护的封建统治秩序的批判则增添了更多变革的色彩,力度更大。龚自珍在义利观上以"人情怀私"说来揭露道学家"大公无私"的虚伪性;谭嗣同将封建礼教比作扼杀人性的"网罗",认为"三纲五常之惨祸烈毒";康有为批判汉儒和宋儒,将主张"祖宗之法不可变"的经典当作伪经,著《新学伪经考》,将孔子尊为"托古改制"的"素王",他用进化论反对"天不变道亦不变",用自然人性论反对宋明理学的禁欲主义。这一时期较之明末清初,思想家们对于儒家思想的负面影响有了更深刻的认识,但是其批判的方法依然是借助儒学来改造儒学,目的在于剔除他们所认为的儒学中被汉儒、宋明儒所歪曲的成分,使儒学为他们的社会改革思想服务,以不突破传统的儒学体系为临界点,因此,他们从根本上来说还是维护儒学的。至于太平天国运动时期,洪秀全领导农民毁坏孔庙,砸烂孔子像等排孔运动,主要依靠的是政治手段和群众运动,欠缺理论深度,其排孔影响随着太

---

① [清]顾炎武. 日知录[M]. 日知录·守令. 上海:上海古籍出版社,1985.327.

平天国的失败随之中断,难以长久。

对儒家思想及其社会基础最直接、最彻底、最猛烈的批判是五四新文化运动,"打倒孔家店"是新文化运动的主要任务之一。从 1915 年到 1921 年间,新文化运动以《新青年》为主要阵地,在吴虞、易白沙、陈独秀、李大钊、胡适等人带领下,以民主、科学或马克思主义为批判武器,以激进主义的姿态全方位地揭露儒家与封建帝制的关系,对儒家思想展开尖锐的批评,言辞激烈。例如,陈独秀在揭露儒学维护纲常名教时曾说:"尊儒重道,名教之所昭垂,人心之所向,无一不与现实生活背道而驰"①、"三纲之根本义,阶级制度是也。所谓名教,所谓礼教,皆以拥护此别尊卑明贵贱制度者也。近世西洋之道德政治,乃以自由平等独立之说为大原,与阶级制度极端相反,此东西文明之一大分水岭也"②;李大钊在批判儒学限制民主自由时曾说:"'国民教育以孔子之道为修身大本'一语,……不啻将教授自由、言论自由、出版自由、信仰自由隐然为一部分之取消,是必有大奸慝怀挟专制之野心者,秘持其权衡,而议坛诸公,未能烛照其奸,诚为最可痛惜之事"③;吴虞在揭露专制制度源于儒家的教条时曾说:"君主既握政教之权,复兼家长之责,作之君,作之师,且作民父母。于是家族制度与君主政体遂相依附而不可离,儒教徒之推崇君主,直驾父母而上之,故儒教最为君主所凭借而利用,此余所谓政治改革而儒教家族制度不改革,则尚余此二大部专制,安能得真共和也"④,等等。总之,新文化运动的斗士们普遍认为封建社会吃人的礼教和坑害人的制度都根源于儒家思想,在他们的视野中,儒学只能造就安于现状的顺民和毫无人格尊严的奴隶,他们将儒学视为封建专制主义的精神支撑、奴役中国人民的枷锁和中国黑暗政治的根源。新文化运动在评孔批孔时所表现出的视野的开阔性、理论的深刻性和观点的鲜明性,史无前例。总体来说,新文化运动的立意精神与价值标准,是积极进

---

① 陈独秀.敬告青年[J].青年杂志,1916:1(1).
② 陈独秀.吾人最后之觉悟[J].青年杂志,1916:1(6).
③ 李大钊.宪法与思想自由[A].李大钊文集(上)[C],北京:人民出版社,1999.244-245.
④ 吴虞.读《荀子》书后[A].吴虞集[C].成都:四川人民出版社,1985.110.

取、健康向上的。它最大的历史功绩就在于，破除了儒学的权威和人们对孔子的盲目信仰，将中国人的思想从权威和偏见之中解放了出来，"如果说18世纪欧洲（主要是法国）的启蒙运动使人从神权的梗桔下解放出来，那么'五四'新文化运动则使中国人从孔子儒家为轴心的传统文化的束缚下挣脱出来，追求个体从大家庭中冲决出来取得自由平等独立的权利和地位。"①当然，五四新文化运动对于儒学的批判，从学理角度分析，有些言辞过于偏激，对儒学的评价也欠缺全面、客观和公正，但是面对民族兴衰存亡的严峻局势，结合当时政治革新无望、复古思潮猖獗、复辟帝制的力量频频利用儒学的社会环境和历史背景，新文化运动对儒学的批判和反思带有强烈的民族情绪也是可以理解的，倘若当时不采取这种强烈甚至极端的方式，便难以对抗强大的反动力量，便难以起到促国民猛醒的作用。况且这种极端的批判对儒学本身的发展也有一定的积极作用，经过尊孔与排孔的碰撞，荡涤净了附着在儒学身上的污泥浊水，新儒家就是在此运动中被催生出来的。

1966年至1976年十年动乱期间，对孔子的研究再次陷入极端之中，但这次与新文化运动的极端不可同日而语，这一次毫无进步意义可言。孔子被完全政治化了，全社会热衷于上纲上线，给孔子划定阶级成分，在"大破一切剥削阶级的旧思想、旧文化、旧风俗、旧习惯"口号的煽动下，造反派在曲阜揪斗了一批为孔子做过公正评价的学者，砸烂了三孔古迹，给孔子文化带来了灾难性的后果。1974年，"四人帮"在全国范围内发动了"批孔"运动，将孔子诬蔑为没落奴隶主贵族的代表，"开历史倒车的复辟狂"、"不学无术的寄生虫"、"到处碰壁的丧家狗"，将"中庸"之道等同于折中主义，将对待孔子的态度上升为革命与反革命的政治问题。这次"批孔"运动后来在拨乱反正中得到了纠正，儒学研究慢慢又走上了正轨。

---

① 陈旭麓. 近代中国社会的新陈代谢[M]. 上海：上海人民出版社，1992.398.

2. 全面看待儒学的影响

综观上述各个时期对儒学的批判,其动机、手段、程度和后果虽不尽相同,但都往往倾向于给儒学扣上一顶否定的大帽子,笼统地讲儒学限制民主自由、儒学阻碍经济与科技发展、儒学造就奴性的公民、儒学是封建主义的护身符、儒学与现代生活格格不入等,尤其是近代以来的批判,更是将儒学贬得一无是处,缺乏客观的分析和中肯的评价。在当时的历史背景下,从政治上来看,这样做有时是非常必要的,甚至具有思想解放、反对封建主义的巨大历史功绩,例如五四新文化运动就是这样。但是,不能否认有些偏激的论断对儒学来说是不公正的,一次次歇斯底里式的批判,造成的一个直接消极后果是使儒学在许多人心中成了封建、腐朽、落后的代名词。文革之后,通过拨乱反正,儒学目前在学术界已经获得了较为公正的评价,然而在民间,由于过去的批判给民众留下的深刻印象,有很多人仍然认为儒学完全违背社会进步,仍然认为中国目前存在的一些落后方面都根源于儒家思想,仍然将儒学完全等同于封建主义。

而实际上,儒学作为中国传统文化的主流,上承夏商周文明之精华,下开两千年中国思想之正统。作为一个历经千年而不衰的学说,它虽然因为长期被封建统治者所利用而不可避免地带有维护封建统治的腐朽落后的因素,但它并不单纯是封建社会意识形态和历代政治制度的附属品,它更积淀了中华民族千百年来历史经验和优良传统,包含着中华民族对社会人生的深刻认识,是中华民族的文化创造和智慧结晶,是一种具有社会行为规范作用和道德感召力的文化力量,具有跨时代的生命力和超历史的恒常价值。否则的话,它早就被丢进了历史的垃圾堆,根本不可能流传下来,更不可能直到今天仍受到世界范围内的重视。它的影响遍及中国社会生活的各个领域,存在于中华民族的文化心理结构中,塑造着中华民族的性格,是中华民族走向世界的文化凭借。对于儒学,绝对不是用一个"好"或者"坏"就能简单概括的,它的影响是多元的。下面举几个儒学长期饱受诟病之处来说明之。

　　譬如,儒家的道德理性与科技发展的关系。儒学建构了一个堪称世界上最完备的道德体系。儒家将最高道德称为"仁",在"仁"涵盖和统摄之下,还有忠、孝、悌、信、义、温、良、恭、俭、让等许许多多具体的道德,涉及到社会生活的方方面面。儒家特别注重道德修养,特别看重道德在协调人际关系中的作用,将是否具备道德看作是人之为人的根据,将道德上的进步与完善视为人精神世界的最高追求。有人认为这样一种价值取向,容易陷入泛道德主义而忽视了人其它方面的发展,高扬道德理性的后果是忽视科技理性,从而造成中国在科学技术方面落后于西方。但考察历史事实则会发现这种看法有失偏颇:中国在科技方面的落后仅是最近三、四百年的事情,而在此之前中国古代社会曾创造过辉煌灿烂的技术文明,造纸术、印刷术、指南针、火药的发明影响了整个世界,甚至在航海和天文方面也高于同期的西方国家。而 15 世纪之前,儒学早已成为中国的正统思想,儒家的伦理道德已经影响了中国一千多年,可见,将中国没有产生出近代科学的原因完全归罪于儒学,显然不符合历史事实。此外,儒家注重道德的价值取向,还有一个很大意义在于儒家以道德追求取代了宗教信仰,它引导人们去追寻道德完善而不是去信仰彼岸世界,凸显出非宗教的理性精神,这培养了中华民族务实理性的作风,使之远离了好婺虚幻的彼岸世界和非理智的宗教狂热,这种务实理性的精神也是科技发展所需要的,像西方中世纪发生的宗教对科学的压制和迫害在中国这种理性氛围之下从来都没有发生过。

　　譬如,儒家的"忠"、"孝"观念。有人认为,儒家宣扬的忠、孝观念,将人变成了盲目服从的奴隶,丧失掉了人格尊严。确实,儒家从人的血缘亲情出发,将"子对父以孝"拓展至"臣事君以忠",并在汉代发展成"君为臣纲,父为子纲,夫为妻纲"的三纲,被历代统治者视为维护封建统治的法宝和奴役压迫人民的工具,"三纲"是公认的儒学糟粕,这一点是毫无疑问的。但是,倘若去除掉"三纲"这种极端化的愚忠、愚孝,还原其本意,便可发现儒家的"忠"并非让臣对君绝对的服从,而是要以社会正义即"道"为标准来辅佐君主,如果背离"道"而一味地迎合君主,则不仅不是"忠",反倒是"国贼",即谓"有大忠者,有次忠者,有下忠者,有国贼者。以道覆君而化之,是谓大忠也。以德调君而辅之,是谓次忠也。以谏非君而怨之,是谓下忠也。不恤乎公道达义,偷合苟同以之持禄养交者,是谓国贼也。若周公之于成王,可谓大忠也。管仲之于桓公,可谓次忠也。子胥之于夫差,可谓下忠也。曹触龙之于纣,可谓国贼也。皆人臣之所为也,吉凶贤不肖之效也。"①"国亡而弗知,不智也。知而不争,非忠也。争而不死,非勇也。"②显而易见,这种"从道不从君"心系国家安危的"忠"实际上就是一种爱国主义,即使移植到现代社会中也是有积极意义的,岳飞、文天祥等都是在儒家这种"忠"理念下熏陶出来的爱国楷模。"孝"也是这样,儒家本义并不提倡"愚孝","对父命的服从"是否是"孝"要根据服从的具体内容来判断,所谓"从道不从君,从义不从父"③说的就是这个意思。此外,儒家还从"孝"引申出做一切事情都要兢兢业业,即:"居处不庄,非孝也。事君不忠,非孝也。涖官不敬,非孝也。朋友不信,非孝也。战阵无勇,非孝也。五者不遂,灾及于亲,敢不敬乎!"④这种由孝亲而推至益于全社会的思维方式,有利于培养中华民族的社会责任感,对促进社会发展有积极意义。可见,对儒家所提倡的"忠孝"观念,不能简单地扣上一顶封建糟粕的帽子而一棍子打死,对其影响应该具体问题具体分析。

譬如,儒家所崇尚的中庸。"中庸"是儒家为人处事的方法,也是其孜孜以求的最高境界。很多人将儒家的"中庸"简单地理解为折中主义、调和主义,其实这是对"中庸"思想的严重误解。首先,儒家确实讲过"中者,不偏不倚、无过不及之名"⑤、"执其两端,用其中于民"⑥,但是这里的"中"并非简单地"折中",而是指以"道"为标准,不走极端的"适中"。例如,"适中"用于政治上就要"宽"、"猛"结合,即谓"政宽则民慢,慢则纠之以猛。

① 许维遹.韩诗外传集释[M].北京:中华书局,1980.130.
② 许维遹.韩诗外传集释[M].北京:中华书局,1980.14.
③ 张觉.荀子校注[M].荀子·子道.长沙:岳麓书社,2006.397.
④ 王文锦.礼记译解[M].礼记·祭义.北京:中华书局,2001.694.
⑤ [宋]朱熹.四书集注[M].中庸章句.西安:三秦出版社,1998.24.
⑥ [宋]朱熹.四书集注[M].中庸章句.西安:三秦出版社,1998.28.

猛则民残,残则施之以宽。宽以济猛,猛以济宽,政是以和。"①用在学习上就要"学"、"思"结合,即谓"学而不思则罔,思而不学则殆。"②用于个人修养上则要"文"、"质"结合,即谓"质胜文则野,文胜质则史。文质彬彬,然后君子。"③有人会说这种不走极端的做法,不就是一种改良主义吗?以中庸为理念的儒家确实具有浓厚的改良色彩,有时会被保守派利用而变成到阻碍变革的工具,但是改良主义也并非一无是处,如果矛盾还没有激化到一定程度,作为一种自我调整的主要手段,改良可以在确保社会稳定的前提下革旧迎新,也不失一个好办法。毕竟从整个历史来看,与过去的制度彻底决裂,用激进的革命手段予以变革的时候少,而在不引起社会大动荡的前提下,予以修正、矫枉过正的时候多。历史也表明,在社会大动荡的时候,儒家总是很难找到用武之地,而一旦社会发展走上正轨,儒家的思想就会受到重视。所以不能笼统地说革命就是进步,而改良就是落后。其次,"中和"是"中庸"题中应有之意,《中庸》一书首先提出了"中和"概念,朱熹也明确指出"《中庸》之'中',实兼'中和'之义"④,但这里的"和"不是指无原则的调和之"和",而是指"万物并育而不相害,道并行而不相悖"⑤的"和谐"之"和"。"中庸"之"和"容忍多样性的存在,追求的是对立中的统一、差别中的和谐,无原则的求同不是"中庸"的本义,孔子早就讲过"君子和而不同,小人同而不和"⑥的道理。中庸所讲的这种"中和"其实在我国应用得非常广泛,尤其是政治领域。众所周知,我国地域广阔、民族众多,各地区的情况有很大不同,为了维护国家统一、民族团结,我国很早就开始有针对性地在特殊地区实行特殊政策,例如汉朝政府曾实行封建制与郡县制并存的体制;清朝政府在西藏、新疆、台湾、东北各实行不同的制度;在社会主义新中国,我国政府采取"一国两制"的方针成功地解决了香港和澳门问题。

---

① 陈成国.春秋左传校注[M].左传·昭公二十年.长沙:岳麓书社,2006.1022.
② 杨伯峻.论语译注[M].论语·为政.北京:中华书局,1980.18.
③ 杨伯峻.论语译注[M].论语·雍也.北京:中华书局,1980.61.
④ [宋]黎靖德.朱子语类[M].卷六十二.北京:中华书局,1986.1480.
⑤ [宋]朱熹.四书集注[M].中庸章句.西安:三秦出版社,1998.53.
⑥ 杨伯峻.论语译注[M].论语·子路.北京:中华书局,1980.141.

这些政策有力地维护了民族和睦、国家统一,这些都是"和而不同"的成功范例。所以说,"中庸"思想倘若理解成"折中主义"、"调和主义",负面影响当然很大;倘若正确认识"中庸"的含义,从"合于道的适中"、"和而不同的中和"的角度去应用,那其积极影响便一目了然了。

再譬如,儒家对人际关系的重视。儒家特别看重人际关系,总是将人理解成社会人,将人置于社会关系中去思考,强调人的社会角色和责任义务,群体价值高于个体价值。而在一切人际关系中,儒家最看重家庭关系,儒家的仁爱思想就是以血缘亲情为基础拓展开来的,即谓"孝弟也者,其为仁之本与"①,从爱自己的父母兄妹到爱同族、同乡、以至全社会,爱是有差等、有亲疏远近的,血缘亲情最直接、最真实、最强烈。这种思想在历史上曾被绝对化、凝固化,成为封建统治者、封建家庭压迫个体身心自由的工具,抑制了自由、民主的发展;同时从这种思想强调家庭本位来看,还容易形成权力领域中常见的拉关系、走门子、任人唯亲等腐败现象。但是从另一方面来看,儒家重视人际关系的思想在历史上也起到了较大的积极作用。首先,这种思想强化了人的家庭责任感、社会使命感。由于儒家视野中的"人",不是孤零零的个人,而是有社会角色、社会使命在身的社会人,所以个人就不能为所欲为,个人的思想与行为就要首先顾及到家庭或社会的整体利益,这是一种朴素的"集体主义"。儒家的这种思想倾向造就了中华民族顾全大局、任劳任怨、勇于牺牲奉献、勇于承担责任的优秀品质,"天下兴亡、匹夫有责"就是这种品质的最高境界。在这种社会责任感和历史使命感的熏陶之下,中华民族在危难时刻总是有很多志士仁人挺身而出,心甘情愿舍个体、为群体,舍小家、为大家,这是我们民族历经磨难而不衰,一次次走出低谷的主要动力之一。其次,虽然儒家处理人际关系的原则即以血缘关系为圆心的"仁爱",有等差、有亲疏,但正因为如此,它比较符合人的真实情感,更符合中国古代家国同构的社会特点,因而容易得到民众的认同,也容易实行,它去掉了空想成分,是一种脚踏实地的博爱思想。在

---

① 杨伯峻. 论语译注[M]. 论语·学而. 北京:中华书局,1980. 2.

这种思想的指导下,中华民族习惯于推己及人、将心比心,"老吾老,以及人之老;幼吾幼,以及人之幼"①、"己欲立而立人,己欲达而达人"②、"己所不欲,勿施于人"③等为人处世的原则,一直发挥着促进人际和谐的积极作用。

总之,儒家思想对中国社会、对中华民族的影响是多元的,既有消极方面,又有不少积极方面,其中有些思想因素直到今天仍有值得借鉴的价值。儒学是中国传统文化的主流,对此,我们应该清醒认识、客观对待。

四、儒学为培育中华民族精神做出了重要贡献

前文中我们提到一个观点,那就是"儒学对中华民族精神传统部分的影响最大",下面我们就以中华民族的以下几种典型精神为例来简单说明一下儒学对中华民族所产生的巨大影响。

儒学对中华民族自强不息精神的影响。儒学以"天人合一"作为哲学思考的立足点,本天道而言人道,尽人道以合天道。他们观察到天道刚健、不息,所谓:"大哉乾乎! 刚健中正,纯粹精也"④、"夫乾,天下之至健也,德行恒易以知险"⑤、"'维天之命,于穆不已'! 盖曰天之所以为天也。"⑥儒家由此认为有识之士也应该效法天,像"天"那样发扬刚健有为、自强不息的精神。例如,孔子认为"刚、毅、木、讷近仁"⑦,赞赏"发愤忘食"⑧的精神,厌恶"饱食终日,无所用心"⑨的状态。孟子则鄙视自暴自弃的行为说:"自暴

① [战国]孟轲(著),万丽华(译注).孟子[M].孟子·梁惠王上.北京:中华书局,2006.14.
② 杨伯峻.论语译注[M].论语·雍也.北京:中华书局,1980.65.
③ 杨伯峻.论语译注[M].论语·卫灵公.北京:中华书局,1980.166.
④ 黄寿祺,张善文.周易译注[M].乾卦第一.上海:上海古籍出版社,2001.18.
⑤ 黄寿祺,张善文.周易译注[M].系辞下传.上海:上海古籍出版社,2001.605.
⑥ [宋]朱熹.四书集注[M].中庸章句.西安:三秦出版社,1998.49.
⑦ 杨伯峻.论语译注[M].论语·子路.北京:中华书局,1980.143.
⑧ 杨伯峻.论语译注[M].论语·述而.北京:中华书局,1980.71.
⑨ 杨伯峻.论语译注[M].论语·阳货.北京:中华书局,1980.189.

者,不可与有言也;自弃者,不可与有为也。"①《中庸》亦云:"至诚无息。不息则久,久则征,征则悠远,悠远则博厚,博厚则高明。"②《易传》更是旗帜鲜明地发出:"天行健,君子以自强不息"③的号召。儒家上述刚健有为、自强不息的思想不仅贯穿在儒家学说中而且落实到儒家的行动上,儒家关心政治治乱,关心社会兴衰,总是力争有所作为。刚健有为、自强不息的精神内在的包含着与时俱进、革故鼎新的积极意识,因为"自强不息"必然要不断为自身注入新的适应时代潮流的活性元素,从而必然产生突破传统、紧跟时代的动力。儒家典籍中有许多与时俱进、革故鼎新的思想,例如,孔子对待殷周文化采取的就是"因"与"革"相结合的方法,"因"就是继承,"革"就是在继承的基础上根据时代变化予以改革,具体来说"革"的方法就是"损"和"益",即去除传统中不适应时代发展的因素,增加顺应历史潮流的内容。孟子在评价孔子时称赞孔子是"可以速而速,可以久而久,可以处而处,可以仕而仕"④的"圣之时者"⑤,从孟子对孔子的评价便可以看出孟子对"与时俱进"也持相当认可的态度。再例如,《大学》引用"汤之盘铭"曰:"苟日新,日日新,又日新",直截了当地阐发了革故鼎新的意识。而《周易》在一定意义上更称得上是一部"时"的哲学,它认为人应合于宇宙之"时"和社会人生之"时",向时而动才能建功立业,即谓:"变通者,趣时者也"⑥,"以亨行时中也。"⑦从本书前文所述儒学的发展历程中我们也可以感受到儒学本身正是凭着自强不息的精神以及"时"的哲学视野,审时度势、向时而动,不断根据历史变化调整自身才得以在两千多年的古代社会中占据独领风骚的地位。在漫长的古代社会,儒家以自己的思想和实践熏陶浸染着中华民族,其所倡导的自强不息、与时俱进的思维模式和人生态度随着儒学在中

---

① [战国]孟轲(著),万丽华(译注).孟子[M].孟子·离娄上.北京:中华书局,2006.155.
② [宋]朱熹.四书集注[M].中庸章句.西安:三秦出版社,1998.48.
③ 黄寿祺,张善文.周易译注[M].乾卦第一.上海:上海古籍出版社,2001.8.
④ [战国]孟轲(著),万丽华(译注).孟子[M].孟子·万章下.北京:中华书局,2006.218.
⑤ [战国]孟轲(著),万丽华(译注).孟子[M].孟子·万章下.北京:中华书局,2006.218.
⑥ 黄寿祺,张善文.周易译注[M].系辞下传.上海:上海古籍出版社,2001.569.
⑦ 黄寿祺,张善文.周易译注[M].蒙卦第四.上海:上海古籍出版社,2001.50.

国社会的传播,被中国人民广泛接受,并内化成我们的民族精神,成为中华民族的形成、发展、腾飞的动力源,帮助中华民族度过了一道道难关,为中华民族成长为自强不息、与时俱进、德业日新的伟大民族做出了重要贡献。

儒学对中华民族坚忍不拔精神的影响。"坚忍不拔"是指面对挫折和打击,不屈不挠、始终不放弃理想、不放弃努力的精神,是一种决心、耐心和毅力。"古之立大事者,不惟有超世之才,亦必有坚忍不拔之志","坚忍不拔"正是儒家所一贯倡导的人生态度,"坚忍不拔"在儒家视野中首先是一种持之以恒、坚持到底的毅力,儒家认为这是完成重大任务的必备素质。许多大儒都论述过这种思想,例如,曾子曰:"士不可以不弘毅,任重而道远。仁以为己任,不亦重乎? 死而后已,不亦远乎?"①朱熹对曾子的这句话作了进一步的解释,他说:"非弘不能胜其重,非毅无以致其远。"②又说:"弘乃能胜得重任,毅便是能担得远去,弘而不毅,虽胜得任,却恐去前面倒了。"③再例如,荀子曾高度评价"坚忍不拔"的具有重要意义,他所讲的"骐骥一跃,不能十步;驽马十驾,功在不舍。锲而舍之,朽木不折;锲而不舍,金石可镂"④表达的就是这层意思。其次,"坚忍不拔"在儒家视野中是指在逆境中生存的勇气,儒家认为这是磨练心志的手段以及达致成功的必由之路,关于这一点,《孟子》书中有个经典描述,即谓:"舜发于畎亩之中,傅说举于版筑之间,胶鬲举于鱼盐之中,管夷吾举于士,孙叔敖举于海,百里奚举于市。故天将降大任于斯人也,必先苦其心志,劳其筋骨,饿其体肤,空乏其身,行拂乱其所为,所以动心忍性,曾益其所不能。"⑤儒家从孔子起便一直在实践这种坚忍不拔的精神,儒家对自己的学说始终报有坚定的信心,其能最终走上官学地位也在很大程度上得益于"知其不可而为之"⑥的

---

① 杨伯峻. 论语译注[M]. 论语·泰伯. 北京:中华书局,1980.80.
② [宋]朱熹. 四书集注[M]. 论语章句. 西安:三秦出版社,1998.156.
③ [宋]黎靖德. 朱子语类[M]. 卷三十五. 北京:中华书局,1986.927.
④ 张觉. 荀子校注[M]. 荀子·劝学. 长沙:岳麓书社,2006.4.
⑤ [战国]孟轲(著),万丽华(译注). 孟子[M]. 孟子·告子下. 北京:中华书局,2006.284 – 285.
⑥ 杨伯峻. 论语译注[M]. 论语·宪问. 北京:中华书局,1980.157.

韧性。儒家的这种思想和实践在中国社会产生了积极的影响,成为培育中华民族坚忍不拔精神的源泉。

儒学对中华民族包容和谐精神的影响。中华民族素有"和"的观念,心胸宽广,爱好和平,以中正和谐为理想境界,视天地人为统一整体。中华民族这一特点与儒学的渊源很深。儒家主要从两个层面来言说"和"的思想:首先,儒家以"厚德载物"的开放宽容的胸怀来理解"和",认为"和"是异质相济、和而不同之"和"。儒家认为真正的和谐既不是没有差别、完全相同的同一,也不是人云亦云、毫无原则的一团和气,而是各种因素都能各得其所、相得益彰的含有多样性的和谐,即在矛盾中求和谐,从差别中求统一。例如《周易》就认为杂多世界是由八个基本的卦按照一定的法则排列组合而成,事物的生成变化是一个不断达致和谐的过程,正所谓"天下同归而殊途,一致而百虑。"①南宋理学家朱熹也说:"和者,无乖戾之心;同者,有阿比之意。"②儒家不仅在思想主张方面高倡"和而不同",而且儒家也以自身的发展历程积极地实践着"和而不同"的理念。儒学从创立之初便沿着以我为主、博采众长的路径发展,融法于儒,融道于儒,融佛于儒等等,也正是凭借着这种海纳百川、宽容开放的胸怀,广撷百家、通融诸说,儒学才度过了发展历史上的一个个"瓶颈"期,并历久弥坚、历久弥新。倘若它故步自封,早就被历史淘汰了。其次,儒家的"和"还指团结、和睦,即"人和",关于"人和"的重要意义,在儒家经典中,最让人耳熟能详的就是孟子所作的一段论证,他说:"天时不如地利,地利不如人和。三里之城,七里之郭,环而攻之而不胜。夫环而攻之,必有得天时者矣;然而不胜者,是天时不如地利也。城非不高也,池非不深也,兵革非不坚利也,米粟非不多也;委而去之,是地利不如人和也。"③儒学的这种包容和谐的精神深深地渗透到中国人的思想深处,内化成一种民族心理,在社会生活的方方面面都体现出来,如中华民族修身讲究"心平气和",治家讲究"家和万事兴",经商讲究"和气生

---

① 黄寿祺,张善文.周易译注[M].系辞下传.上海:上海古籍出版社,2001.581.

② [宋]朱熹.四书集注[M].论语章句.西安:三秦出版社,1998.224.

③ [战国]孟轲(著),万丽华(译注).孟子[M].孟子·公孙丑下.北京:中华书局,2006.76.

财",治国讲究"和睦兴邦"、"和平共处",容许"一国两制"等等。

儒学对中华民族利群爱国精神的影响。"利群爱国"说到底就是一种"合群体性",而"合群体性"正是儒学的基本价值取向。这一取向主要体现在四个方面:其一,儒家将群体性视为人优于禽兽的重要原因之一,儒家的这一观点比较典型地体现在荀子论述礼制的起源时所说的一段话中,他说:"力不若牛,走不若马,而牛马为用,何也? 曰:人能群,彼不能群也。"①其二,儒家从各种社会关系中去定位人、强调人的社会角色,认为个人价值体现在对家庭、国家的责任和义务中。儒家从来不把人看成是孤零零的个体,儒家定位的是人的社会角色,并根据其社会角色去设定其应承担的责任和义务,如为父则要"父慈",为子则要"子孝",为兄则要"兄友",为弟则要"弟恭",为君则要"事臣以敬",为臣则要"事君以忠"等等,儒家视野中的个体就处在错综复杂的社会关系和社会责任之中,离开群体,找不到儒家所说的个体。其三,基于群体的重要性以及人是群体中一员的理解,儒家总是将群体利益置于个人利益至上,倡导为群体做贡献的精神。儒家不仅仅满足于"独善其身",而是心系天下、忧国忧民,致力于"修己以安人"、"修己以安百姓"。孔子特别推崇"博施济众",认为其比"仁"的境界还高,孔子与弟子子贡有过一段对话:"子贡曰:如有博施于民而能济众,何如? 可谓仁乎? 子曰:何事于仁! 必也圣乎!"②当一些隐者讥讽孔子的济世行为时,孔子则回答说:"鸟兽不可与同群,吾非斯人之徒与而谁与?"③对于孔子这句话,朱熹和程子理解的十分精当,朱熹注解说:"言所当与同群者,斯人而已。岂可绝人逃世以为洁哉?"④程子解释说:"圣人不敢有忘天下之心,故其言如此也。"⑤后继儒者继承了孔子心忧天下、济世安民的精神,发表了很多光辉言论,例如,据《汉书·贾谊传》记载贾谊曾曰:"国而忘家,公

---

① 张觉. 荀子校注[M]. 荀子·王制. 长沙:岳麓书社,2006. 95.
② 杨伯峻. 论语译注[M]. 论语·雍也. 北京:中华书局,1980. 65.
③ 杨伯峻. 论语译注[M]. 论语·微子. 北京:中华书局,1980. 194.
④ [宋]朱熹. 四书集注[M]. 论语章句. 西安:三秦出版社,1998. 282.
⑤ [宋]朱熹. 四书集注[M]. 论语章句. 西安:三秦出版社,1998. 283.

而忘私。"黄宗羲曾在《兵部左侍郎苍水张公墓志铭》中说:"扶危定倾之心,吾身一日可以未死,吾力一丝有所未尽,不容但已。古今成败利钝有尽,而此不容已者,常留于天地之间。愚公移山,精卫填海,常人藐为说铃,圣贤指为血路也。"顾炎武在《病起与苏门当事书》中慷慨陈词:"天生豪杰,必有所任,如人主之于其臣,授之官而与以职。今日拯斯人于涂炭,为万世开太平,此吾辈之任也。"傅山亦云:"排难解纷,济人利物,是大丈夫本分事。"①

其四,儒家的这种"群体本位"投射到政治领域,就形成了"民本"的政治理念,即将社会成员的大多数看成是政权的根基,这是儒家"君道"的重要内容,儒家虽维护"君权",但是,儒家并不漠视民众,并不允许君主为所欲为,并不纵容君主残暴苛刻,而是主张"因民之所利而利之"②,认为"天下之务莫大于恤民",总是力倡君主体恤民情、实行王道政治。"民为邦本"是"合群体性"在儒家"君道"内容中的反映,是儒家政治伦理思想的精华。正是在儒家"合群体性"的熏陶之下,中华民族培养起了强烈的社会责任感和历史使命感,具有浓厚的集体主义情结,做任何事情的时候,都会顾及到个人行为的社会影响,即使是万人之上的封建帝王也要在一定程度上考虑到群众的意愿,单纯从个人出发的"为所欲为"不符合中国人的主流价值观。当个人利益与集体利益发生冲突时,中华民族总是能以大局为重,甘于牺牲、奉献;在祖国处于战乱之时,中华民族都能团结一致,奋起抵抗,互相支援、不屈不挠的斗争到最后;在和平时期,这种利群爱国的精神又转化为积极参与祖国建设、自觉维护国家统一、民族团结的实际行动。

儒学对中华民族崇尚统一精神的影响。儒家天人合一的思维模式,乐群贵和的价值取向,投射在政治上,就表现为崇尚统一的精神。儒家崇尚统一的精神主要表现在两个方面:首先,其"夷夏可变"的观念为中国各族的融合奠定了理论基础,提供了向心力。在儒家眼中,华夏与夷狄主要不是一个种族观念、地域观念,而主要是一个文化观念、价值观念。"华夏"代

---

① [清].傅山.霜红龛集[M].卷三十七杂记二.太原:山西人民出版社,1985.1022.

② 杨伯峻.论语译注[M].论语·尧曰.北京:中华书局,1980.210.

表的是文化发展的水平,夷夏之间并没有严格的界限,礼乐文明程度高者为中国为华夏,程度低者为夷狄为野蛮。所以"中国"若不努力保持在文化上的领先地位,则有可能沦为夷狄,而夷狄若积极提高自己的文明程度,则可以进而为华夏。这样一来,华夏文化就不再是狭隘的大民族意识,而成为将古代中国人团结在一起的文化向心力。这种夷夏观念是儒家产生"四海之内,皆兄弟也"①的思想基础。这种观点沟通了夷夏之间文化心理上的联系,在一定程度上,为民族融和架起了桥梁。其次,儒家一贯视国家统一为政治的常态,而将分裂视为政治的非常态,"车同轨,书同文,行同伦"②是其社会理想。秦始皇统一六国之后,设立郡县制、统一度量衡、统一文字,初步奠定了封建国家政治、经济、文化上的统一局面,《史记·秦始皇本纪》高度评价了这种一统局面给中国社会带来的好处,即谓:"六合之内,皇帝之土。西涉流沙,南尽北户。东有东海,北过大夏。人迹所至,无不臣者。功盖五帝,泽及牛马。莫不受德,各安其宇。"在秦朝的基础上,汉朝的中央集权进一步加强,并完成了思想上的统一,汉武帝接受儒生董仲舒的建议确立了儒学在思想领域的核心地位,至此,儒家全面的"大一统"理想终于变为现实。在儒家追求统一的思想影响下,"以国家统一为乐,以江山分裂为忧"的意识,逐渐渗透到民族文化深层结构中并转化为普遍的社会心理,成为是中华民族天经地义的政治价值取向和政治思维定势,在中国人的心目中,国家统一总是预示着秩序稳定、人民安居乐业,而国家分裂则总是与战乱、动荡、民不聊生联系在一起。经过几千年的实践,崇尚统一成为中华民族的历史传统和共同观念,成为政治家的追求目标。在这种精神的激励下,民族团结、国家统一始终是中国历史发展的主流。

儒学对中华民族贵德、尚义、明礼精神的影响。崇仁义、明教化是儒家的重要特征,宋代王应麟在《汉书艺文志考证》中曾总结说:"儒者之术,教化仁义而已也。"儒家将道德看作人与动物的根本区别,将道德水平的高低

---

① 杨伯峻.论语译注[M].论语·颜渊.北京:中华书局,1980.125.
② [宋]朱熹.四书集注[M].中庸章句.西安:三秦出版社,1998.51.

看作是文明与野蛮的分水岭,例如,孔子曰:"仁者人也"①,孟子亦曰"仁也者,人也。"②基于这样的认识,儒家特别重视道德修养,将完善道德看作人生最有价值的追求目标,将内在人格的完善看作是成就事功的出发点和先决条件。儒学以"仁"为核心建构了一整套完备的道德体系,从个人修养到处理各种社会关系,方方面面、无所不包。从孟子起,儒家开始仁、义并称,义就是"正义"、"应该",指的是内在于人心的道德观念和价值准则,可以和道德通用,朱熹在《四书集注》中对"义"作了注解,他说:"义者,天理之所宜"、"义者,心之制、事之宜也"。儒家认为"义"是君子的本质,如《读通鉴论》曰:"君子、小人之辨,人、禽之异,义、利而已矣。"当"义"与"利"发生冲突时,儒家认为"义"重于"利",要以义制利、见利思义,以"义"来决定"利"的取舍,甚至不惜"舍生取义"。"仁义"是内在的约束,"礼"是外在的规范,指的是礼仪等制度。儒家对"礼"推崇有加,他们以"仁义"作为"礼"的精髓和实质,更加强调"礼"作为社会伦理规范对个体道德情感的塑造作用,如孔子曰:"不学礼,无以立。"③《礼记》也讲:"道德仁义,非礼不成;教训正俗,非礼不备;分争辨讼,非礼不决;君臣、上下、父子、兄弟,非礼不定;宦学事师,非礼不亲;班朝治军、涖官行法,非礼威严不行;祷祠祭祀,供给鬼神,非礼不诚不庄。"④儒家贵德、尚义、明礼的价值取向,反映到政治方针上,则要求统治者为政以德,实行王道政治,并特别强调统治者以身作则重要性,如《孔子家语·王言解》曰:"上敬老,则下益孝;上尊齿,则下益弟;上乐施,则下益宽;上亲贤,则下择友;上好德,则下不隐;上恶贪,则下不争;上廉让,则下耻节,此之谓七教。七教者,治民之本也,政教定,则本正矣。凡上者,民之表也,表正则何物不正?"总之,仁、义、礼是儒学伦理架构的中心范畴,贵德、尚义、明礼以及由此而引申出来的德政是儒学的主要特色,它们为普通百姓乃至高高在上的封建君主都树立了精神世界中的道德标

---

① [宋]朱熹.四书集注[M].中庸章句.西安:三秦出版社,1998.40.

② [战国]孟轲(著),万丽华(译注).孟子[M].孟子·尽心下.北京:中华书局,2006.326.

③ 杨伯峻.论语译注[M].论语·季氏.北京:中华书局,1980.178.

④ 王文锦.礼记译解[M].礼记·曲礼上.北京:中华书局,2001.3.

准。在儒家看来,道德生活是人类生活的本质,道德完善带给人的幸福才是充实与高尚的幸福。儒学这种价值取向深深的影响着中华民族,使贵德、尚义、明礼渗透到中华民族精神之中,为中华民族成为有道德修养的民族做出了重要贡献。

儒学对中华民族理性务实精神的影响。"华而不实,耻也。"①中国人历来重视实际、讲求实用、追求事功,而轻浮华、贬空谈、鄙玄虚,即谓:"国民常性,所察在政事日用,所务在工商耕稼,志尽于有生,语绝于无验。"②在中国人身上体现出来的是黜玄想而务实际的民族精神。中华民族的这一精神的养成与儒家思想关系密切。儒学务实理性的特点十分突出,集中表现在两个方面:首先表现在对待彼岸世界的态度上。儒家以人为本,大力彰显人在宇宙中的崇高地位和主体意识,它不信鬼神、不讲来世,对彼岸世界基本采取存而不论、敬而远之的态度。儒家的伦理道德体系十分发达,以道德理性取代了宗教狂热。从总体上来说,儒家是反宗教的,汉代董仲舒虽然吸收了阴阳五行的思想,宣传君权神授,含有较强的神秘色彩,但其目的不是为了证明神的存在,而是为了论证王权、王道的合理性,其落脚点依然是人而不是神。宋明理学虽然吸收了佛教、道教的若干思想来改造儒学,但并没有接受宗教的出世观念。在儒家的这种理性精神的影响之下,中华民族特别看重人在生命历程内的奋斗拼搏,表现出突出的道德人文精神。在中国历史上,从来没有出现过像欧洲中世纪那样神权占统治地位的情况,从来没有陷入过全民族的宗教狂热。其次,儒家理性务实的精神表现在对待现实社会的态度上。儒家积极入世的精神十分强烈,对政治、对人生,儒家都是积极参与、勇于面对和承担,修身、齐家、治国、平天下,儒家的每一个目标都是直接关系现世,都是实实在在的。在对待具体的事情上,儒家认为应该脚踏实地、求实务实、认真负责。儒家的创始人孔子就是这方面的楷模,例如,在求知问题上,孔子主张"知之为知之,不知为不

---

① [春秋]左丘明(著),鲍思陶(点校).国语[M].国语·晋语四.济南:齐鲁书社,2005.175.
② 章太炎.章太炎政论选集(下册)[C].北京:中华书局,1977.689.

知"①；在思考问题时，孔子强调要"毋意，毋必，毋固，毋我"②；在言行问题上，孔子认为"君子耻其言而过其行"③；在判断人时，孔子建议要"听其言而观其行"④。孔子的后继者也都秉承了这样的作风，如荀子讲："无稽之言，不见之行，不闻之谋，君子慎之。"⑤颜之推曰："士君子之处世，贵能有益于物耳，不徒高谈虚论，左琴右书，以费人君禄位也。"⑥陈亮、叶适、顾炎武、黄宗羲、颜渊等人也都反对空谈心性，而讲求实实在在的事功。在儒家这种务实作风的熏陶下，中华民族历来注重在日常生活和人伦关系中表达自己的意愿，实现人生的价值，而很少陷入不务实际的清谈玄想之中。总之，儒家思想对培育中华民族理性务实的民族精神发挥了积极作用。

儒学对中华民族克勤克俭精神的影响。中国古代以农业立国，农业生产周期长，容易受到天灾人祸的干扰，加之生产力水平有限，所以劳动成果来之不易。在这样的经济背景下，中华民族很早就养成了勤俭的优良传统，《尚书·大禹谟》中便已经有了"克勤于邦，克俭于家"的古训。勤是开源，俭是节流，二者相得益彰，几千年来它们一直被视为中国人兴国兴家的法宝。儒学作为中华民族智慧的结晶和历史经验的积累，也对勤俭推崇有加，视其为美德，做过大量论述，内容十分丰富。归纳起来，主要体现在四个方面：第一，提倡勤劳，反对懒散。如《左传·宣公十二年》引古语云："民生在勤，勤则不匮"，宋朝欧阳修曰："忧劳可以兴国，逸豫可以亡身。"⑦对于懒惰，儒家十分痛恨，例如明代吕坤曾批评说："懒散二字，立身之贼也。千德万业，日怠废而无成；千罪万恶，日横恣而无制，皆此二字为之。"⑧清代曾

---

① 杨伯峻.论语译注[M].论语·为政.北京:中华书局,1980.19.

② 杨伯峻.论语译注[M].论语·子罕.北京:中华书局,1980.87.

③ 杨伯峻.论语译注[M].论语·宪问.北京:中华书局,1980.155.

④ 杨伯峻.论语译注[M].论语·公冶长.北京:中华书局,1980.45.

⑤ 张觉.荀子校注[M].荀子·正名.长沙:岳麓书社,2006.292.

⑥ [北齐]颜之推(著),檀作文(译注).颜氏家训[M].颜氏家训·涉务第十一.北京:中华书局,2007.173.

⑦ [宋]欧阳修.新五代史[M].伶官传序.北京:中华书局,2000.262.

⑧ [明]吕坤.呻吟语[M].主静.扬州:广陵书社,2007.

国藩则痛斥:"百种弊端,皆由懒出。……做人之道,亦唯骄惰二字误之最甚。"①第二,提倡俭朴,反对奢侈。据《论语》记载,当时为了节俭,人们将行礼时戴的帽子由麻织的改成丝织的,孔子虽以恪守周礼著称,但当了解到这对节俭有好处时,便欣然接受,即曰:"麻冕,礼也;今也纯,俭,吾从众。"②又说:"奢则不孙,俭则固。与其不孙也,宁固。"③对奢侈,儒家一直很反感,认为它是丧身败家、犯奸作科的根源,如司马光说:"侈则多欲。君子多欲,则贪慕富贵,枉道速祸;小人多欲,则多求妄用,丧身败家,是以居官必贿,居乡必盗。故曰:侈,恶之大也。"④第三,关于勤与俭的关系,儒家总是将其相提并论,认为二者不可偏废,只有互相配合,才会发挥最卓著的效果。对此,清代人石成金有过一段精辟的论述,他说:"勤俭两件,犹夫阴阳表里,缺一不可,勤而不俭,譬如漏卮,虽满积而亦无所存。俭而不勤,譬如石田,虽谨守而无所获。须知勤必要俭,俭必要勤。"⑤第四,儒家还将"俭"与"吝啬"作了区分,"俭"是量入为出、是不浪费、是"节己不节人",而不是处处斤斤计较,做守财奴。例如,颜之推曰:"俭者,省约为礼之谓也;吝者,穷急不恤之谓也。"⑥何大复说:"吝则不俭,俭则不吝。"王夫之讲:"俭者,节其耳目口体之欲,节己不节人……吝者,贪则无已,何俭之有。"⑦基于上述四方面的认识,勤俭的美德在儒者的《家训》、《家规》中一直占有重要的一席之地,被视为传家之宝。儒家对勤俭之德的推崇,陶冶了中华民族的情操,在儒学的影响下,克勤克俭的观念不断的在中国人心目中加深、加强,成为中华民族精神的重要组成部分。在科学技术和生产力的高速发展、资源却日益匮乏的今天,我们中华民族只有继续发扬这一精神,勤奋学习、勤恳工作、勤于思考、勤俭治国才能永远立于不败之地。

---

① 蔡锷.曾胡治兵语录[M].北京:中国民族摄影艺术出版社,2009.
② 杨伯峻.论语译注[M].论语·子罕.北京:中华书局,1980.87.
③ 杨伯峻.论语译注[M].论语·述而.北京:中华书局,1980.77.
④ 唐松波.古代名人家训评注[M].北京:金盾出版社,2009.
⑤ [清]石成金.传家宝全集[M].安乐铭.北京:北京师范大学,1992.349.
⑥ 檀作文(译注).颜之推(著),颜氏家训[M].治家第五.北京:中华书局,2007.33.
⑦ [清]王夫之.俟解[M].北京:中华书局,2009.

　　儒学对中华民族忧患精神的影响。中华民族是一个富有忧患精神的民族,对于"忧患"一词,徐复观的解释是:"忧患意识,不同于作为原始宗教动机的恐怖、绝望……忧患心理的形成,乃是从当事者对吉凶成败与当事者的深思熟虑而来的远见;在这种远见中,主要发展了吉凶成败与当事者行为的密切关系,及当事者在行为上所应负的责任。忧患正是由这种责任感来的要以已力突破困难而尚未突破时的心理状态。所以忧患意识,乃是人类精神开始直接对事物发生责任感的表现,也即是精神上开始有了人的自觉的表现。"①按照这样一种理解,那么"忧患"的来源便是主体的责任感,是主体未雨绸缪,基于现实而对未来有可能发生的不良状况产生的预见,并从现在便开始寻找应对之策,积极主动地承担责任的一种心理状态。中华民族的这种精神与儒学的渊源也颇深。儒家学派是一个有着强烈的社会责任感的学派,他们深刻地意识到自己的社会责任,并勇于承担社会责任,心系天下、忧国忧民。"忧患"一词最早便出自儒家经典《易经》,《易·系辞卜》曰:"《易》之兴也,其于中古乎;作《易》者,其有忧患乎。"孔颖达疏解曰:"若无忧患,何思何虑,不需营作,今既作易,故知有忧患也。身既患忧,须垂法以示于后,以防忧患之事。故系之以文辞.明其失得与吉凶。"②儒家的"忧"不是斤斤计较个人得失的小"忧",而是以天下为己任,忧国忧民忧天下之大"忧",孔子曰:"德之不修,学之不讲,闻义不能徙,不善不能改,是吾忧也。"③又说"君子忧道不忧贫。"④在这样一种忧患心理的驱使下,儒家要求"君子无终食之间违仁,造次必于是,颠沛必于是"⑤,指出"士不可以不弘毅,任重而道远。仁以为已任,不亦重乎? 死而后已,不亦远乎?"⑥这样一种对社会的忧患之心,因为内心的充实感和使命感而使主体

---

① 徐复观. 中国人性论史[M]. 上海:上海三联书店,2001. 18 – 19.
② [唐]孔颖达. 周易正义[M]. ·系辞下[M]. 周易正义·系辞下. 北京:北京大学出版社,1999. 313.
③ 杨伯峻. 论语译注[M]. 论语·述而. 北京:中华书局,1980. 67.
④ 杨伯峻. 论语译注[M]. 论语·卫灵公. 北京:中华书局,1980. 168.
⑤ 杨伯峻. 论语译注[M]. 论语·里仁. 北京:中华书局,1980. 36.
⑥ 杨伯峻. 论语译注[M]. 论语·泰伯. 北京:中华书局,1980. 80.

从"忧"中又获得"乐",这样一种"乐"冲淡了主体对个人贵贱祸福的小"忧",即谓:"发愤忘食,乐以忘忧,不知老之将至云尔"①,"饭疏食饮水,曲肱而枕之,乐亦在其中矣。"②儒家还深刻的指出忧患意识对个人进步、社会发展具有巨大作用,孟子曰:"人之有德慧术知者,恒存乎疢疾。独孤臣孽子,其操心也危,其虑患也深,故达。"③他还明确提出了"生于忧患而死于安乐"④的论断。"生于忧患而死于安乐"这样一种居安思危的精神深深地积淀在中华民族的心灵中,成为中华民族的一个优秀传统,激励着中华民族不断奋发图强,成为推动社会发展的动力之源。目前,我国社会主义现代化建设已取得重大成就,但我们中华民族仍然需要这种居安思危的忧患精神,十六大报告指出:"面对很不安宁的世界,面对艰巨繁重的任务,全党同志一定要增强忧患意识,居安思危,清醒地看到日趋激烈的国际竞争带来的严峻挑战,清醒地看到前进道路上的困难和风险。"胡锦涛总书记在西柏坡讲话中也强调指出:"全党同志特别是各级领导干部必须清醒地看到激烈的国际社会竞争给我们带来的严峻挑战,清醒地看到我们肩负的任务的艰巨性和复杂性,清醒地看到我们工作中存在的困难和风险,增强忧患意识,居安思危。"

五、先秦儒学在儒学发展历程中的地位

德国哲学家雅斯贝斯认为公元前五百年前后,在古希腊、以色列、印度和中国几乎同时出现了伟大的思想家,他们都对人类关切的问题提出了独到的看法。古希腊有苏格拉底、柏拉图;中国有老子、孔子;印度有释迦牟尼;以色列有犹太教的先知们,形成了不同的文化传统。这些文化传统经

① 杨伯峻.论语译注[M].论语·述而.北京:中华书局,1980.71.
② 杨伯峻.论语译注[M].论语·述而.北京:中华书局,1980.70.
③ [战国]孟轲(著),万丽华(译注).孟子[M].孟子·尽心上.北京:中华书局,2006.296.
④ [战国]孟轲(著),万丽华(译注).孟子[M].孟子·告子下.北京:中华书局,2006.285.

过两千多年的发展已经成为人类文化的主要精神财富,雅斯贝斯将其称为
"轴心时代"。他认为"人类一直靠轴心时代所产生的思考和创造的一切而
生存,每一次新的飞跃都回顾这一时期,并被它重新燃起火焰。"①雅斯贝斯
所说的轴心时代在中国指的正是先秦时期,那个时期,政治上虽然动荡不
堪,但却是学术的春天,各种思想火山喷涌般爆发,涌现出一批思想巨匠和
学术派别,建构起了中国文化的骨架,可谓中华民族精神的营养之源。

　　由孔子创立的先秦儒学是中国儒学的"轴心时代",先秦时期孔子的弟
子及再传弟子对孔子学说从不同角度阐述发挥,在儒学内部形成了不同的
学术派别,"有子张之儒,有子思之儒,有颜氏之儒,有孟氏之儒,有漆雕氏
之儒,有仲良氏之儒,有孙氏之儒,有乐正氏之儒。"②其中,又尤以思孟学派
和荀子学派对后世影响最大。先秦时期的儒学尚未成为封建社会的意识
形态,正处于努力的上升期,作为"私学"而非"官学",相较于后世儒学,先
秦儒学拥有更大的学术思想自由,因而是儒学史上最活泼、最有生命力的
时期。先秦儒学作为中国儒学的源头影响并规范着后世儒学,是后世儒学
的依归,凡是被称为儒家者,都必然认同孔子的思想,或者从其思想出发,
或者以其思想为归宿。儒学尤其是先秦儒学如果要换一个名字来指称它,
那么最为恰当的莫过于"人学",与宗教关注死亡、彼岸、来世不同,先秦儒
学将人死后的问题悬置,关注的是现实的人生、人事和社会政治问题,致力
于思考人的本质、人格的完善以及人与人之间人伦秩序、政治秩序的和谐,
等等。儒家从不希求死后和来世的幸福,从不仰仗救世主的帮助,而是认
为人依靠自身的力量在有限的生命历程之内就能实现人生价值。即使是
讲天道也是为了讲人道提供根据,论天理也是为了论人理树立准则;即使
谈论"死",也是立足于"生"去谈论。这种人文理性主义精神是儒学一以贯
之的传统,先秦儒学在这一传统中所开创的一系列基本精神被中国儒学所
继承,成为中国儒学发展的基调,这些被后世儒学所认可并贯彻的基本精

① ［德］亚斯贝斯.历史的起源与目标[M].魏楚雄,俞新天译.北京:华夏出版社,1989.14.
② ［清］王先慎.韩非子集解[M].韩非子·显学.北京:中华书局.2003.456.

神,本书将其归纳为如下几个方面:

其一,以德为本。儒家重德的特色始于先秦,孔子在哲学思想上的一大贡献便是提出了"仁"的范畴,"仁"简而言之就是儒家所倡导的一切美好德性的总称。先秦儒家以德为本的特色集中表现在两个方面:首先,在价值评判上,以"德"为标准,先秦儒家无论是评价人事、家事还是国事,其标准都是看其是否符合"仁德",这是一个首要标准。关于这一点,在先秦典籍中随处可见,举不胜举。先秦儒家的这种价值取向不仅被后世儒学所继承,而且内化到古代中国社会生活的方方面面,无论是择偶、择友还是择官,"德"都是首先被考虑的,这形成了中华民族重德尚义的民族精神。其次,在学术追求上,以塑造德化的理想人格和营造德化的理想社会为目标。这两个目标是先秦儒家思考一切问题的出发点和落脚点。虽然孟子论"性善",荀子讲"性恶",但二者的目的都是为这两个目标寻找路径,只不过在方式、方法上各有侧重而已。需要特别指出的是,德化的理想人格与德化的理想社会是"圆心"与"圆圈"的关系,先秦儒家致力于将其人格理想层层外推,以实现其齐家、治国、平天下的社会理想。先秦儒学这样的一种思想理路用孔子的话讲就是"修己以敬——修己以安人——修己以安百姓",这也就是后世常讲的"内圣外王"之道。在先秦儒家这种思想理路中贯穿的是"经世致用"的实践品格,面对社会现实,先秦儒家不是逃离、不是观望,而是以"仁为己任"、"死而后已"的巨大历史使命感、责任感投身其中,先秦儒学这种积极入世的实践品格也被后世儒学代代遗传下来,并为培育中华民族自强不息的民族精神做出了贡献。

其二,以群为重。先秦儒学是人学,先秦儒家所讲的这个"人"不是孤零零的个人,而是有社会角色、社会责任义务在身的社会人。在先秦儒家视野中,人是"群"的存在,个人寓于群体之中,每个人都按照社会关系定位自身,根据自身的社会角色来承担相应的权利、责任和义务。个体价值与群体价值紧密相连,群体价值是个体价值的参照系,个体为群体所尽的责任和义务,即个体对家庭、对社会的贡献是衡量个体价值的标尺,当个体利益与群体利益发生冲突时,先秦儒家主张要以群体利益为重,必要时要勇于牺牲个体利益以成全群体利益。先秦儒家在人际关系上所倡导的"忠恕之道"、"絜矩之道",在个人气节上所倡导的"舍生取义"、"杀身成仁"等都是对这一理念的具体应用。总之,先秦儒家就是这样以建构群体生活秩序为目标,把个体生命放到群体中、放到历史的洪流中去考察,看重的是个体对群体的贡献,看重的是个体行为对当代和后世的影响,而不是一己的得失。群体本位、合群体性是先秦儒家思想的基本特征,是其协调个人与他人、个人与社会关系的基点。这种价值取向被后世儒学大力弘扬,构成了中华民族的责任意识、担当意识、群体意识和爱国主义的思想渊源。

其三,以礼为制。"以德为本"、"以群为重"的理念要落到实处,需要以制度作保障,先秦儒家所认可的制度就是"礼"。"礼"所表征的是人伦秩序、等级制度和社会规范。具体来说先秦儒学这个"礼"指的是经过"因革损益"之后的周礼,而因革损益的标准就是"德"与"群",也可以称作是"仁"。"仁"是"礼"的实质,道德完善和群体利益的实现是"礼"的目标。在"以礼为制"这一点上,孔子的贡献主要在于仁礼结合、以仁为质、纳"礼"于"仁"学视野并使之成为人综合修养的一部分;孟子的主要贡献在于从内在心性的角度,将礼进一步道德化,使之变外在规范为内在德性范畴,使"礼"的道德实质更为突出;而荀子更是对"礼"极为重视,将"礼"视为"道德之极"①,从人性和人的存在方式等方面为"礼"的合法性做了全面论证。儒学对"礼"的推崇,也是其能在封建社会获得帝王青睐的主要原因,"礼"使社会成员对自己的身份角色、权利义务有了更加明确的意识,"礼"以一种比"法"更温和的方式调节着社会秩序、规范着人的行为,更易为人所接受。在儒家"以礼为制"的熏陶下,古代中国获得了"礼仪之邦"的美称。

其四,以和为贵。在先秦儒学视野中,从一切道德规范的运用到诸德之间的配合,从个人修养到社会秩序,所能达到的最佳和谐状态就是"和"。先秦儒家所倡导"和"是普遍和谐,它涉及天人和谐、人人和谐和人自我身心的和谐等方方面面。儒家所倡导"和"是动态系统中的深度和谐,它不是

---

① 张觉.荀子校注[M].荀子·劝学.长沙:岳麓书社,2006.6.

各种因素在孤立、静止状态下的简单集合,也不是抹杀个性的、一味求同的、毫无原则的整齐划一,而是在一个动态的系统中,以各个要素的内在联系为切入点,以仁、义、礼为准则使各个因素各安其位,又彼此配合得当的圆融和谐。它是一个道德性、价值性命题,它涵具道德目标、道德境界、道德修养方式、道德取向等若干内容,起着范导儒家所建构的整个伦理秩序的作用。为了达致这种"和",先秦儒家根据不同事物间的关系提出了很多具体方法和规范,对其进行抽象概括则主要可归纳为"执两用中"和"时中"两条,所谓"执两用中"就是看事情、处理问题时要从整体、从全面处着眼,把握住相互对立的方面,找到事情发展变化的中正之点,不极端、不偏执;所谓"时中",就是要从动态处着眼,根据不断变化的客观情况灵活权变,不拘泥、不教条。先秦儒家所奉行的"以和为贵"的思想是对中华民族生存智慧的高度概括,有利于人与自然、人与人、人与社会、民族与民族间的和睦相处,"先秦儒学这一思想,在后代也得到发展,成为系统的关于万物发展的学说,指导着人民对各种事物的认识和对各种问题的处理,从而成为重要的传统文化精神。"①

其五,以教为方。先秦儒家在推行自身的哲学理念时,采取的方法不是像法家(用刑罚)、墨家(下级绝对服从上级的"矩子"制)等那样强制的方法,也不是道家、道教、佛教等个人体悟的方法,而是采取"教化"的方法。在中国历史上,孔子就是以"万世师表"的师者面目出现的,面对自己的施政理念不被统治者所接纳的困窘局面,孔子选择的是广收门徒、退而讲学,以此来普及儒家的理念,扩大儒家的影响。孟子、荀子对教化也十分重视,孟子将"师"与"君"并提,引《尚书》的话讲:"天降下民,作之君,作之师。惟曰其助上帝宠之。"②荀子将"师"与天地、先祖、君并提,认为"上事天,下事地,尊先祖而隆君师,是礼之三本也。"③汉代以降,在儒学上升为统治思想以后,这种通过教化来推广、普及、引导人民接受的方法继续被儒家发扬

① 钱逊.先秦儒学[M].沈阳:辽宁教育出版社,1992.217.
② [战国]孟轲(著),万丽华(译注).孟子[M].孟子·梁惠王下.北京:中华书局,2006.27.
③ 张觉.荀子校注[M].荀子·礼论.长沙:岳麓书社,2006.231.

光大,在统治者的支持下儒学受学于庠序,并成为科举考试的主要内容。儒家"以教为方"的理念不仅局限于儒学的推广上,而且深刻的影响到社会生活,影响到中国人的价值观,例如在政治上,那些能够采取温和的、教化的方式来推行施政主张的统治者就会受到人民的爱戴、历史的推崇,而那些采取疾风骤雨式的残暴方法进行的统治的政府就会遭到人民的反感、历史的唾弃;再例如在生活中,那些崇尚暴力的做事方法往往为中国人所不齿,而那些温文尔雅的谦谦君子往往受到人们的喜爱。总之,先秦儒学所开创的"以教为方"的理念既推动古代中国形成了"尊师重教"的传统,也培育了中华民族心胸宽广平和、温文尔雅的气质。

先秦儒学作为后世儒学的依归,它所开创的基本精神,也成为中国儒学的基本精神,这从儒学的发展历史中可见一斑。例如,汉代儒学,董仲舒吸收了阴阳五行的思想,对先秦儒学中的政治哲学进行了改造发挥,终于使儒学为汉代统治者所接纳。此后两汉出现的今文经学和古文经学也是从各自研究视角,以各自不同的方法对先秦儒家经典进行疏释,虽然派别众多,但都是在基本认可先秦儒学的基础上做的进一步的发挥;再例如宋明理学,宋明理学就是在吸收了佛教、道教的形而上的理论架构模式和修养方法之后对先秦儒学的回归,宋明理学家们依然以先秦儒学所提出的"君子"、"圣人"等为理想人格,以先秦时期就提出的"仁义礼智信"为道德准则,其超越先秦儒学的地方在于宋明理学为先秦儒学提出的这些理念做了更为精细的宇宙论、本体论论证,提出更为细致的修养方法。总之,尽管儒学在历史长河中,根据时代的变化多有变形,但都是在先秦儒学所提出的基本概念基础上的发挥,它们都与先秦儒学的基本精神是一脉相承的,在它们的学说中都能够找到先秦儒学的影子。这正如唐君毅先生在《中国文化之精神价值》一书中所指出的那样:"孔子以后中国之学术文化,无论如何发展,而在人格之典型上,文化之究极理想上,皆不能不归宗孔子……夫然故中国后人之归宗孔子,亦未尝之真窒息学术文化之发展,后人尽可言孔子所未言,详孔子所未详,而补孔子对人文之认识所不足……中国文化经孔子而文化之大统立,万脉分流,同处昆仑,百家腾跃,终入环内。"①

如果说儒学是中华民族精神的培养基,那么先秦儒学便是基础中的基础,是基石中最有力量的成分。正是鉴于先秦儒学在中国儒学发展历史中的基石地位,本书在研究儒学与中华民族精神的关系时,特意选择了先秦儒学这样一个视角。

---

① 唐君毅.中国文化之精神价值[M].桂林:广西师范大学出版社,2005.41.

第三章 先秦儒学对中华民族
精神激励系统的培育

　　生活经验告诉我们：一个人若想积极进取，就必须对自己保持高度的信心，如果认为自己处处不行，则只能走到积极进取的反面——自暴自弃。个人是这样，一个民族也是这样，只有对自身有充分自信的民族，才能产生不断进取的动力。因此，中华民族精神激励系统的展开，必然以中华民族的自信心为逻辑起点。自信心为一个民族的发展和完善提供了前提和空间，但要将愿景化为现实，仅仅有信心、有发展的空间还是不够的，更为重要的是人要有切切实实的能力，这样激励系统才能实际开展。这是构建激励系统所必需的逻辑上的第二环。对于这两环，先秦儒家都给出了自己的解释，并在两千多年的实践中，凭借着自身在中国思想文化领域中独领风骚的地位对中国人的精神世界发挥着极其深远的影响，成为中华民族精神激励系统的思想内核。

一、人最为天下贵——激励系统得以展开的逻辑起点

　　中华民族自信心的来源是广泛的，悠久的历史、丰富的物产、壮丽的河山等等都可以成为自信心的源泉。若从思想意识方面寻找根源，则可以说其主要来源于中华民族对"人"在宇宙、社会、人生中地位的理解。在这个问题上，中华民族历来就有一个良好的传统，那就是在反思人的地位时，既不盲目自大，也不过分自卑；既敬畏天，但是又不迷信天、依赖天，而是肯定

人在宇宙中也享有尊贵的地位,甚至丝毫不比天地鬼神逊色,人具备较大的自我完善、自我发展的空间。中华民族这种理性务实的认识,是在中国传统思想文化长期熏陶浸染之下形成的。在中国思想文化领域中虽然也有宗教,但占据主导地位的是哲学,而不是宗教。哲学与宗教不同,宗教关注的重心在彼岸,以崇拜、信仰为旨归,人隐没在超人的神灵的影子里,或视人生为苦难、或视人身为罪身,等等。总之,在神面前,人的地位是卑微的。而哲学则以理性精神为旨归,但不同的哲学关注的重心却不同,西方哲学是以理性精神关照自然,宇宙论、知识论发达;而中国哲学则是以理性精神关照人自身,人生哲学、政治哲学发达。可以说,中国哲学体系是对"人"思考的最深入、最透彻的思想体系,中国哲学的各家各派都关注人生、关注人事、关注现实的社会生活,中国古代哲学从来不单纯的思考宇宙问题,而总是将其与人生问题联系在一起,讲天理是为讲人理提供根据,论天道是为论人道树立准则。而其中尤以中国传统思想文化的主干——儒学最为典型。

儒家思想脱胎于殷周时期的天命观,商朝时,人们为神是瞻,事事占卜。周朝取代商朝之后,为了给政权更迭寻找合法性,周人提出了"天命靡常"①、"皇天无亲,惟德是辅"②的思想,认为人的主观努力可以影响天意,这就在一定程度上肯定了人的能动性。此后,人道从神道中崛起的势头愈来愈强烈,那个时期的很多思想家都表达了类似的思想,例如,史嚚曰:"吾闻之:国将兴,听于民;将亡,听于神。神,聪明正直而壹者也,依人而行。"③季梁曰:"夫民,神之主也,是以圣王先成民而后致力于神。"④子产曰:"天道远,人道迩,非所及也。何以知之?"⑤这些肯定人之价值的言论,堪称中华觉醒的标志。从这些言论中我们可以看出,西周以来,在人们的

①　程俊英.诗经释注[M].诗经·大雅·文王.上海:上海古籍出版社,2006.369.
②　陈戍国.尚书校注[M].尚书·蔡仲之命.长沙:岳麓书社,2004.161.
③　陈戍国.春秋左传校注[M].左传·庄公三十二年.长沙:岳麓书社,2006.146.
④　陈戍国.春秋左传校注[M].左传·桓公六年.长沙:岳麓书社,2006.57.
⑤　陈戍国.春秋左传校注[M].左传·昭公十八年.长沙:岳麓书社,2006.988.

观念里,天、神的位置日益边缘化,而人的地位逐步提高,人的能动性得以彰显。先秦儒家顺应时代潮流,承袭了西周至春秋以来重人轻神的思潮,对这些思维成果进行了历史总结,进一步以理性思维代替宗教神学,以人文精神淡化宗教意识,通过对人进行深刻反思建构起了自身的理论系统,确立了儒家人文主义的发展方向,开启了中国文化的人文主义传统。这一点,在以孔、孟、荀为代表的先秦儒家思想中表现得十分突出,例如,据粗略统计《论语》中有 219 处提到人,却仅有 49 处提到天、7 处提到神、5 处提到鬼;《孟子》中有 611 处提到人,却仅有 293 处提到天、4 处提到神、从来没有提到鬼;《荀子》中有 1246 处提到人,却仅有 596 处提到天、39 处提到神、6处提到鬼。而且这只是就直接提到"人"的地方作的统计比较,倘若算进去其它关于"人"的一些具体指称如君子、君、王、民等,则数量更是庞大。况且,即使提到了天、神、鬼,儒家先哲也很少在迷信与崇拜的意义上使用。以对"天"的论述为例,有时是在"自然"的意义上使用天,如"天何言哉?四时行焉,百物生焉,天何言哉?"①有时是指地域、疆土或百姓的意义上使用"天",即"天下",如"域民不以封疆之界,固国不以山谿之险,威天下不以兵革之利。"②有时用"天"只是为了表达愿望、发泄情绪,并未有实质含义,如"噫!天丧予!天丧予!"③还有很多的时候,提到"天"的目的就是为了彰显人的地位,如"君子崇人之德,扬人之美,非诌谀也;正义直指,举人之过,非毁疵也;言己之光美,拟于舜、禹,参于天地,非夸诞也。"④至于鬼、神这种直接带有神秘色彩的概念,其使用的情况也与"天"相类,而且它们使用的频率则较"天"来说更低。可以说,即使单从文字上进行考察,将儒学称作"人学",也是当之无愧的。如果再从先秦儒家思想内容上进行分析,则更可发现天命、鬼神、祭祀等这些与超人间力量相关的概念和活动都被纳入进了人文范畴,其一切理论建构都围绕着人格完善、社会组织的有

---

① 杨伯峻.论语译注[M].论语·阳货.北京:中华书局,1980.188.
② [战国]孟轲(著),万丽华(译注).孟子[M].孟子·公孙丑下.北京:中华书局,2006.76.
③ 杨伯峻.论语译注[M].论语·先进.北京:中华书局,1980.112.
④ 张觉.荀子校注[M].荀子·不苟.长沙:岳麓书社,2006.20.

序和谐而展开,目的在于凸显人的高贵性和人伦教化的意义,处处洋溢着人文理性精神。

1. 与天相比,人是中心

众所周知,在"天人关系"问题上,先秦儒家奉行的是"天人合一"的观念。儒家所讲的"天人合一"与宗教中所包含的"天人合一"思想最大的不同之处在于,儒家"天人合一"的中心是"人"而不是"天",人文色彩突出。儒学的这种特色主要体现在以下两个方面:

特色之一是弱化了"天"的主宰地位。以孔、孟、荀为代表的先秦儒家对"天"的阐释,虽然并没有完全抛却"主宰之天"的意味,如也说过"死生有命,富贵在天"①之类的话,但是,却加大了在"自然之天"、"道德、义理之天"的层面上使用"天"这个范畴的力度,其中又尤以"道德、义理之天"为"天"之涵义的主流。"道德、义理之天"即将"天"看作是道德理想的化身,如《论语·子罕》讲:"天之将丧斯文也,后死者不得与于斯文也;天之未丧斯文也,匡人其如予何?"《孟子·公孙丑上》曰:"夫仁,天之尊爵也。"《荀子·不苟》曰:"天地为大矣,不诚则不能化万物;圣人为知矣,不诚则不能化万民;父子为亲矣,不诚则疏;君上为尊矣,不诚则卑。"《中庸》亦曰:"诚者,天之道。"以此为理论基础,先秦儒家的"天人合一",是指人与天在道德、义理意义上的合一,目的是将道德义理之天的要求内化成人的本质,以促使人不断提高自身的道德境界,促使社会秩序如"天"的秩序那样和谐圆满。在先秦儒学看来,人的道德修养提高了,社会秩序完善了,也就达到了"合于天道"的境界,人不需要对天顶礼膜拜,只需踏踏实实地提高道德修养,尽到对人伦社会的责任和义务,就是合于天意了。显然,这样的"天人合一"观去掉了原始宗教中神秘、狂热的内容,淡薄了其中主宰、命定的含义,为人的主体能动性的彰显拓开了道路。

其特色之二是儒家"天"的观念虽然弱化了"天"的主宰地位,但是依然

① 杨伯峻.论语译注[M].论语·颜渊.北京:中华书局,1980.125.

保留了原始宗教中对"天"的敬畏。原典中多次讲过要敬天、事天、畏天、法天,如"唯天为大"①、"君子大心则敬天而道,小心则畏义而节"②,等等。先秦儒学这样做的目的在于借助"天"来证明现实世界中道德行为、道德秩序的合理性,是为了以天为基础来建构对人的道德普遍性与绝对性的要求,所谓"天生德于予"③不过是为了将道德上升到超越的层面,使之更有说服力。这种观念与宗教所宣扬的为天、神等超自然力量献身、殉道,匍匐于神意之下完全不同。在儒家的观念里,人和人道才是目的和中心,论天是为论人服务的。所以,儒家的"天人合一"是理性精神指导下的天人合一,它不仅没有消解人的价值,反而凸显了人的地位。

总之,儒学赋予天人关系以人文理性精神,它既不离天而言人,也不离人而言天,而是主张"人本天而立,天因人而成",天人不可分离,将天道视为人道的终极依据,将人道看作是天道得以广大的唯一途径,天与人是道德情感上的合一,是内在与超越层面的合一,天上就是人间,这也是儒家"弘道"的本意。这一思想倾向肇始于孔子,在孟子"诚者,天之道也。思诚者,人之道也"④、"尽心、知性、知天"的理论中初具规模,到宋明理学臻于大成。

2. 命运面前,人大有作为

先秦儒家典籍中有不少地方谈到"命",有很大一部分是在"命运"的含义上使用的。应该承认,先秦儒家在面对人力无法改变、违背人意愿的恶劣情况时,在对社会发展和个人遭遇感到不理解和困惑时,往往将其归结为命运,如孔子在其弟子伯牛重病时就曾感叹道:"亡之,命矣夫! 斯人也而有斯疾也! 斯人也而有斯疾也!"⑤但是面对命运,先秦儒家反对人完全

---

① 杨伯峻. 论语译注[M]. 论语·泰伯. 北京:中华书局,1980.83.
② 张觉. 荀子校注[M]. 荀子·不苟. 长沙:岳麓书社,2006.21.
③ 杨伯峻. 论语译注[M]. 论语·述而. 北京:中华书局,1980.72.
④ [战国]孟轲(著),万丽华(译注). 孟子[M]. 孟子·离娄上. 北京:中华书局,2006.157.
⑤ 杨伯峻. 论语译注[M]. 论语·雍也. 北京:中华书局,1980.58.

屈服于命运的安排,不赞成人做盲目必然性的奴隶,认为人在"命运"面前仍可大有作为,"尽人事,听天命"是先秦儒家对待"命"的总体态度。这一思想倾向集中体现在三个方面:

第一,在先秦儒家看来,命运虽然不可违,但是却是可知的。"知命"在儒家那里也是成就君子的必备条件之一,如《论语·尧曰》讲"不知命无以为君子。"孔子还采取现身说法来讲述"知命"的途径和结果,他说:"吾十有五而志于学,三十而立,四十而不惑,五十而知天命,六十而耳顺,七十而从心所欲,不逾矩。"①可见,经过后天刻苦学习和人生经验的积累,人便可以了解和把握天命,从而在天命许可的范围内为人处世,进而便可以达到"从心所欲,不逾矩"的相对自由的境界。先秦儒家所说的这种通过发挥人的主体能动性便可了解认识的"命",颇含有一些我们今天所讲的客观规律的意味,而与宗教迷信中所讲的人完全不能把握的、不可知、不可测的命运相去甚远。

第二,先秦儒家认为面对不利局面,人应积极发挥主观能动性去改善,否则错在人的消极,而不在命运的恶劣。《论语·颜渊》中记载,司马牛对子夏感叹自己没有兄弟很孤单时,子夏却对他说:"君子敬而无失,与人恭而有礼。四海之内皆兄弟也,君子何患乎无兄弟也。"也就是说通过自身"敬而无失、恭而有礼"的主观努力,便可以通过广交朋友来弥补没有兄弟的缺憾。《孟子》中也有类似的思想,《孟子·公孙丑上》认为人若明知是危墙还站在下面,是"自作孽,不可活",不能归罪于命运不济,即谓:"莫非命也,顺受其正。是故知命者不立乎岩墙之下。尽其道而死者,正命也;桎梏死者,非正命也。"②《大学》也指出:"见贤而不能举,举而不能先,命也;见不善而不能退,退而不能远,过也。"只有在人的主观努力全部尽到之后,还仍然不如所愿时,儒家迫不得已才将其可归于"命",如《孟子·万章上》在评价孔子时曾说:"孔子进以礼,退以义,得之不得曰有命",而绝不是让人

---

① 杨伯峻. 论语译注[M]. 论语·为政. 北京:中华书局,1980. 12.
② [战国]孟轲(著),万丽华(译注). 孟子[M]. 孟子·尽心上. 北京:中华书局,2006. 288.

一开始便放弃努力,听任命运摆布。对于那些放弃主观努力,对命运一味采取听之任之消极态度的人,《荀子·荣辱》一针见血地批评道:"自知者不怨人,知命者不怨天,怨人者穷,怨天者无志。失之己,反之人,岂不迂乎哉。"

第三,先秦儒家虽然承认人生会受到外在限制,承认存在人力不能及的方面,如也讲过"死生有命,富贵在天"①之类的话,但是,儒家认为人生中还有比生死、富贵更有价值的事情,那就是完善自身道德、尽到自己对人伦社会的责任和义务,而这完全取决于个人的努力,与外在的限制无关。如《论语》讲"为仁由己"②、"我欲仁,斯仁至矣。"③《中庸》曰:"君子素其位而行,不愿乎其外。素富贵,行乎富贵;素贫贱,行乎贫贱;素夷狄,行乎夷狄;素患难行乎患难,君子无入而不自得焉。在上位不陵下,在下位不援上,正己而不求于人,则无怨。上不怨天,下不尤人。"

总之,人在命运面前并非无所作为,谈命、知命却不认命,在外界环境许可的大限之内积极地争取发展空间,尽到人事才是先秦儒家对待命运的真态度。这正如《荀子·宥坐》所说:"夫贤不肖者,材也;为不为者,人也;遇不遇者,时也;死生者,命也。今有其人不遇其时,虽贤,其能行乎?苟遇其时,何难之有!故君子博学、深谋、修身、端行以俟其时。"

3. 鬼神观念、祭祀活动立足于现世人生

祭祀鬼神的传统在我国的历史非常悠久,从原始社会到西周,伴随着人道从神道中的逐步觉醒,这一传统经历了一个由图腾崇拜到祭天、祭神、祭祖杂糅又尤以祭祖为重的发展过程。脱胎于这一背景中的先秦儒家,极力发展了这一习俗中所包含的重人轻神的思想因素。同时,为了让自己的学说更易为当时社会所接受,务实的儒学并没有直接对抗传统,而是将其中传统的鬼神、祭祀观念予以巧妙置换,处处以人为中心来看待鬼神观念、祭祀活动这类现象,总是力图利用祭祀鬼神来为人的道德提升和社会的有

---

① 杨伯峻. 论语译注[M]. 论语·颜渊. 北京:中华书局,1980.125.
② 杨伯峻. 论语译注[M]. 论语·颜渊. 北京:中华书局,1980.123.
③ 杨伯峻. 论语译注[M]. 论语·述而. 北京:中华书局,1980.74.

序和谐服务,"理性"是其鬼神祭祀思想的鲜明特色。

首先,对于鬼神,先秦儒家的总体态度是"存而不论"、"敬而远之"。这一态度一方面与儒家所一贯倡导的"知之为知之,不知为不知"认识路线有关,因为以当时的科技发展水平,对鬼神是否存在是难以进行考证的。另一方面也是更为重要的方面则根源于儒家对人生价值的理解。儒家承认"死"的实在性,如《礼记·祭文》曰:"众生必死,死必归土。"《荀子·礼论》也说:"死,人之终也。"那人死后又如何呢?宗教的一般做法是构造一个极乐的彼岸世界以供人追求和向往,但是儒家却不这样,儒家不向往彼岸世界,而是通过在人世间给人生树立一个至高的目标——"弘道",即通过使人致力于现实社会的伦理秩序和道德规范来为人寻找安身立命之地。基于此,先秦儒家将人死后的事情悬置,存而不论,当季路问鬼神时,孔子说:"未能事人,焉能事鬼?"①季路接着又问关于"死"的问题,孔子曰:"未知生,焉知死?"②在此,孔子没有正面回答季路的问题,而是引导他去关注人生和人事,引导他把心思从鬼神和死后转移现实社会中。孔子一生"不语乱力怪神",他说:"务民之义,敬鬼神而远之,可谓知矣。"③一个"远"字,生与死、人与鬼孰轻孰重便一目了然了。与"敬鬼神而远之"相反,《论语·学而》明确提出了"泛爱众而亲仁"的理念。《论语》中,关于人和人事活动的论述,关于怎样才算做一个人和怎样成就人等问题的探究,占了很大比重。

其次,对于"祭祀",先秦儒家沿袭了传统,不仅不反对祭祀,反倒是对祭祀很重视。但却置换了其中心概念,祭祀本来的中心是鬼神、祖先,但经过儒家改造之后,现实的社会人事变成了祭祀的中心。《论语·八佾》讲:"祭如在,祭神如神在",意思是祭祖先的时候就好像祖先在那里,祭神的时候就好像神在那里。"如在"?那到底在不在呢?孔子没有讲。实际上,在先秦儒家的思想中,鬼神的位置是虚化的,先秦儒家真正关注的是人在祭祀时的诚心、孝心,如《论语·子张》曰:"士见危致命,见得思义,祭思敬,丧

① 杨伯峻.论语译注[M].论语·先进.北京:中华书局,1980.113.
② 杨伯峻.论语译注[M].论语·先进.北京:中华书局,1980.113.
③ 杨伯峻.论语译注[M].论语·雍也.北京:中华书局,1980.61.

思哀,其可已矣。"《荀子·礼论》也说:"送死,饰哀也;祭祀,饰敬也。"儒家是想通过祭祀这种形式,借鬼神来推行对人的教化,引导人们重人伦、重亲情,培养人的道德感,强化家族内部的凝聚力,以便更好地安顿社会秩序。也就是说,至于鬼神到底在不在,儒家并不关心,儒家追求的是祭祀这种"慎终追远"的举动所带来的社会效益,即曾子所讲的"慎终,追远,民德归厚矣。"①而且对于传统祭祀中的一些违背人道的陋习如人牲、人殉等,儒家非常反对,孔子曾尖锐地批评说:"始作俑者,其无后乎!"②总而言之,在先秦儒家的祭祀观念中,人的主体地位是非常突出的。

总之,先秦儒家淡化了传统的迷信观念,将尊事鬼神的传统转移到重民爱人的轨道上来,为挺立人的主体价值铺平了道路。儒家对死后成鬼成神没有兴趣,也不视祭祀本身为目的,其思想的出发点和落脚点是社会人事,成为道德高尚、对社会有用的人才是先秦儒家的真兴趣,"神道设教"才是先秦儒家的真需要。当然,儒家也追求不朽,但这种不朽并不需要进入天堂,成佛成仙来实现,而是在现实世界中便可以完成,如先秦儒家认为肉体的不朽,通过繁衍后代、家丁兴旺即可实现;精神的不朽则可通过立德、立功、立言,为社会做出贡献、成就一番事业、青史留名来实现。这样一种立足现实、积极进取的不朽观,处处洋溢着人文理性精神。

二、为仁由己——激励系统的得以落实的能力保障

关于人的能力,儒家的总体看法是人的命运可以自己主宰,人的价值能够靠人自己实现。这就是孔子所说的"为仁由己"③、"君子求诸己"④、

① 杨伯峻.论语译注[M].论语·学而.北京:中华书局,1980.6.
② [战国]孟轲(著),万丽华(译注).孟子[M].孟子·梁惠王上.北京:中华书局,2006.8.
③ 杨伯峻.论语译注[M].论语·颜渊.北京:中华书局,1980.123.
④ 杨伯峻.论语译注[M].论语·卫灵公.北京:中华书局,1980.166.

"我欲仁,斯仁至矣"①;孟子所说的"万物皆备于我矣"②、"反求诸己"③;张载所说的"为天地立心,为生民立命,为往圣继绝学,为万世开太平。"④总之,"人能弘道,非道弘人"⑤,儒家之所以对"人能弘道"充满信心,归根结底在于儒家相信人有弘道这种自强不息的能力。综观先秦儒家所肯定的人之能力,大致可以归为以下三类:

1. 人有学习的能力

儒家认为人获得知识有两种途径:一种是生而知之;一种是学而知之。孔子对"生而知之"推崇有加,如《论语》讲:"生而知之者上也,学而知之者次也。"⑥但"生而知之"毕竟只是一种理想境界,孔子也从未具体说明过到底哪些人是生而知之者,若追究起来,恐怕在孔子心目中也只有尧、舜、周公等极少数上古先人才能达到此境界。因此以重视现世人生为价值取向的儒家对"生而知之"并没有过多关注,"学而知之"才是儒家的着眼点。孔子自己也评价自己说:"我非生而知之者,好古,敏以求之者也。"⑦孔子认为自己与其他人相比最大的优点就是好学,他说:"十室之邑,必有忠信如丘者焉,不如丘之好学也。"⑧孔子以自身的经历说明了"君子学以致其道"⑨的道理。总之,孔子肯定人的学习能力和学习效果,认为"圣人可学",认为除上智与下愚不移以外,其他人皆是可教之材。这也是其一生致力于教育、有教无类、广收门徒的原因之一。

孔子的后学孟子主"良知"、"良能"说,"不虑而知"谓之良知,"不学而

---

① 杨伯峻.论语译注[M].论语·述而.北京:中华书局,1980.74.
② [战国]孟轲(著),万丽华(译注).孟子[M].孟子·尽心上.北京:中华书局,2006.289.
③ [战国]孟轲(著),万丽华(译注).孟子[M].孟子·公孙丑上.北京:中华书局,2006.71.
④ [清]黄宗羲(原著),全祖望(修补),陈金玉\梁连华(点校).宋元学案[M].宋元学案·横渠学案上.北京:中华书局,1986.664.
⑤ 杨伯峻.论语译注[M].论语·卫灵公.北京:中华书局,1980.168.
⑥ 杨伯峻.论语译注[M].论语·季氏.北京:中华书局,1980.177.
⑦ 杨伯峻.论语译注[M].论语·述而.北京:中华书局,1980.72.
⑧ 杨伯峻.论语译注[M].论语·公冶长.北京:中华书局,1980.53.
⑨ 杨伯峻.论语译注[M].论语·子张.北京:中华书局,1980.200.

能"谓之良能,即谓:"仁义礼智,非由外铄我也,我固有之也,弗思耳已。"①但孟子所讲的良知、良能,仅仅指人有认识的天赋、道德的天赋,这种天赋尚处于一种萌芽状态,即所谓的"端","恻隐之心,仁之端也;羞恶之心,义之端也;辞让之心,礼之端也;是非之心,智之端也。人之有是四端也,犹其有四体也。"②虽然善端人人都有,但却并非人人都可成为善人,若想使"善端"成长为实实在在的德性,还需要经过后天的努力,通过"思"、"求"来"养心"、"尽心",不断扩充善端,才能充分发挥其天赋的善性,这仍然是后天努力的结果。如果说,在谈到人的本质层面时,孟子的认识论尚弥漫着一层先验色彩的话,那么对于具体的知识和技能,孟子则明确表示只有通过后天学习才能够获得,例如,孟子在谈到自己不懂诸侯之礼时曾说:"诸侯之礼,吾未之学也。虽然,吾尝闻之矣。"③他还以学下棋为例来说明用心学习的重要性,即:"今夫弈之为数,小数也;不专心致志,则不得也。弈秋,通国之善弈者也。使弈秋诲二人弈,其一人专心致志,惟弈秋之为听。一人虽听之,一心以为有鸿鹄将至,思援弓缴而射之,虽与之俱学,弗若之矣。为是其智弗若与? 曰:非然也。"④可见,孟子同样重视后天努力,承认人的学习能力和学习效果。

较之孟子,荀子更为彻底地贯彻了孔子"学而知之"的认识路线。与孟子持"良知"、"良能"说相反,荀子认为人性本恶,仁义道德是后天化性起伪的结果,并且人人都有化性起伪的能力,即谓"涂之人也,皆有可以知仁义法正之质,皆有可以能仁义法正之具。"⑤而化性起伪、积善成德,最好的方法就是通过学习以通晓礼义,"今使涂之人伏木为学,专心一志,思索孰察,加日县久,积善而不息,则通于神明,参与天地矣。"⑥在学习上,荀子主张

---

① [战国]孟轲(著),万丽华(译注).孟子[M].孟子·告子上.北京:中华书局,2006.245.

② [战国]孟轲(著),万丽华(译注).孟子[M].孟子·公孙丑上.北京:中华书局,2006.69.

③ [战国]孟轲(著),万丽华(译注).孟子[M].孟子·滕文公上.北京:中华书局,2006.101.

④ [战国]孟轲(著),万丽华(译注).孟子[M].孟子·告子上.北京:中华书局,2006.251.

⑤ 张觉.荀子校注[M].荀子·性恶.长沙:岳麓书社,2006.301.

⑥ 张觉.荀子校注[M].荀子·性恶.长沙:岳麓书社,2006.301.

"不知则问，不能则学"①，认为学无止境，即"学不可以已……君子博学而日参省乎己，则知明而行无过矣。"②更为难能可贵的是，荀子将认识和学习过程作了细分，他认为"认识"是有认识能力的人通过与外界事物接触而获得的，是客观与主观相作用的结果，即谓："凡以知，人这性也；可以知，物之理也。"③他将认识分为三个阶段：一是"天官意物"阶段，获得的是"闻知"和"见知"；二是"心有征知"阶段，获得的是对"闻知"、"见知"进行理性思考之后的"征知"；第三个阶段是"学至于行而止"，获得的是经过实践检验的"行知"。这里，荀子既看重感性认识，又看重理性认识，还特别注重践履，是一种朴素的唯物主义和辩证法，达到了先秦儒学认识论的高峰。

总之，"弘道"是一个从"人道"达至"天道"的过程，而欲完成这个过程，则首先要"知道"、"知天"、"知命"、"知人"等等，即谓："不知命，无以为君子也；不知礼，无以立也；不知言，无以知人也。"④"知"在儒家思想中的地位很高，《论语·子罕》将"知"、"仁"、"勇"并举，即谓："知者不惑，仁者不忧，勇者不惧。"《中庸》亦曰："知、仁、勇三者，天下之达德也。"而获得"知"的途径就是"学习"。考察先秦儒家典籍可以发现：以"知"为目的的"学习"，其范围是很广泛的，并不仅仅限于学习书本知识，也包括向他人学习，即"三人行，必有我师焉：择其善者而从之，其不善者而改之。"⑤而更重要的是在"行"中获取知识和智慧，即向实践学习，力行近乎仁，如孔子的弟子子夏曰："贤贤易色；事父母，能竭其力；事君，能致其身；与朋友交，言而有信。虽曰未学，吾必谓之学矣。"⑥荀子也讲："知之而不行，虽敦必困。"⑦荀子还将学以致用称为"君子之学"，将仅停留在口耳之间的"学"称为"小人之学"，认为只有从实践中学习，并经过实践检验的知识，才是"坐而言之，起

① 张觉.荀子校注[M].荀子·非十二子.长沙:岳麓书社,2006.53.
② 张觉.荀子校注[M].荀子·劝学.长沙:岳麓书社,2006.1.
③ 张觉.荀子校注[M].荀子·解蔽.长沙:岳麓书社,2006.275.
④ 杨伯峻.论语译注[M].论语·尧曰.北京:中华书局,1980.211.
⑤ 杨伯峻.论语译注[M].论语·述而.北京:中华书局,1980.72.
⑥ 杨伯峻.论语译注[M].论语·学而.北京:中华书局,1980.5.
⑦ 张觉.荀子校注[M].荀子·儒效.长沙:岳麓书社,2006.79.

而可设,张而可施行"①的真知识。

尽管先秦儒家的认识论,以今天科学的眼光来看,还稍显幼稚和局限,比如他们往往将"心"看作是思维的器官;比如他们偏向于将"知"仅理解成道德、德性;再如"行"的含义和范围也只是涵盖了"实践"的某些方面而不是全部,与今天的"实践"不可同日而语,等等。但是,先秦儒者对学习的必要性、对人学习能力和学习效果的肯定,对学习范围的尝试性拓展,都有重要意义,这些为人的完善提供了路径和保障。

2.人有克己的能力

修身成仁、体仁道合天道,除了要有学习能力作保障之外,要想把学到的"知"落到实处,还必须提高人的自觉性,使人具有自我克制的能力。"克己"是一个克制小我、回复大我的过程,这是儒家"修身"的根本功夫。为做到"克己"以修身,孔子开辟了两条路径:一条道路是外向的,即"克己复礼",孔子曰:"克己复礼为仁。一日克己复礼,天下归仁焉。"②另一条道路是内向的,即"克己内省"。就"克己复礼"而言,这个"礼"是指能够确保社会人生和谐有序的一套完美的政治制度和伦理规范,即"夫礼,天之经也,地之义也,民之行也。"③孔子认为要想通达"仁道",就必须"约之以礼",克制与礼相悖的私欲,努力做到"非礼勿视,非礼勿听,非礼勿言,非礼勿动"④。孔子的"克己"并不仅仅局限于以外在规范来约束人的行为,他的最终目的是将礼内化到人心中,在人心中建立起仁德,将外在约束转化成主体自觉自愿的行为,这就又回到了"克己内省"的路子上来了,即谓:"为仁由己,而由人乎哉?"⑤"仁远乎哉? 我欲仁,斯仁至矣。"⑥

孟子基本上沿着孔子"克己内省"的理路来发展"克己"理论,进一步崇

---

① 张觉.荀子校注[M].荀子·性恶.长沙:岳麓书社,2006.299.

② 杨伯峻.论语译注[M].论语·颜渊.北京:中华书局,1980.123.

③ 陈成国.春秋左传校注[M].左传·昭公二十五年.长沙:岳麓书社,2006.1059.

④ 杨伯峻.论语译注[M].论语·颜渊.北京:中华书局,1980.123.

⑤ 杨伯峻.论语译注[M].论语·颜渊.北京:中华书局,1980.123.

⑥ 杨伯峻.论语译注[M].论语·述而.北京:中华书局,1980.75.

扬道德的自主自觉精神。孟子从性善论出发,给人以充分的肯定,他宣称:"万物皆备于我矣。反身而诚,乐莫大焉。强恕而行,求仁莫近焉。"①孟子注重向内做功夫,力图由内圣开出王道政治。在孟子那里,"克己内省"的总体方法就是"养心"、"尽心",即保养、扩充自己与生俱来的善良本心,使之避免遭受外在邪恶的侵害。孟子认为由仁、义、礼、智四端构造的善良本心,只是处于萌芽状态,极易受到外界物欲的侵扰而丧失,只有发挥人的主观能动性自觉地去"求"、去"思",以理性来克制、引导感官欲望,才能保持并不断扩充善端。即谓:"求则得之,舍则失之","思则得之,不思则不得也。"②但是很多人却"行之而不著焉,习矣而不察焉,终身由之而不知其道"③,由此造成人与人在德性方面的参差不齐,这就是"人人皆可为尧舜",但并非"人人皆为尧舜"的主要原因。可见,在孟子看来,每个人都具备修身成仁、体仁道合天道的能力,在"弘道"这条路上每个人的机会和能力都是均等的,最后能不能成功,就看你是否踏踏实实地去做,一句话,道德品行和人格的差别取决于个体主动地选择。

荀子与孟子不同,荀子从性恶论出发,走外向路线,讲究"化性起伪",大力发展了孔子"克己复礼"的思想。荀子认为人性"生而有好利焉,顺是,故争夺生而辞让亡焉;生而有疾恶焉,顺是,故残贼生而忠信亡焉;生而有耳目之欲,有好声色焉,顺是,故淫乱生而礼义文理亡焉。然则从人之性,顺人之情,必出于争夺,合于犯分乱理,而归于暴。"④因此,必须对人的本性以礼义来规制,即以礼节之、以礼导之,使之符合礼义的要求,"遇君则修臣下之义,遇乡则修长幼之义,遇长则修子弟之义,遇友则修礼节辞让之义,遇贱而少者则修告导宽容之义"⑤,这样才能使人"出于辞让,合于文理,而归于治"⑥。

---

① [战国]孟轲(著),万丽华(译注).孟子[M].孟子·尽心上.北京:中华书局,2006.289.
② [战国]孟轲(著),万丽华(译注).孟子[M].孟子·告子上.北京:中华书局,2006.258.
③ [战国]孟轲(著),万丽华(译注).孟子[M].孟子·尽心上.北京:中华书局,2006.289.
④ 张觉.荀子校注[M].荀子·性恶.长沙:岳麓书社,2006.293.
⑤ 张觉.荀子校注[M].荀子·非十二子.长沙:岳麓书社,2006.53.
⑥ 张觉.荀子校注[M].荀子·性恶.长沙:岳麓书社,2006.294.

这样,通过孟子和荀子在理论上的不同拓展,由孔子开创的"克己"功夫逐渐丰满立体起来。

3. 人有爱人、推己及人的能力

"仁者爱人"堪称关于"仁"的众多解释中最简洁、最流行、最常被引用的一句。在儒家看来,"爱人"是"修己"的自然延伸,"修己"、"成己"只是体仁道合天道的第一步,人在修己之后,还应突破对自身的关注,使自己内在的思想品质发挥出社会影响,去爱护他人、关心他人、成就他人、做对社会有益的事。在儒家视野中,"仁者爱人"的过程就是通过道德实践活动展现人生意义的过程,《论语·宪问》记载的一段孔子与子路的对话就鲜明地表达了这层意思:"子路问君子。子曰:'修己以敬。'曰:'如斯而已乎?'曰:'修己以安人。'曰:'如斯而已乎?'曰:'修己以安百姓'。"《大学》也说:"致知在格物。物格而后知至,知至而后意诚,意诚而后心正,心正而后身修,身修而后家齐,家齐而后国治,国治而后天下平。"可见,由"修己"而达致"安人"、"安百姓",由"修身"而达致"齐家"、"治国"、"平天下",即内圣外王才是儒家完整的奋斗目标,"内圣"就是"修身",而"外王"本书理解其实质就是"爱人"。

"仁者爱人"简而言之就是要施爱于人。"仁者爱人"的"爱"是层层外推之爱,是"爱有差等"之爱。儒家认为父母子女之情基于血缘而产生,是人世间最自然、最深沉、最真挚的情感,是"仁爱"的基础,即谓:"孝弟也者,其为仁之本与!"①由爱父母、兄弟出发,推而广之也要爱其他人,例如,《论语·学而》曰:"弟子入则孝,出则悌,谨而信,泛爱众,而亲仁。"《孟子·梁惠王上》曰:"老吾老,以及人之老;幼吾幼,以及人之幼。"《孟子·尽心上》曰"亲亲而仁民,仁民而爱物。"这些讲的都是爱有差等、施由亲始、由近及远这层意思。关于推己及人的具体方法,《论语》将其概括为"忠恕之道",

---

① 杨伯峻. 论语译注[M]. 论语·学而. 北京:中华书局,1980.2.

即"己欲立而立人,己欲达而达人"①的"忠"和"己所不欲,勿施于人"②的"恕",实际上,"忠恕之道"用今天的话来讲就是同情心和同理心,这是"仁爱"的心理动因。

儒家之所以以"爱人"来规定"仁",一方面在于儒家尊重人,把人看作是目的而不是工具;另一方面在于儒家将人理解成社会关系中的人,认为人只有在社会关系中才能确立自己、定位自己,特别强调个体行为的社会影响和社会意义。儒家认为人是群体中的一员,离群索居没有出路,即"离居不相待则穷"③,只有"合群体性"才能充分体现人的优越性,即谓:"(人)力不若牛,走不若马,而牛马为用,何也? 曰:人能群,彼不能群也。"④由此,生活在群体、受益于群体中的人理应"爱人",为群体做贡献。这样一种对"人"的理解是儒家主张"爱人"、推己及人的根本原因,也是儒家与那些独善其身的隐者最大的不同。孔子使"老者安之,朋友信之,少者怀之"⑤的理想,孟子"得志,泽加于民;不得志,修身见于世"⑥、"乐以天下,忧以天下"⑦的主张,都是儒家"仁者爱人"思想的表达。总之,道德修养不仅仅是道德思想的培养,更是对社会道德原则和规范的践履,这正如《荀子·修身》所说:"体恭敬而心忠信,术礼义而情爱人,横行天下,虽困四夷,人莫不贵。劳苦之事则争先,饶乐之事则能让,端悫诚信,拘守而详,横行天下,虽困四夷,人莫不任。"

① 杨伯峻.论语译注[M].论语·雍也.北京:中华书局,1980.65.
② 杨伯峻.论语译注[M].论语·颜渊.北京:中华书局,1980.123.
③ 张觉.荀子校注[M].荀子·富国.长沙:岳麓书社,2006.105.
④ 张觉.荀子校注[M].荀子·王制.长沙:岳麓书社,2006.95.
⑤ 杨伯峻.论语译注[M].论语·公冶长.北京:中华书局,1980.52.
⑥ [战国]孟轲(著),万丽华(译注).孟子[M].孟子·尽心上.北京:中华书局,2006.291.
⑦ [战国]孟轲(著),万丽华(译注).孟子[M].孟子·梁惠王下.北京:中华书局,2006.29.

结　语

美国学者陈荣捷曾指出："人文主义的倾向早在孔子之前就已显露出来,但是只有孔子才把它转变为中国哲学中的最强大的动力。"①"人"始终是先秦儒学进行理论架构的中心和目的。先秦儒家不仅充分肯定了人作为生命体在自然界中的价值,例如孔子赞许"天生万物,唯人为贵"②的观点;孟子以人有仁义礼智四端为由,认为人性优于兽性;荀子更旗帜鲜明地提出"水火有气而无生,草木有生而无知,禽兽有知而无义;人有气、有生、有知,亦且有义,故最为天下贵也"③的思想。而且儒家在思考天、命、鬼、神时的出发点和落脚点也都是"人",都围绕完善人、提升人而展开,以人文精神来理解天、命、鬼神、祭祀。可见,在儒家视野中,与现实中自然事物相比,人最为尊贵;与观念中超自然的力量相比,人是中心和目的,关于这一点,宋儒陆九渊说得好:"天地人三才等耳,人岂可轻? 人字又岂可轻?"这样一种对人的生命价值的关切和对人存在地位的肯定,挺立起了中华民族在世上生存发展的信心,从心灵层面拓展了中华民族自我发展完善的空间,成为中华民族不畏艰险、积极向上、自强不息的动力之源,为中华民族精神激励系统的建构提供了逻辑起点。

自信是自强不息、锐意进取的起点,但是要取得现实效果,仅有自信心是不够的,人还必须具备实实在在的能力。因此,先秦儒学为构建激励系统所设立的逻辑上的第二环就是肯定人的能力。儒家认为,人有学习的能力、克己的能力、爱人以及推己及人的能力,儒家的这种思想就为中华民族自我完善、发展指明了路径,两千年来熏陶浸染着中国人的精神世界,不仅在自强不息的精神中,而且几乎在中华民族精神的每一种具体精神中几乎

---

① ［美］陈荣捷.孔子人文主义导言［J］.中国哲学研究,1983(4).
② 严北溟、严捷译注.列子译注［M］.列子·天瑞.上海:上海古籍出版社,1986.10.
③ 张觉.荀子校注［M］.荀子·王制.长沙:岳麓书社,2006.95.

都能发现这三种能力的影子。例如,正是因为注重学习、善于学习,所以我们中华民族才没有故步自封,而是具有了包容开放的胸怀和气度,自强不息才不至于成为空想;正是因为发扬了克己的精神,我们中华民族才具备了吃苦耐劳、勤俭节约、坚忍不拔的勇气和毅力,才可能涌现出一批批舍小我为大我、舍小家为大家的志士仁人;正是因为中华民族普遍认同爱人、推己及人的观念,所以我们中国社会虽历经风雨和磨难,却始终没有分崩离析,而是愈来愈有凝聚力。

儒家的上述思想挺立起了人的信心,彰显了人的能力,可以说,这就为中华民族自强不息做好了准备,提供了保障,夯实了中华民族精神激励系统的基础。既然提到激励,那必然就有一个激励的方向和目标问题,儒家思想为中华民族指明的奋斗方向是什么呢? 就儒家学说的特点来看,它为中华民族设计的发展方向主要有两个:一个就是激励中华民族成为一个重仁义、讲礼仪的有道德感的民族;另一就是激励中华民族成为一个重群体、重社会效益的合群体性的民族。对这两个方向的具体论述是本书第四章"先秦儒学对中华民族精神教化系统的培育"和第五章"先秦儒学对中华民族精神协调系统的培育"的主要内容。

第四章 先秦儒学对中华民族
精神教化系统的培育

中华民族精神的教化系统解决的主要问题是激励中华民族使之成为重仁义、讲礼仪的有道德感的民族。中华民族精神教化系统的建构,从逻辑上来讲,首先应以承认中华民族可教为起点,进而逐渐深入到如何教、教什么、教的目标等问题。先秦儒学为培育中华民族精神的教化系统做出了重要理论贡献,其"圣人可学"的思想解决了"可教"、"如何教"、"教的目的"等问题,为中华民族精神教化系统奠定了理论根基;而其"仁、义、礼"的思想见解则为中华民族精神教化系统提供了教化纲目。

一、圣人可学——教化系统的理论根基

"圣人可学"的基本含义是指"圣人"这种至高的人格境界可以通过后天的努力学习来达到,并非高不可攀。这个命题也为"学"指出了最高目标,即学就是要学以致圣人。据《宋史》卷 427 记载,理学家程颐在回答胡瑗所提"颜子所好何学"时,详细阐释了"圣人可学"的道理,"颐因答曰:学以至圣人之道也。圣人可学而至欤? 曰:然。……学之道,必先明诸心,知所养;然后力行以求至,……此其好之笃,学之得其道也。然圣人则不思而得,不勉而中;颜子则必思而后得,必勉而后中。其与圣人相去一息,所未至者守之也,非化之也。以其好学之心,假之以年,则不日而化矣。后人不达,以谓圣本生知,非学可至,而为学之道遂失。"除程颐之外,理学家周敦颐也曾明确对"圣人可学"予以认可。实际上,"圣人可学"这一名词虽由周

敦颐、程颐明确加以阐释,但却并非他们的一家之言,而是儒家的一贯立场。从先秦开始,儒家便肯定了人有自我完善、自我发展的能力,认为通过自身努力,人可以在思想道德水平上达到较高的境界,例如,孔子讲"为仁由己"①,孟子认为"人皆可以为尧、舜……子服尧之服,诵尧之言,行尧之行,是尧而已矣。子服桀之服,诵桀之言,行桀之行,是桀而已矣。"②荀子明确提出:"圣人者,道之极也。故学者,固学为圣人也,非特学为无方之民也。"③《礼记·学记》也说"玉不琢,不成器;人不学,不知道。是故古之王者建国君民,教学为先。"儒家之所以能够形成"圣人可学"的看法,根源于儒家对于人性的认识,正是因为人性在儒家心目中经由后天的努力可以变化,所以教化才有可能和必要。

1. 性相近,习相远

子曰:"性相近也,习相远也。"④孔子认为除"上知与下愚不移"以外,其他人的人性都相近,并且可以通过后天的习染来改变自身的能力和品格。这就是《论语》所讲的:"博学而笃志,切问而近思,仁在其中矣"⑤,"百工居肆以成其事,君子学以致其道。"⑥可见,孔子充分肯定了后天学习的作用,这就为人的境界提升在理论上铺平了道路。

以《论语》为依据,孔子对人性与学习关系的认识,大致包括以下三个层面:

第一,学习具有重要意义,所谓"好仁不好学,其蔽也愚;好知不好学,其蔽也荡;好信不好学,其蔽也贼;好直不好学,其蔽也绞;好勇不好学,其蔽也乱;好刚不好学,其蔽也狂。"⑦

---

① 杨伯峻. 论语译注[M]. 论语·颜渊. 北京:中华书局,1980. 123.
② [战国]孟轲(著),万丽华(译注). 孟子[M]. 孟子·告子下. 北京:中华书局,2006. 265.
③ 张觉. 荀子校注[M]. 荀子·礼论. 长沙:岳麓书社,2006. 236.
④ 杨伯峻. 论语译注[M]. 论语·阳货. 北京:中华书局,1980. 181.
⑤ 杨伯峻. 论语译注[M]. 论语·子张. 北京:中华书局,1980. 200.
⑥ 杨伯峻. 论语译注[M]. 论语·子张. 北京:中华书局,1980. 200.
⑦ 杨伯峻. 论语译注[M]. 论语·阳货. 北京:中华书局,1980. 184.

第二,学习的态度不同,学习的主动性不同导致了学习效果的差异,导致了人之境界的高下之分。孔子认为自己之所以能比一般人懂得多一些,根本原因在于自己爱好学习、善于学习,在《论语·子张》中孔子的弟子曾这样评价自己的老师:"卫公孙朝问于子贡曰:'仲尼焉学?'子贡曰:'文武之道,未坠于地,在人。贤者识其大者,不贤者识其小者,莫不有文武之道焉,夫子焉不学,而亦何常师之有?'"可见,孔子正因为好学才得以常为人师,他以自身经历为弟子和世人做出了榜样。

第三,孔子为促进学习,对学习内容、学习方法和教学方法作了探讨,为人的境界提升进一步指明了道路。在学习内容上,主要指学习古代文献和礼仪制度,如孔子讲"不学诗,无以言……不学礼,无以立"①,"博学于文,约之以礼,亦可以弗畔矣夫!"②在学习方法上,一方面主张将"学"与"行"相结合,"行"甚至比单纯的学习理论知识更重要,如孔子曰:"行有余力,则以学文。"③另一方面主张将"学"与"思"相结合,"学"与"问"相结合,要立足自身进行扎扎实实的努力,例如,孔子讲"学而不思则罔,思而不学则殆"④,"敏而好学,不耻下问"⑤,"不怨天,不尤人,下学而上达"⑥,"君子食无求饱,居无求安,敏于事而慎于言,就有道而正焉,可谓好学也已"⑦,等等。在教学方法上,孔子提出了"有教无类"、"因材施教"的主张。总之,正是因为孔子认为大多数人的人性可以通过后天学习而改变,而学习的主动权掌握在人的手中,主要依赖于后天的努力,所以孔子才自信地说:"为仁由己。"⑧

---

① 杨伯峻.论语译注[M].论语·季氏.北京:中华书局,1980.178.
② 杨伯峻.论语译注[M].论语·颜渊.北京:中华书局,1980.129.
③ 杨伯峻.论语译注[M].论语·学而.北京:中华书局,1980.5.
④ 杨伯峻.论语译注[M].论语·为政.北京:中华书局,1980.18.
⑤ 杨伯峻.论语译注[M].论语·公冶长.北京:中华书局,1980.47.
⑥ 杨伯峻.论语译注[M].论语·宪问.北京:中华书局,1980.156.
⑦ 杨伯峻.论语译注[M].论语·学而.北京:中华书局,1980.9.
⑧ 杨伯峻.论语译注[M].论语·颜渊.北京:中华书局,1980.123.

《论语》中孔子论人性虽然只有一句："性相近也，习相远也"①，但是这一句话却非常重要，它奠定了儒家在人性问题上重视后天习染的基调和框架。同时，孔子没有明言相近之性是善还是恶，这又为后继儒者的理论拓展留下了余地。

2. 性善论——存心养性

"孟子道性善，言必称尧、舜"②，孟子将人作为"类"来考察，将普通人与"圣人"作类比，即"麒麟之于走兽，凤凰之于飞鸟，泰山之于丘垤，河海之于行潦，类也。圣人之于民，亦类也。"③进而依据"凡同类者，举相似也"④得出"我"与圣人同类，"我"与圣人一样都具有善性的结论。与圣人同类的这种人性之善在孟子视野中不仅人人都有，而且是天赋的，孟子称之为仁、义、礼、智四端，孟子对此十分重视，将之看作是人与动物的根本区别，即谓"人之所以异于禽兽者几希，庶民去之，君子存之"⑤，"无恻隐之心，非人也；无羞恶之心，非人也；无辞让之心，非人也；无是非之心，非人也。"⑥

孟子认为人虽然有天赋的善端，但是这些善端只说明人有向善的可能，即谓"乃若其情，则可以为善矣，乃所谓善也。若夫为不善，非才之罪也。"⑦如果想把可能的善端发展成现实的善性，还需要人们悉心养护、将善端扩而充之，这样才能真正成为道德意义上的人，即谓"凡有四端于我者，知皆扩而充之矣，若火之始然，泉之始达。苟能充之，足以保四海；苟不充之，不足以事父母。"⑧如果不注意保养和扩充善端，那么尚处于萌芽状态、十分脆弱的善端就会失去，人便会迷失本性。在《孟子·告子上》中孟子以

① 杨伯峻.论语译注[M].论语·阳货.北京:中华书局,1980.181.
② [战国]孟轲(著),万丽华(译注).孟子[M].孟子·滕文公上.北京:中华书局,2006.100.
③ [战国]孟轲(著),万丽华(译注).孟子[M].孟子·公孙丑上.北京:中华书局,2006.59.
④ [战国]孟轲(著),万丽华(译注).孟子[M].孟子·告子上.北京:中华书局,2006.247.
⑤ [战国]孟轲(著),万丽华(译注).孟子[M].孟子·离娄下.北京:中华书局,2006.178.
⑥ [战国]孟轲(著),万丽华(译注).孟子[M].孟子·公孙丑上.北京:中华书局,2006.69.
⑦ [战国]孟轲(著),万丽华(译注).孟子[M].孟子·告子上.北京:中华书局,2006.245.
⑧ [战国]孟轲(著),万丽华(译注).孟子[M].孟子·公孙丑上.北京:中华书局,2006.69.

"牛山之美"作比喻来讲述这个道理,即谓"牛山之木尝美矣,以其郊于大国也,斧斤伐之,可以为美乎? 是其日夜之所息,雨露之所润,非无萌蘖之生焉,牛羊又从而牧之,是以若彼濯濯也。人见其濯濯也,以为未尝有材焉,此岂山之性也哉? 虽存乎人者,岂无仁义之心哉? 其所以放其良心者,亦犹斧斤之于木也,旦旦而伐之,可以为美乎?"正因为孟子认为善端需要养护和扩充,所以他的性善论才既是理想的又是理性的。在天赋善性之下孟子的性善论依然为人的主观能动性的发挥、为后天的教养留下了较大的空间。

那么如何发挥人的主观能动性保养和扩充善端呢? 从《孟子》一书来看,大致有两条路径,第一种路径就是向自己的本心学习,反求诸己,孟子曰:"万物皆备于我矣。反身而诚,乐莫大焉。强恕而行,求仁莫近焉。"①这是孟子所主张的修身养性的主导路径,是孟子思想的特色。在这条路径上,孟子主要讲了四种方法:第一种是尽心知性、存心养性,孟子曰:"尽其心者,知其性也。知其性,则知天矣。存其心,养其性,所以事天也。夭寿不贰,修身以俟之,所以立命也。"②又说:"君子所以异于人者,以其存心也。君子以仁存心,以礼存心。"③第二种方法就是寡欲,所谓"养心莫善于寡欲。其为人也寡欲,虽有不存焉者,寡矣;其为人也多欲,虽有存焉者,寡矣。"④第三种方法是"求放心",良心失去称作"放心",把失去的良心找回来叫做"求放心",孟子曰:"学问之道无他,求其放心而已矣。"⑤第四种方法是"存夜气",孟子所说的"夜气"就是指人在夜深人静之时的良心发现,孟子认为:"其日夜之所息,平旦之气,其好恶与人相近也者几希,则其旦昼之所为,有梏亡之矣。梏之反覆,则其夜气不足以存。夜气不足以存,则其违禽兽不远矣。"⑥实际上,后三种方法都以第一种方法为旨归,都是第一种方法

① [战国]孟轲(著),万丽华(译注).孟子[M].孟子·尽心上.北京:中华书局,2006.289.
② [战国]孟轲(著),万丽华(译注).孟子[M].孟子·尽心上.北京:中华书局,2006.288.
③ [战国]孟轲(著),万丽华(译注).孟子[M].孟子·离娄下.北京:中华书局,2006.185.
④ [战国]孟轲(著),万丽华(译注).孟子[M].孟子·尽心上.北京:中华书局,2006.338.
⑤ [战国]孟轲(著),万丽华(译注).孟子[M].孟子·告子上.北京:中华书局,2006.254.
⑥ [战国]孟轲(著),万丽华(译注).孟子[M].孟子·告子上.北京:中华书局,2006.249.

尽心知性和存心养性的拓展。由于孟子将向本心学习、反求诸己作为修身养性的主要路径,所以孟子的修养方法在人们眼中显得简便易行,从而促使更多的人产生对理想人格的追求,"所以考其善不善者,岂有他哉? 于己取之而已矣。"①

第二条路径向外学习,注意环境影响和后天教育。孟子在注重"内求"的同时,也没有忽视外在影响,例如孟子举例说:"富岁,子弟多赖;凶岁,子弟多暴。非天之降才尔殊也,其所以陷溺其心者然也。"②广为流传的"孟母三迁"的故事,讲的也是后天环境对人成长的重要性。孟子还充分肯定了三代以来学校教育的意义,认为这是明人伦的重要手段,他说:"设为庠序学校以教之。庠者,养也。校者,教也。序者,射也。夏曰校,殷曰序,周曰庠;学则三代共之,皆所以明人伦也。"③他认为一个国家要想繁荣昌盛,最重要的不是城墙、兵甲、土地和财产,而是人民的教养,所谓"城郭不完,兵甲不多,非国之灾也;田野不辟,货财不聚,非国之害也。上无礼,下无学,贼民兴,丧无日矣。"④

3. 性恶论——化性起伪

"人之性恶,其善者伪也。"⑤"性"和"伪"是荀子人性论中最重要的两个概念,在荀子眼中,"性"乃"天之就也,不可学,不可事"⑥,饥而欲饱、寒而欲暖、劳而欲休、目好色、耳好声、口好味、心好利、骨体肤理好愉快等,都属于人性的范畴,这是从自然本能的角度来理解人性。荀子认为"从人之性,顺人之情,必出于争夺,合于犯分乱理,而归于暴"⑦,他由此得出"人性恶"的结论。与"性"相对,荀子将师法之化、礼义之道等后天的教化手段称

---

① [战国]孟轲(著),万丽华(译注).孟子[M].孟子·告子上.北京:中华书局,2006.256.
② [战国]孟轲(著),万丽华(译注).孟子[M].孟子·告子上.北京:中华书局,2006.247.
③ [战国]孟轲(著),万丽华(译注).孟子[M].孟子·滕文公上.北京:中华书局,2006.105.
④ [战国]孟轲(著),万丽华(译注).孟子[M].孟子·离娄上.北京:中华书局,2006.145.
⑤ 张觉.荀子校注[M].荀子·性恶.长沙:岳麓书社,2006.293.
⑥ 张觉.荀子校注[M].荀子·性恶.长沙:岳麓书社,2006.295.
⑦ 张觉.荀子校注[M].荀子·性恶.长沙:岳麓书社,2006.294.

之为"伪",他认为通过师法之化、学习礼义之道,可以改变人性,使人的行为"出于辞让,合于文理,而归于治"①,这就是荀子所说的"化性起伪"。"性"与"伪"之间的关系用一句话概括便是:"无性,则伪之无所加;无伪,则性不能自美。"②较之孟子,荀子强调的是人性由恶至善的动态转化过程,因而更看重后天习得,用荀子的话讲就是"积",对于"积"的重要性,荀子指出:"积土而为山,积水而为海,旦暮积谓之岁,至高谓之天,至下谓之地,宇中六指谓之极,涂之人百姓积善而全尽谓之圣人。彼求之而后得,为之而后成,积之而后高,尽之而后圣。故圣人也者,人之所积也。"③

那么如何来"积"呢?"积"首先来自于环境的熏陶浸染。荀子认为,后天环境的熏陶对人性重塑具有重要意义,人性会随着周围社会环境、文化环境的改变而发生改变,所谓"居楚而楚,居越而越,居夏而夏"④"习俗移质,安久移志。"⑤荀子又以生动的比喻来阐述环境的重要性,曰:"南方有鸟焉,名曰蒙鸠,以羽为巢,而编之以发,系之苇苕,风至苕折,卵破子死。巢非不完也,所系者然也。西方有木焉,名曰射干,茎长四寸,生于高山之上,而临百仞之渊。木茎非能长也,所立者然也。蓬生麻中,不扶而直;白沙在涅,与之俱黑。兰槐之根是为芷,其渐之滫,君子不近,庶人不服。其质非不美也,所渐者然也。故君子居必择乡,游必就士,所以防邪辟而近中正也。"⑥

"积"更重要的途径是来自于学习和教育,《荀子》开宗明义的第一篇便是《劝学》。荀子认为"学"的意义非常重大,"学"可以增进人的智力、改变人的境域、提升人的境界,使"暴悍勇力之属为之化而愿,旁辟曲私之属为之化而公,矜纠收缭之属为之化而调"⑦。在荀子看来,这是帮助人成为士、

---

① 张觉.荀子校注[M].荀子·性恶.长沙:岳麓书社,2006.294.
② 张觉.荀子校注[M].荀子·礼论.长沙:岳麓书社,2006.242.
③ 张觉.荀子校注[M].荀子·儒效.长沙:岳麓书社,2006.80.
④ 张觉.荀子校注[M].荀子·儒效.长沙:岳麓书社,2006.80.
⑤ 张觉.荀子校注[M].荀子·儒效.长沙:岳麓书社,2006.80.
⑥ 张觉.荀子校注[M].荀子·劝学.长沙:岳麓书社,2006.3.
⑦ 张觉.荀子校注[M].荀子·议兵.长沙:岳麓书社,2006.185.

君子、乃至圣人的最重要的途径,即谓:"我欲贱而贵,愚而智,贫而富,可乎? 曰:其唯学乎。彼学者:行之,曰士也;敦慕焉,君子也;知之,圣人也。上为圣人,下为士、君子,孰禁我哉?"①反之,人如果"纵性情而不足问学,则为小人矣。"②关于学习的内容,荀子认为一个总的宗旨就是:"学者,固学为圣人也,非特学为无方之民也。"③具体而言应该诵经、读礼、以圣王为师、以圣王之制为法。而且,荀子所说的学习内容很广泛,不仅要学习书本知识,更应把学到知识付诸"行",在"行"中学,因为荀子认为:"不闻不若闻之,闻之不若见之,见之不若知之,知之不若行之。学至于行之而止矣。行之,……本仁义,当是非,齐言行,不失豪厘,无它道焉,已乎行之矣。故闻之而不见,虽博必谬;见之而不知,虽识必妄;知之而不行,虽敦必困。"④学习离不开引导人学习的老师,"干、越、夷、貉之子,生而同声,长而异俗,教使之然也"⑤,因此荀子对"师法"也非常重视,他说:"有师法者,人之大宝也;无师法者,人之大殃也。人无师法,则隆性矣;有师法,则隆积矣。"⑥"圣人可学"在荀子这里达到了淋漓尽致的境界。

总之,"生之所以然"、"不事而自然"的"本始材朴"之性,虽然生而具有、非人力所能为,但通过后天"积善不息",可以发生质的变化,由恶变善,即谓:"涂之人可以为禹……凡禹之所以为禹者,以其为仁义法正也。然则仁义法正有可知可能之理,然而涂之人也,皆有可以知仁义法正之质,皆有以能仁义法正之具……今使涂之人者,以其可以知之质,可以能之具,本夫仁义之可知之理,可能之具,然则其可以为禹明矣。今使涂之人伏术为学,专心一志,思索孰察,加日县久,积善而不息,则通于神明,参于天地矣。"⑦这是荀子人性理论的重点。

① 张觉.荀子校注[M].荀子·儒效.长沙:岳麓书社,2006.69.
② 张觉.荀子校注[M].荀子·儒效.长沙:岳麓书社,2006.81.
③ 张觉.荀子校注[M].荀子·礼论.长沙:岳麓书社,2006.236.
④ 张觉.荀子校注[M].荀子·儒效.长沙:岳麓书社,2006.79.
⑤ 张觉.荀子校注[M].荀子·劝学.长沙:岳麓书社,2006.2.
⑥ 张觉.荀子校注[M].荀子·儒效.长沙:岳麓书社,2006.79.
⑦ 张觉.荀子校注[M].荀子·性恶.长沙:岳麓书社,2006.301.

二、仁、义、礼——教化系统的主干内容

"圣人可学",学什么? 在先秦儒家看来,最核心的就是学仁、学义、学礼,正如荀子所说:"君子处仁以义,然后仁也;行义以礼,然后义也;制礼反本成末,然后礼也。三者皆通,然后道也。"[1]学的目标是什么? 就是提高道德境界,成就理想人格,也就是要成"人"、成"君子",乃至成"圣人"。

1. 仁者人也

《中庸》引孔子言曰:"仁者,人也。"孔子以"仁"来界定的人的本质,将"仁"作为人之为人的根据,孔子认为只有具备了"仁"德,才能称得上是完善的人,这是孔子在伦理道德意义上将人对象化,从价值分析而非实证分析的角度得出的结论。在孔子视野中,"仁对于人"比"生命对于人"的意义还要重大,子曰:"志士仁人,无求生以害仁,有杀生以成仁。"[2]孔子在主张培养以"仁"为特征的道德人格时,并没有忽视人的外在修饰,他认为人除应有"仁"之质外,也应该风度翩翩、谈吐文雅、多才多艺,即谓"文质彬彬,然后君子。"[3]但是,"文"与"质"相比,孔子更看重的是"质",他说:"如有周公之才之美,使骄且吝,其余不足观也已。"[4]又说:"色厉而内荏,譬诸小人,其犹穿窬之盗也与?"[5]孟子和荀子两位大儒作为孔子的后继,尽管对人性的论证方式和角度不同,但都以仁德来规定人的本质。这一点,孟子主性善自不必多言;荀子虽主性恶,但并没有止于性恶,他所津津乐道的是"化性起伪"以变恶为善,这仍是以仁德作为人之为人的根据。《孟子》中有

① 张觉. 荀子校注[M]. 荀子·大略. 长沙:岳麓书社,2006. 353.
② 杨伯峻. 论语译注[M]. 论语·卫灵公. 北京:中华书局,1980. 163.
③ 杨伯峻. 论语译注[M]. 论语·雍也. 北京:中华书局,1980. 61.
④ 杨伯峻. 论语译注[M]. 论语·泰伯. 北京:中华书局,1980. 82.
⑤ 杨伯峻. 论语译注[M]. 论语·阳货. 北京:中华书局,1980. 187.

158 次提到"仁",《荀子》子中有 133 处提到"仁",可见他们对"仁"的重视。除孟、荀外,后世儒者也都以"仁"作为人生的最高追求,把实现仁德看作是成人的标志,如朱熹曰:"学者须是求仁"①,"圣人亦只教人求仁。"②陈淳讲:"孔门教人,求仁为大。只专言仁,以仁含万善,能仁则万善在其中矣。"③《罗近溪先生明道录》记载明代罗汝芳也曾说:"孔门宗旨只在求仁。"可见,在儒家看来,只有符合"仁"这一本质,才可以说成为了真正意义上的人,获得"仁"道的人才是一种崇高的存在。

孔子本天道而言人道,讲究"下学而上达",意思是下学人道即可上达天道,而"人道"用一句话简明概括就是人通往"仁"这一价值目标的道路。求"仁"的道路是永无休止的,这是一个追求人生至高境界、不断以仁来充实自己的无止境的过程。"仁"对人来说不是瞬时性的概念、不是一蹴而就的事情,而是须臾不可离的,即谓:"君子无终食之间违仁,造次必于是,颠沛必于是。"④要追求"仁"道,一方面需要极大的勇气、毅力和恒心,所谓"仁者先难而后获"⑤,颜渊正是因为在求"仁"的路上"见其进也,未见其止也"⑥而深得孔子赞赏;要追求"仁"道,另一方面要对"仁"有正确的理解并以有正确方式去求,这些理解和方式就是孔子所主张的"仁者爱人"、"克己复礼为仁"、"见贤思齐、见不贤而内省"、"忠恕之道"等等;就是孟子眼中的"反求诸己"、"尽心知性"、"存心养性"、"求放心"、"存夜气"等等;就是荀子视野中的以礼来"化性起伪"、"学至于行而止"等等。由于"仁者人也"的相关内容在前面的章节中也多次涉及,因此本小节仅提纲挈领、点到为止,不再赘述。

总之,先秦儒家对人的思索不是肤浅的,而是已经深入到本质层面。儒家将人在伦理道德意义上对象化,按照善的原则对人进行重新塑造,并

① [宋]黎靖德. 朱子语类[M]. 卷六. 北京:中华书局,1986. 113.
② [宋]黎靖德. 朱子语类[M]. 卷六. 北京:中华书局,1986. 113.
③ [宋]陈淳(著),熊国桢(点校). 北溪字义[M]. 仁义礼智信. 北京:中华书局,1983. 25.
④ 杨伯峻. 论语译注[M]. 论语·里仁. 北京:中华书局,1980. 36.
⑤ 杨伯峻. 论语译注[M]. 论语·雍也. 北京:中华书局,1980. 61.
⑥ 杨伯峻. 论语译注[M]. 论语·子罕. 北京:中华书局,1980. 93.

希图通过自身的理论宣传为现实中的人树立起道德楷模,希望人能效仿之、接近之,即修己、成己、成人,在此意义上,儒家可谓道德实践哲学。这种道德实践哲学是鼓励人奋发进取的人生哲学,千百年来陶冶着中华民族的心灵,将中华民族锤炼成注重道德修养的民族。

2.居仁由义

《中庸》曰:"义者,宜也","义"简而言之就是道德主体在具体行事时依据"仁"所做得应当、应该、应为之判断,是经过反思后形成的自觉意识。《论语》中虽经常提到"义",也谈到过"义"的作用,如孔子曰:"君子之于天下也,无适也,无莫也,义之与比"①,并给予"义"以很高的评价,即谓"君子义以为上"②、"君子义以为质"③,但尚未对"仁"与"义"的关系做出说明。这一点,在孟子那里得到弥补,《孟子》中用"心"与"路"、"宅"与"路"来比喻仁与义的关系,即谓"仁,人心也;义,人路也"④、"仁,人之安宅也;义,人之正路也"⑤,表达出"仁"这种天然朴素的情感需要以"义"来配合才能更好地发挥作用这层意思。后来,宋明理学家又用"体"和"用"这对范畴来表述"仁"与"义"的关系,以"仁"为体,以"义"为用,认为二者"体用一源,显微无间"。

对于"仁"之所以需要"义"来发明这个问题,朱熹和陈淳解释得很好,朱熹说:"仁虽似有刚直意,毕竟本是个温和之物,但出来发用时有许多般,须得是非、辞逊、断制三者,方成仁之事。"⑥陈淳曰:"义就心上论,则是心裁治决断处。义字乃裁断后字。裁断当理,然后得宜。凡事到面前,便须由剖判,是可是否。"⑦可见,"义"就是"仁"向具体的道德行为转化的枢纽,例

---

① 杨伯峻.论语译注[M].论语·里仁.北京:中华书局,1980.37.

② 杨伯峻.论语译注[M].论语·阳货.北京:中华书局,1980.190.

③ 杨伯峻.论语译注[M].论语·卫灵公.北京:中华书局,1980.166.

④ [战国]孟轲(著),万丽华(译注).孟子[M].孟子·告子上.北京:中华书局,2006.254.

⑤ [战国]孟轲(著),万丽华(译注).孟子[M].孟子·离娄上.北京:中华书局,2006.156.

⑥ [宋]黎靖德.朱子语类[M].卷六.北京:中华书局,1986.114.

⑦ [宋]陈淳(著),熊国桢(点校).北溪字义[M].仁义礼智信.北京:中华书局,1983.19.

如有仁心的人在"义"的引导下,在处理父子关系时就会表现为父慈子孝,在处理兄弟关系时就会表现为兄友弟恭,在处理夫妻关系时就会表现为夫妇和顺,等等。此外,"义"对一般行为还会起到矫枉过正的作用,这就是《韩诗外传》卷四所说的"爱由情出谓之仁,节爱理宜谓之义"①,例如,"勇"需要"义"来调节,即"君子有勇而无义为乱"②;"信"需要"义"来加强,即"信近于义,言可复也"③;"直"需要"义"作补充,即"质直而好义"④,等等。儒家十分重视"义",在儒家价值评判体系中,只要合于义,即使通常看来是降志辱身的行为在道德上也是被允许的,例如孔子对管仲的评价就是这样,在齐桓公杀死公子纠之后,原为公子纠之臣的管仲不仅没有随公子纠赴死,反而辅佐齐桓公,当时很多人都认为管仲的行为是失志变节,但孔子却从民族大义出发,认为"桓公九合诸侯,不以兵车,管仲之力也……管仲相桓公,霸诸侯,一匡天下,民到于今受其赐。微管仲,吾其被发左衽矣。岂若匹夫匹妇之为谅也,自经于沟渎而莫之知也?"⑤孔子由此称赞管仲"仁"。

总之,"仁"是善的出发点,是"义"的心理基础和理性依据;"义"则是判断善恶的杠杆,它使"仁"具体化,将仁德转化成具体的善行,并对人的行为进行调节,是"仁"的补充和引申,"仁"离开了"义","仁"就得不到落实,"义"离开了"仁","义"就是失去了根据。仁与义相依相济,相得益彰,仁义结合才能正确行事,正确判断是非善恶,所谓"仁者,义之本也"⑥,"义者,仁之断制"⑦,仁义结合,用《孟子·离娄上》的话讲就是"居仁由义"。

"居仁由义"即以"仁"为根本原则,按照"义"的指引去为人处世。在孟子关于道德的各种思想中,有两种品质最为中国人接受和认可,这就是

---

① [汉]韩婴(撰),许维遹(校释).韩诗外传集释[M].北京:中华书局,1980.153.

② 杨伯峻.论语译注[M].论语·阳货.北京:中华书局,1980.190.

③ 杨伯峻.论语译注[M].论语·学而.北京:中华书局,1980.8.

④ 杨伯峻.论语译注[M].论语·颜渊.北京:中华书局,1980.130.

⑤ 杨伯峻.论语译注[M].论语·宪问.北京:中华书局,1980.151.

⑥ 王文锦.礼记译解[M].礼记·礼运.北京:中华书局,2001.305.

⑦ [宋]黎靖德.朱子语类[M].卷六.北京:中华书局,1986.109.

孟子所倡导的"大丈夫"人格和"浩然之气",这两种品质对中国人的精神世界产生了深远影响,不仅是人们耳熟能详的词语,更是无数志士仁人在自我修养方面所孜孜追求的目标。而"大丈夫"的行事方式其核心内涵正是"居仁由义",孟子曰:"居天下之广居,立天下之正位,行天下之大道;得志,与民由之;不得志,独行其道。富贵不能淫,贫贱不能移,威武不能屈,此之谓大丈夫。"①这段话中的"居天下之广居"指的就是"居仁";"立天下之正位",指的就是"立礼";"行天下之大道",指的就是"行义"。对于"浩然之气",孟子更是明确指出其正是一点一点集"义"所得,有人请教孟子什么是浩然之气,孟子曰:"难言也。其为气也,至大至刚,以直养而无害,则塞于天地之间。其为气也,配义与道。无是,馁也。是集义所生者,非义袭而取之也。行有不慊于心,则馁矣。"②"居仁由义"这四个字在孟子视野中几乎可以概括人的全部道德践履,这正如孟子所说:"居仁由义,大人之事备矣。"③在孟子看来,"居仁由义"的最高境界就是"由仁义行,非行仁义"。"由仁义行"是一种高度自觉的道德行为,这时的"居仁由义"不是出于功利目的或迫于外在压力,而完全是道德主体自觉自愿的选择,以致达到了习惯成自然的境地。而对那些没有勇气承担道德义务和责任,做不到"居仁由义"的人,孟子斥之为"自暴自弃",孟子曰:"自暴者,不可与有言也;自弃者,不可与有为也。言非礼义,谓之自暴也。吾身不能居仁由义,谓之自弃也。"④

3. 重义轻利

在谈到"居仁由义"这个话题时,不能回避的一个问题就是义利关系问题。义与利是儒家哲学的一对重要范畴,朱熹曰:"义利之说,乃儒者第一

---

①　[战国]孟轲(著),万丽华(译注).孟子[M].孟子·滕文公下.北京:中华书局,2006.125.
②　[战国]孟轲(著),万丽华(译注).孟子[M].孟子·公孙丑上.北京:中华书局,2006.57.
③　[战国]孟轲(著),万丽华(译注).孟子[M].孟子·尽心上.北京:中华书局,2006.306.
④　[战国]孟轲(著),万丽华(译注).孟子[M].孟子·离娄上.北京:中华书局,2006.155.

义。"①对于"义"与"利"这两种不同的行为准则,儒家的基本观点是"以义制利"、"见利思义"、"见得思义"。这一点在先秦儒家的思想中表现得十分突出,例如,孔子讲"见小利,则大事不成"②、"放于利而行,多怨"③,并将能否正确处理义利关系,看作是君子和小人的分水岭,曰:"君子喻于义,小人喻于利。"④《孟子》开卷即是孟子与梁惠王的关于义利的对话,梁惠王见到孟子,说的第一句话便是"叟!不远千里而来,亦将有以利吾国乎?"孟子对曰:"王!何必曰利?亦有仁义而已矣。"⑤在治国方略上,《孟子》通篇所倡导的都是"怀利以相接,然而不亡者,未之有也……怀仁义以相接也,然而不王者,未之有也"⑥之类的主张,为避免利欲熏心,孟子还提出了"寡欲"的修身方法。荀子认为"先义而后利者荣,先利而后义者辱"⑦,他主张以礼来引导人的欲望、节制人的欲望,曰:"今人之性,生而有好利焉,顺是,故争夺生而辞让亡焉;生而有疾恶焉,顺是,故残贼生而忠信亡焉;生而有耳目之欲,有好声色焉,顺是,故淫乱生而礼义文理亡焉。然则从人之性,顺人之情,必出于争夺,合于犯分乱理,而归于暴。故必将有师法之化、礼义之道,然后出于辞让,合于文理,而归于治。"⑧后世董仲舒也说:"利以养其体,义以养其心。心不得义不能乐,体不得利不能安。义者心之养也,利者体之养也。体莫贵于心,故养莫贵于义,义之养生人大于利。"⑨总之,以"义"为旨归,将"利"统一到"义"的旗帜下,重义轻利,是儒家的基本价值取向。

先秦儒家在义利关系上的这种价值取向有三个突出特点:其一,并不是反对一切利,而只是反对与"义"相违背的利。孔、孟、荀都不讳言"利",

① [宋]朱熹.晦庵先生朱文公文集[M].与延平李先生书.北京:北京图书馆出版社,2006.5.
② 杨伯峻.论语译注[M].论语·子路.北京:中华书局,1980.139.
③ 杨伯峻.论语译注[M].论语·里仁.北京:中华书局,1980.38.
④ 杨伯峻.论语译注[M].论语·里仁.北京:中华书局,1980.39.
⑤ [战国]孟轲(著),万丽华(译注).孟子[M].孟子·梁惠王上.北京:中华书局,2006.2.
⑥ [战国]孟轲(著),万丽华(译注).孟子[M].孟子·告子下.北京:中华书局,2006.269.
⑦ 张觉.荀子校注[M].荀子·荣辱.长沙:岳麓书社,2006.29.
⑧ 张觉.荀子校注[M].荀子·性恶.长沙:岳麓书社,2006.293.
⑨ [唐]苏舆.春秋繁露义正[M].春秋繁露·身之养重于义.北京:中华书局,1992.263.

例如,孔子认为在治理民众时,首先应"富之",然后才是"教之",并说:"富而可求也,虽执鞭之士,吾亦为之。"①孟子在劝导齐宣王施以仁政时,也是建议先采取经济措施保障人民安居乐业,否则"惟救死而恐不赡,奚暇治礼义哉?"②对于正当利益,先秦儒家的态度是坦然接受,例如,孟子的学生公孙丑问孟子:"仁而不受禄,古之道乎?"孟子明确回答说:"非也。"荀子认为:"好利恶害,是君子、小人所同也,若其所以求之之道则异矣。"③可见,儒家处理义利关系的关键点不在于要不要"利"、要多大"利",而在于所要之"利"是否符合"义",正所谓:"欲利不为所非"④,"非其道,则一箪食不可受于人;如其道,则尧受舜之天下,不以为泰。"⑤在先秦儒家视野中,贫穷并不等于正义,富贵并不一定不"义",正所谓"邦有道,贫且贱焉,耻也;邦无道,富且贵焉,耻也。"⑥总之,"穷不失义,达不离道"才是儒家在义利问题上追求的境界,去一切利并非儒家的初衷,去非"义"之利才是儒家的目的。其二,在义利发生冲突时,先秦儒家认为"先义而后利者荣,先利而后义者辱。"⑦在二者不可得兼的情况下,要以"义"为先,即谓:"富与贵,是人之所欲也;不以其道得之,不处也。"⑧儒家认为人不仅应具备"不义富且贵,于我如浮云"的胸怀,甚至还要拿出"舍生而取义"的勇气,如孔子曰:"志士仁人,无求生以害仁,有杀身以成仁。"⑨孟子讲:"鱼,我所欲也,熊掌,亦我所欲也;二者不可得兼,舍鱼而取熊掌者也。生,亦我所欲也,义,亦我所欲也;二者不可得兼,舍生而取义者也。生亦我所欲,所欲有甚于生者,故不为苟得也;死亦我所恶,所恶有甚于死者,故患有所不辟也。"⑩舍生取义是

---

① 杨伯峻.论语译注[M].论语·述而.北京:中华书局,1980.69.
② [战国]孟轲(著),万丽华(译注).孟子[M].孟子·梁惠王上.北京:中华书局,2006.16.
③ 张觉.荀子校注[M].荀子·荣辱.长沙:岳麓书社,2006.30.
④ 张觉.荀子校注[M].荀子·不苟.长沙:岳麓书社,2006.19.
⑤ [战国]孟轲(著),万丽华(译注).孟子[M].孟子·藤文公下.北京:中华书局,2006.129.
⑥ 杨伯峻.论语译注[M].论语·泰伯.北京:中华书局,1980.82.
⑦ 张觉.荀子校注[M].荀子·荣辱.长沙:岳麓书社,2006.29.
⑧ 杨伯峻.论语译注[M].论语·里仁.北京:中华书局,1980.36.
⑨ 杨伯峻.论语译注[M].论语·卫灵公.北京:中华书局,1980.163.
⑩ [战国]孟轲(著),万丽华(译注).孟子[M].孟子·告子上.北京:中华书局,2006.252.

先秦儒家对其所倡导的义利观最坚决的贯彻。其三,儒家所讲的"义"另一个突出特点是不带有任何功利色彩,儒家认为"义"本身便具有独立的价值,不需要"利"来证明,这种思想后来被汉儒董仲舒所发挥,董仲舒曰:"夫仁人者,正其谊不谋其利,明其道不计其功,是以仲尼之门,五尺之童羞称五伯,为其先诈力而后仁谊也。"①这一点是儒家之"义"与墨家之"义"最大的不同,墨子虽然也讲义,但是却是从功利目的出发来讲,所谓:"天下有义则生,无义则死;有义则富,无义则贫;有义则治,无义则乱。"②

4. 即礼求仁

先秦儒家奉行即礼求仁的思路非常明显。"礼"字早在殷商卜辞中便已出现,原指敬神或祭祖的器物和仪式,《说文解字》释"礼"曰:"礼,履也,所以事神致福也。"及至西周,周人对原始的巫术礼仪制度进行总结和改革,使之进一步完备化、精致化,形成了蔚为大观的"周礼","周礼"是对西周礼乐制度、典章规范的总称,它对维系西周的社会稳定起到了十分重要的作用。但后来随着西周的没落,其礼乐制度也随之衰落,"僭礼"事件层出不穷,整个社会陷入了"礼崩乐坏"的混乱局面。孔子对这种情状十分痛心,他对西周时期有序的礼乐文化充满向往,宣称:"郁郁乎文哉! 吾从周。"③应该指出的是,孔子作为中国历史上一位伟大的思想家、教育家,他对周礼的追随绝非简单的效仿,而是对其进行文化创造,给其注入了更多的人文精神。这主要表现为两个方面:一方面,孔子广收门徒、有教无类,将"礼"作为重要的教育内容,改变了周礼"礼不下庶人,刑不上大夫"的局限性,扩大了"礼"的受众范围;另一方面,也是更为重要的方面,孔子将"礼"与自己思想的核心理念"仁"相结合,以"仁"来作为"礼"的本质,来规定"礼"。孔子曰:"礼云礼云,玉帛云乎哉? 乐云乐云,钟鼓云乎哉?"④言

---

① [汉]班固. 汉书[M]. 董仲舒传第二十六. 北京:中华书局,2007. 570.
② [清]孙诒让. 墨子间诂[M]. 墨子·天志上. 北京:中华书局,2001. 193.
③ 杨伯峻. 论语译注[M]. 论语·八佾. 北京:中华书局,1980. 28.
④ 杨伯峻. 论语译注[M]. 论语·阳货. 北京:中华书局,1980. 185.

下之意即是说礼并不仅仅指玉帛和钟鼓这些外在形式,而是包含着更为深刻的实质内容,例如,子曰:"居上不宽,为礼不敬,临丧不哀,吾何以观之哉?"①这句话所说的"宽""敬""哀"就分别是君臣上下之礼和丧礼所要表达的实质内容。再如,子曰:"能以礼让为国乎? 何有? 不能以礼让为国,如礼何?"②这里"让"就是"国之礼"的实质内容。而各种各样具体的"礼"所要展现的各种各样的美德,都可以用一个字来概括,那就是"仁",总之一句话"人而不仁,如礼何? 人而不仁,如乐何?"③既然"礼"和"仁"有如此密切的关系,于是孔子进一步将"复礼"、"学礼"、"守礼"直接与人的自我完善联系起来,把"克己复礼"看作是求"仁"之方,所谓:"克己复礼为仁。一日克己复礼,天下归仁焉。"④可以说,仁礼结合、以仁为质、纳"礼"于"仁"学视野并使之成为人综合修养的一部分,这是孔子"礼"论最重要的特点。

孟子在孔子的基础上,将"礼"进一步道德化,将其作为四德之一,较之"礼"的形式,孟子更强调"礼"的道德实质,即"仁"、"义"。孟子从内在心性的角度出发,同样重视"礼"的作用,视仁义为"礼"的本质,走出一条仁义礼结合的道路。孟子认为"礼"与"仁"、"义"都内在于人心,它们相辅相成,"礼"对于"仁"和"义"具有节制、文饰、补充的作用,即曰:"仁之实,事亲是也;义之实,从兄是也;……礼之实,节文斯二者是也。"⑤在成就理想人格的征途上,"仁"是心,"义"是路,"礼"则是门,正所谓:"仁,人心也;义,人路也"⑥"礼,门也。惟君子能由是路,出入是门也。"⑦因此在孟子看来,仁、义、礼对人的身心修养都是不可或缺的,孟子曰:"君子所以异于人者,以其存心也。君子以仁存心,以礼存心。仁者爱人,有礼者敬人。非仁无

① 杨伯峻. 论语译注[M]. 论语·八佾. 北京:中华书局,1980. 34.
② 杨伯峻. 论语译注[M]. 论语·里仁. 北京:中华书局,1980. 38.
③ 杨伯峻. 论语译注[M]. 论语·八佾. 北京:中华书局,1980. 24.
④ 杨伯峻. 论语译注[M]. 论语·颜渊. 北京:中华书局,1980. 123.
⑤ [战国]孟轲(著),万丽华(译注). 孟子[M]. 孟子·离娄上. 北京:中华书局,2006. 167.
⑥ [战国]孟轲(著),万丽华(译注). 孟子[M]. 孟子·告子上. 北京:中华书局,2006. 254.
⑦ [战国]孟轲(著),万丽华(译注). 孟子[M]. 孟子·万章下. 北京:中华书局,2006. 234.

为也,非礼无行也。"①而且,较之孔子,孟子将"礼"进一步道德化,更强调"礼"的道德实质,将"礼"作为四德之一,赋予"礼"更多的人性尊严。孟子"礼"学的这一特点,主要体现在以下五个方面:其一,"辞让之心,礼之端也"②,将"辞让之心"看作"礼"之端,通过人性善论证了"礼"存在的先天必然性。其二,孟子一方面肯定并尽量维护"礼"的等级性,如孟子曰:"人莫大焉亡亲戚君臣上下"③,另一方面也在一定程度上扩大了"礼之敬"的范围。孟子认为有身份、有地位的富贵者和年长者固然值得尊重,但有德性的人同样值得尊重,孟子曰:"天下有达尊三:爵一,齿一,德一。朝廷莫如爵,乡党莫如齿,辅世长民莫如德。"④并引曾子的话证明其观点:"彼以其富,我以吾仁;彼以其爵,我以吾义。吾何慊乎哉?"⑤其三,孟子认为"礼"要以"仁义"为旨归,一种行为是不是合礼,不应仅从形式上判断,而应透过现象看本质,以是否符合"仁义"为标准。如果"礼"在某种情况下违背"仁义",那就不应再恪守,而应予以权变。《孟子·离娄上》记载了一段淳于髡就"男女授受不亲"问"礼"于孟子的一段话,就鲜明了体现了孟子的这一主张:"淳于髡曰:'男女授受不亲,礼与?'孟子曰:'礼也。'曰:'嫂溺,则援之以手乎?'曰:'嫂溺不援,是豺狼也。男女授受不亲,礼也。嫂溺,援之以手者,权也'。"其四,孟子认为"礼"并非单方面的下级对上级的付出,而是双方互相尊重,是一种相互对待的行为。例如孟子曰:"古之贤王好善而忘势。古之贤士何独不然? 乐其道而忘人之势,故王公不致敬尽礼,则不得亟见之。见且由不得亟,而况得而臣之乎?"⑥孟子的这一观点挺立了"士"的独立人格。而且孟子认为,上下级地位并非一成不变,倘若上级行为不合"仁义",则不应该再享有尊贵的地位,即谓:"民为贵,社稷次之,君为轻。是故得乎丘民而为天子,得乎天子为诸侯,得乎诸侯为大夫。诸侯危社稷,

---

① [战国]孟轲(著),万丽华(译注).孟子[M].孟子·离娄下.北京:中华书局,2006.185.
② [战国]孟轲(著),万丽华(译注).孟子[M].孟子·公孙丑上.北京:中华书局,2006.69.
③ [战国]孟轲(著),万丽华(译注).孟子[M].孟子·尽心上.北京:中华书局,2006.307.
④ [战国]孟轲(著),万丽华(译注).孟子[M].孟子·公孙丑下.北京:中华书局,2006.78.
⑤ [战国]孟轲(著),万丽华(译注).孟子[M].孟子·公孙丑下.北京:中华书局,2006.78.
⑥ [战国]孟轲(著),万丽华(译注).孟子[M].孟子·尽心上.北京:中华书局,2006.291.

则变置。牺牲既成,粢盛既絜,祭祀以时,然而旱干水溢,则变置社稷。"①其五,孟子注重在以"礼"待人中的自我反省,他认为当别人不能以"礼"待己时,要多从自身找原因,检讨自己在待人接物中是否有过错,以此来促进自身道德修养的提高。即谓"有人于此,其待我以横逆,则君子必自反也:我必不仁也,必无礼也,此物奚宜至哉? 其自反而仁矣,自反而有礼矣,其横逆由是也,君子必自反也,我必不忠。"当然,这种自我反省不是一味地谦让,而是有一定的限度,即谓:"自反而忠矣,其横逆由是也,君子曰:'此亦妄人也已矣。'"②

与孔、孟相比,荀子"礼"的思想更加完备,重"礼"是其思想的显著特点。与孟子从内在心性的角度理解"礼"不同,荀子主要从人伦秩序、等级制度、社会规范的角度来理解"礼",所谓"礼,上事天,下事地,尊先祖而隆君师。是礼之三本也。"③荀子将"礼"视为道德之极,他说:"《礼》者,法之大分,类之纲纪也。故学至乎《礼》而止矣。夫是之谓道德之极。"④关于"礼"何以意义非凡的原因,荀子首先从性恶论出发寻找根据。他认为妨碍人道德水平提高的主要障碍来自于人欲望的泛滥,要避免这种状况,只有通过"礼"来节欲、导欲,使人遵循礼的规定,正所谓"礼起于何也? 曰:人生而有欲,欲而不得,则不能无求;求而无度量分界,则不能不争;争则乱,乱则穷。先王恶其乱也,故制礼义以分之,以养人之欲、给人之求,使欲必不穷乎物,物必不屈于欲,两者相持而长。是礼之所起也。"⑤其次,荀子推崇"礼"还源于荀子对人之生存方式的理解,荀子认为人的生存方式就是"群"与"分"的配合。"群"赋予人以生存的力量,即谓人"力不若牛,走不若马,而牛马为用,何也? 曰:人能群,彼不能群也。"⑥而"群"又建立在"分"的基础之上,"分"即差别,其形式多种多样,有长幼之"分"、有贵贱之"分"、有

① [战国]孟轲(著),万丽华(译注).孟子[M].孟子·尽心下.北京:中华书局,2006.324.
② [战国]孟轲(著),万丽华(译注).孟子[M].孟子·离娄下.北京:中华书局,2006.185.
③ 张觉.荀子校注[M].荀子·礼论.长沙:岳麓书社,2006.231.
④ 张觉.荀子校注[M].荀子·劝学.长沙:岳麓书社,2006.6.
⑤ 张觉.荀子校注[M].荀子·礼论.长沙:岳麓书社,2006.228.
⑥ 张觉.荀子校注[M].荀子·王制.长沙:岳麓书社,2006.95.

贤愚之"分",等等。而"礼"正是正确处理"群"与"分"之间关系的保障,因为"礼"作为伦理秩序和社会规范,它可以在保持人与人差别的同时对人与人之间的关系进行协调和维护,使"贵贱有等,长幼有差,贫富轻重皆有称者也"①,这样便可以使人各守其份、各安其职、各得其所,从而使社会秩序安顿、"群"和谐有序。即谓:"人何以能群?曰:分。分何以能行?曰:义。故义以分则和,和则一,一则多力,多力则强,强则胜物,故宫室可得而居也。故序四时,裁万物,兼利天下,无它故焉,得之分义也。故人生不能无群,群而无分则争,争则乱,乱则离,离则弱,弱则不能胜物;故宫室不可得而居也——不可少顷舍礼义之谓也。"②总之,荀子以"性恶论"和"群分论"为理论基础,从人类生存和发展的角度来论证礼之存在的必然性,将"礼"与人的道德水平的提高和社会的有序和谐紧密相连,由此得出行礼即履德的结论,即谓:"夫行也者,行礼之谓也。礼也者,贵者敬焉,老者孝焉,长者弟焉,幼者慈焉,贱者惠焉。"③又谓:"礼及身而行修,义及国而政明;能以礼挟而贵名白,天下愿,令行禁止,王者之事毕矣。"④

5. 理想人格——君子、圣人

理想人格是儒家为已达到做"人"基本标准的"人"在人格上所做得更高设计,用以表征一个人在"居仁由义行礼"以"修己"过程中"人化"的程度和道德人品所达到的高度。儒家旨在通过理想人格的设计来激励人、鼓舞人,使人在以仁、义、礼"修己"的道路上永不止步,不断提高自身的精神境界。儒家关于理想人格的说法,根据等级和适用的场合等不同有很多种,如圣人、君子、仁人、志士、贤人、大丈夫等等,但其中最具有普遍意义和典型性的就是君子和圣人。

"君子"本是对有一定社会地位的人的称谓,如孔颖达将《诗经·大东》

① 张觉.荀子校注[M].荀子·富国.长沙:岳麓书社,2006.229.
② 张觉.荀子校注[M].荀子·王制.长沙:岳麓书社,2006.95.
③ 张觉.荀子校注[M].荀子·大略.长沙:岳麓书社,2006.351.
④ 张觉.荀子校注[M].荀子·致士.长沙:岳麓书社,2006.167.

中的一句诗"君子所虑,小人所视"解释为"此言君子小人在位,与民庶相对。君子则行其道,小人则供其役。"①而在先秦儒家这里,以地位来区分君子和小人只是偶尔用之,在绝大多数场合先秦儒家都以人格修养的高下为标准来区分君子和小人。在儒家视野中,"君子"一般指品德高尚、举止得体、才华横溢的人,孔子曰:"文质彬彬,然后君子。"②君子人格是由文、质两方面构成的,"质"主要指"仁义",以及由仁义衍生出来的其他美德,如勇、直、信、宽、敏、惠等等;"文"则指文化修养和优雅的风度仪容,司马光说:"古之谓文者,乃诗书礼乐之文,升降进退之容,弦歌雅诵之声。"可见,"文"是对"质"理性的、文化的教养和升华。孔子认为,"文"与"质"在君子养成中缺一不可,所谓"质胜文则野,文胜质则史。"③当然,"质"作为成就理想人格的前提和基础,更为根本。"文质彬彬"可谓儒家君子的总体形象,由于孔、孟、荀三位大儒立论的基础和角度各有不同,因此其视野中具体的君子形象也各有特点,如孔子所论"君子"品格以居仁尽礼、通权达变为主;孟子所论"君子"品格以居仁由义、扩充四端为主;荀子所论"君子"品格以即礼求仁、自觉接受礼法约束为主。"君子"是儒家人格修养中较为现实的一格,通过"居仁由义行礼"的努力,除少数冥顽不灵的"下愚"者之外,都能够达到,因此,先秦儒家对这一格最重视,论述的也最充分。

"圣人"是全知、全能、全善之人,是"居仁由义行礼"之程度最高、最彻底者,因而是儒家修养中的最高一格。因其境界极高,后人虽尊称孔子为"圣人",但孔子本人却从不以"圣人"自居,并且在孔子视野中,除尧、舜、周公等少数圣王先人可以称之为"圣人"外,其同时代的人尚无一人能担当起这一盛名,所谓:"圣人,吾不得而见之矣;得见君子者,斯可矣。"④孟子、荀子的理论与孔子相比,看似大大拉近了凡人和圣人之间的距离,如孟子认

---

① [唐]孔颖达.毛诗正义[M]卷十三.北京:北京大学出版社,1999.781.
② 张燕婴(译).论语[M].论语·雍也.北京:中华书局,2006.46.
③ 杨伯峻.论语译注[M].论语·雍也.北京:中华书局,1980.61.
④ 杨伯峻.论语译注[M].论语·述而.北京:中华书局,1980.73.

可"人皆可以为尧、舜"①,荀子说"涂之人可以为禹"②,但这只是单纯从理论上推出的可能性,而从实际来考察,由于"圣人"是"出于其类,拔乎其萃"③的全知全能者,代表着"人伦之至"④、"道之极"⑤者,是"百世之师"⑥,所以实际上在孟、荀心目中"圣人"仍是一种高不可攀的境界。而给人的修养设立一种高不可攀的境界,正是先秦儒家的用意所在。先秦儒家设置"圣人"这一人格看中的并不是其"现实性",人格修养的现实性完全可以在君子、大丈夫、贤人等这些较低一级的人格层次上得以实现,儒家更多的将"圣人"作为一面旗帜,看中的是其道德感召力,有了这面旗帜,就可以激励人在道德修养的路上走得更远。

结 语

儒家"圣人可学"的理念得以成立的理论根基在于其人性论,人性上承天道,下启人伦,对人性问题的探讨是人类自我觉醒、自我认识的开始。先秦儒家人性理论,由孔子肇其端,孟、荀承继之。诸位大儒虽然论证的方式、方法,分析的角度、途径有所不同,如孟子选择的是心性自律完善,而荀子看重的是后天人文再造和外在规约的力量。但是他们的思想从根本上又是相通的,那就是他们都将人性与人的本质区分开来,都认为人性仅为人的本质的实现提供了一个基础,人之为人的现实意义上的本质要经过个体的自主努力才能得以实现,都认同"人性可完善"、"教化可以使人趋善"。这种对人性的看法,从理论上说明了对人进行教化的可能性和必要性。关于教化的内容,先秦儒家认为最核心的就是"仁"、"义"、"礼",通过对

---

① [战国]孟轲(著),万丽华(译注).孟子[M].孟子·告子下.北京:中华书局,2006.265.
② 张觉.荀子校注[M].荀子·性恶.长沙:岳麓书社,2006.301.
③ [战国]孟轲(著),万丽华(译注).孟子[M].孟子·公孙丑上.北京:中华书局,2006.59.
④ [战国]孟轲(著),万丽华(译注).孟子[M].孟子·离娄上.北京:中华书局,2006.147.
⑤ 张觉.荀子校注[M].荀子·礼论.长沙:岳麓书社,2006.236.
⑥ [战国]孟轲(著),万丽华(译注).孟子[M].孟子·尽心下.北京:中华书局,2006.325.

"仁"、"义"、"礼"的体认,人便可以不断地提高自身境界,从物欲中超拔出来,成就以"君子"、"圣人"为代表的理想人格。

"化民成俗,基于学校;兴贤育德,责在师儒"①,在儒家"圣人可学"思想的影响下,重视教育、重视学习成为普遍的民族心理。中华民族很早就形成了尊师重道的优良传统,《周礼·天官》中即有"教职,以安邦国,以宁万民,以怀宾客"的提法,此后在中国古典文献中对教育意义的肯定层出不穷。例如,汉儒董仲舒曰:"夫万民之从利也,如水之走下,不以教化堤防之,不能止也。是故教化立而奸邪皆止者,其堤防完也;教化废而奸邪并出,刑罚不能胜者,其堤防坏也。"②《范文正公集》卷9记载宋儒范仲淹说:"善国者,莫先育才;育才之方,莫先劝学。"《松兹县学记》记载胡瑗讲:"致天下之治者在人才,成天下之才者在教化,教化之本在学校。"在历史上儒家也是以"师"的面目出现的,又称"师儒",孔子也被后人尊为"至圣先师"、"万世师表"。

中华民族深受儒家"仁"、"义"、"礼"思想的教化,形成了贵仁、尚义、明礼的传统,使得中华民族很早便以礼仪之邦著称于世。贵仁、尚义、明礼的精神将中华民族塑造成注重道德价值、注重追求精神满足的民族,这一点在中国历史进程中产生了积极的影响。

受贵仁、尚义、明礼精神的影响,中华民族成长为一个有气节、有操守的民族。仁、义、礼自古以来便作为道德力量挺立在中国社会中,是中华民族的价值共识。在日常生活中,中华民族的气节、操守就表现为修身养性都以"仁"为旨归,进退取舍都以"义"为原则,尊卑长幼都以"礼"相待;在民族危亡时,中华民族的气节操守就表现为为民族大义而舍生取义、杀身成仁,在中国历史上涌现出大批为万世景仰的气节之士,屈原、苏武、文天祥等等都是他们中的优秀代表。文天祥在解释他所作《正气歌》的缘由时说:"余囚北庭,坐一土室,室广八尺,深可四寻,单扉低小,白间短窄,污下

---

① [清]赵尔巽.清史稿[M].卷89.北京:中华书局,1977.
② [汉]班固.汉书[M].董仲舒传第二十六.北京:中华书局,2007.563.

而幽暗。当此夏日,诸气萃然:雨潦四集,浮动床几,时则为水气;涂泥半朝,蒸沤历澜,时则为土气;乍晴暴热,风道四塞,时则为日气;檐阴薪爨,助长炎虐,时则为火气;仓腐寄顿,陈陈逼人,时则为米气;骈肩杂沓,腥臊汗垢,时则为人气;或圊溷、或毁尸、或腐鼠,恶气杂出,时则为秽气。叠是数气,当之者鲜不为厉。而予以孱弱,俯仰其间,于兹二年矣,幸而无恙,是殆有养致然尔。然亦安知所养何哉? 孟子曰:'吾善养吾浩然之气。'彼气有七,吾气有一,以一敌七,吾何患焉! 况浩然者,乃天地之正气也,作正气歌一首。"

受贵仁、尚义、明礼精神的影响,在内政方面,中华民族讲究的是以德服人,施行王道政治。中国古代的君主为维护、巩固自身的统治,纷纷将自己塑造成有道君主的形象。尽管这种形象带有很大的虚伪性,但是毕竟能够从中看出中国社会的政治价值导向。中国古代的历史书在评价一个君主是明君还是暗主时,在评价一朝是开明还是腐败、昏庸时,所采用的标准也几乎都是看其是否符合仁、义、礼的要求,这是个恒久的尺度。

受贵仁、尚义、明礼精神的影响,在外交上方面,中华民族奉行的是以礼服人、以德来人、以教化感人的政策,从不盲目使用暴力发动侵略战争。例如,明太祖朱元璋在《皇明祖训》中指示:"四方诸夷,皆阻山隔海,偏在一隅,得其地不足以供给,得其民不足以使令。若其不自揣量来扰我边,则彼为不祥。彼既不为中国患,而我兴兵轻犯,亦不祥也。吾恐后世子孙,倚中国富强,贪一时战功,无故兴兵,致伤人命,切记不可。"再如,明成祖派郑和下西洋时也训诫说:"宣教化于海外诸藩国,导以礼义……以怀远人。"郑和下西洋期间,广散财物、广结善缘、极少动武,显露出泱泱大国的胸襟与气度。这种和平外交政策并非一朝一代所有,而是中国历史乃至当今我国外交政策的主流。

总而言之,"教化者,朝廷之先务;廉耻者,士人之美节;风俗者,天下之大事。朝廷有教化,则士人有廉耻;士人有廉耻,则天下有风俗。"①先秦儒

---

① [清]顾炎武.日知录[M].日知录·廉耻.上海:上海古籍出版社,1985.507.

家"人性可善"、"圣人可学"的理念以及以"仁"、"义"、"礼"为核心的教化纲目,为中华民族精神的教化系统建立起了根基和骨架,其融化于中华民族的思想意识里,反映出中华民族对人类文明进步的崇高追求,为中华民族思想文化素质的提高和良好社会风气的形成起到了重要推动作用。

第五章 先秦儒学对中华民族精神协调系统的培育

从民族构成来看,中国自古以来就是个多民族的国家,民族关系的复杂程度一点都不亚于世界上的其它多民族地区。但是,中国民族关系总体来说却处理得很好,虽然也出现过战乱纷争,但每一次大的分裂过后带来的都是民族间更大规模的融合,和睦相处始终是中国民族关系发展的主流。再从社会构成来看,中国古代是个家国同构的社会,作为构成社会基本组成单位的家庭,往往是几代同堂的大家庭,人际关系可谓复杂,但是,中国古代的大家庭绝大多数却能做到父慈子孝、兄友弟恭、夫妇和顺,若非遇上天灾人祸,大家庭往往能够在一个地方世代繁衍。在古代,中国实行的是村落自治,在无外在强制力量干预的情况下人与人之间也能找到有效的方式解决彼此间的矛盾,基本上能做到相安无事。要探究这其中的原因,则从精神层面可主要的归功于支撑中华民族生存发展的民族精神为协调人与人的关系提供了一套与中国古代社会相适应的切实可行的原则,这些原则就构成了中华民族精神协调系统的主体内容。在中华民族精神协调系统形成发展的过程中,儒学做出了重要贡献,儒学赋予了中华民族精神的协调系统以浓厚的集体主义色彩,它激励中华民族成长为一个重群体、重社会效益的合群体性的民族。

一、群——协调系统的最高原则

儒学是关于"人"的哲学。儒家协调个人与他人、个体与群体关系的基本宗旨是将人看作"群"的存在,寓个体于群体之中,按照社会关系定位个体的社会角色,并根据社会角色赋予个体相应的权利、责任和义务,将个体价值与群体价值紧密相连。在儒家视野中,"成己"与"成人"是一体的,儒家一方面致力于以仁、义、礼修身,成就以君子、圣人为代表的理想人格,另一方面又孜孜追求将仁、义、礼等道德原则推己及人,以协调人际关系,由"修身"达致"齐家"、"治国"、"平天下",从而实现由"独善其身"到"兼济天下"的过渡,以营造德化的理想社会。本书拟从以下四个方面对儒家协调系统的宗旨进行说明:

1. 群体本位

在儒家中,孔子最早提出了"群"的概念,如他说"君子矜而不争,群而不党。"①又说《诗》"可以群。"②孟子也认识到了人对群体的依赖,如孟子曰:"一人之身,而百工之所为备。"③荀子对于"群"的重要性,作了更为充分的论述,他将"群"视为人之优越性的来源,认为人"力不若牛,走不若马,而牛马为用"的原因就在于"人能群,彼不能群也。"④荀子还从个体能力的有限性出发,论证人必须存身于群体之中,必须依赖他人而存在,所谓"百技所成,所以养一人也。而能不能兼技,人不能兼官"⑤,荀子从而得出"人生不能无群"⑥的结论。此外,荀子还将"善群"看作是成为君主的必备素质,即谓:"能以事亲谓之孝,能以事兄谓之弟,能以事上谓之顺,能以使下谓之君。君者,善群也。"⑦

除了以上这些先秦儒家对"群"的直接论述之外,综观先秦儒家哲学,可以发现其思想几乎全部都围绕人发合群体性而建构,"合群体性"

---

① 杨伯峻.论语译注[M].论语·卫灵公.北京:中华书局,1980.166.
② 杨伯峻.论语译注[M].论语·阳货.北京:中华书局,1980.185.
③ [战国]孟轲(著),万丽华(译注).孟子[M].孟子·滕文公上.北京:中华书局,2006.111.
④ 张觉.荀子校注[M].荀子·王制.长沙:岳麓书社,2006.95.
⑤ 张觉.荀子校注[M].荀子·富国.长沙:岳麓书社,2006.105.
⑥ 张觉.荀子校注[M].荀子·王制.长沙:岳麓书社,2006.95.
⑦ 张觉.荀子校注[M].荀子·王制.长沙:岳麓书社,2006.95.

是其思想的鲜明特征。例如，先秦儒家的核心主张"仁"，从词源来看，《说文解字》释"仁"曰："从人从二。"从意义上来看，《论语》将"仁者爱人"视做"仁"最基本的含义，"仁者爱人"就是要爱"我"之外的其他人，由于中国古代社会是家国同构的社会，所以"爱"首先指向的是以父母、子女、兄弟为代表的家族成员，然后再由爱自己的父母、子女、兄弟出发，推而广之爱社会上的其他人，即"老吾老，以及人之老；幼吾幼，以及人之幼。"①可见，无论从词源还是儒家本意来看，"仁"都是人与人之间关系的表征。除"仁"以外，先秦儒家达致"仁"之道路的"义"，以及对"仁义"进行规范的"礼"，也都是群体道德规范和群体共同利益的体现。再譬如，先秦儒家所倡导的一些具体道德准则，如孝、悌、忠、信、敬等等，更是直接规定人与人之间关系，直接表征人与人之间相互的责任和义务。

儒家基于对群体的重视，将群体价值作为个体价值的参照系，当个体利益与群体利益发生冲突时，主张要以群体利益为重，必要时要勇于牺牲个体利益以成全群体利益，即谓"舍生取义"、"杀身成仁"。儒家认为个体的发展与群体的发展紧密相关，总是将修己与安人、安百姓相联系，将修身与齐家、治国、平天下相联系，讲究由"内圣"开出"外王"。儒家反对离群索居，例如孔子曰："鸟兽不可与同群，吾非斯人之徒与而谁与？"②荀子也曰："离居不相待则穷。"③总之，儒家从不孤零零地谈论"人"，它总是将人看作群体中的一员，认为个体只有在群体中，在与他人的关系中才能定位自身，找到自身的价值。儒家强调人的社会角色，强调个体对群体的责任和义务，以个体对家庭、对社会的贡献来衡量个体价值的大小。群体本位、合群体性是先秦儒家思想的基本特征，是其协调个人与他人、个人与群体关系的基点。

---

① [战国]孟轲(著)，万丽华(译注). 孟子[M]. 孟子·梁惠王上. 北京：中华书局，2006. 14.
② 杨伯峻. 论语译注[M]. 论语·微子. 北京：中华书局，1980. 194.
③ 张觉. 荀子校注[M]. 荀子·富国. 长沙：岳麓书社，2006. 105.

2. 正名

要更好的"群",就必须对每个社会成员在群体中的角色地位予以明确。因为每一种社会角色都附着着与这种角色相应的权利和义务,只有每个人都各司其职,群体才能有效运转。儒家对此问题解决的方式就是"正名"。当然,儒家"正名"的涵义很丰富,它不仅仅是其政治伦理学说的重要组成部分,并不仅仅限于协调人与人的关系,同时也是其认识论和逻辑哲学的重要组成部分。但是,由于本节的主题是探讨儒家协调人我、群我关系的宗旨,所以本小节仅从社会政治和伦理道德方面来讨论其正名思想。

孔子曰:"名不正,则言不顺;言不顺,则事不成;事不成,则礼乐不兴;礼乐不兴,则刑罚不中;刑罚不中,则民无所错手足。故君子名之必可言也,言之必可行也。"①孔子之所以重视"正名",是因为他认为"名"是人之社会角色的表征,不同的"名"代表着不同的伦理属性,包含着不同的权利、责任、义务和德才要求,可以给人定位。如《论语·宪问》讲:"不在其位,不谋其政","君子思不出其位。"正因为"名"具备如此功能,所以孔子认为通过"正名",可以明确每个人的社会角色,规范每个人的言行品德,倘若人人都能名副其实,各"位"其所当"位",都尽到自己对他人、对家庭、对社会应尽的责任和义务,那人与人之间的关系自然就协调有序了。因此,当齐景公问政于孔子时,孔子对曰:"君君,臣臣,父父,子子。"②"君君"是说享有君之名的人要有"君"的威严,要具备"君"之名所要求的才能德行,真正起到"君"的作用;"臣臣"是说享有"臣"之名的人,要有"臣"的样子,胜任"臣"的职能;"父父"是指享有"父"之名的人要有为"父"的尊严,尽到为"父"的责任;"子子"是说享有"子"之名的人,要有当"子"的姿态,尽到当"子"的义务。否则,如果君不君、臣不臣、父不父、子不子,每个人都背离自身的社会角色,名不副实,则社会秩序必然大乱。孟子基本上继承了孔子

---

① 杨伯峻.论语译注[M].论语·子路.北京:中华书局,1980.134.
② 杨伯峻.论语译注[M].论语·颜渊.北京:中华书局,1980.128.

的"正名"思想,也曰:"欲为君,尽君道;欲为臣,尽臣道。"①

　　荀子的"正名"思想较之孔、孟更加明确和完备,荀子曰:"贵贱不明,同异不别。如是,则志必有不喻之患,而事必有困废之祸。故知者为之分别制名以指实,上以明贵贱,下以辨同异。贵贱明,同异别,如是,则志无不喻之患,事无困废之祸。此所为有名也。"②荀子的"正名"思想具体到社会伦理政治领域就是他关于"分"的主张,荀子立足"群"来谈"分",所谓:"人何以能群? 曰:分。"③荀子所说的"分"主要指"名分",即社会角色,以及与"名"相对应的"礼义",即职责义务。在荀子看来,人之"群"不应该是松散而随意地简单聚集和机械相加,而应该层级分明、井然有序。荀子认为"分"正是使"群"达致这一目标的基础,"分"可以使贵贱有等、长幼有差、"人载其事而各得其宜……悫禄多少厚薄之称。"④否则,"群而无分则争。穷者,患也;争者,祸也。救患除祸,则莫若明分使群矣。强胁弱也,知惧愚也,民下违上,少陵长,不以德为政,如是,则老弱有失养之忧,而壮者有分争之祸矣。事业所恶也,功利所好也,职业无分,如是,则人有树事之患,而有争功之祸矣。男女之合、夫妇之分、婚姻、娉内、送逆无礼,如是,则人有失合之忧,而有争色之祸矣。"⑤因此,荀子将"分"称为"群居和一之道"⑥,将"无分"看作"人之大害"⑦,将"有分"视为"天下之本利"、人君"所以管分之枢要也"⑧。

　　总之,"名"是正确处理社会关系、使"群"之为"群"的制度前提。先秦儒家的"正名"就是要用"名"来匡正人的行为,使人人都对自己有准确定位,都对自身的权利、责任、义务有自知之明,从而使人自觉地将言行对号

---

①　[战国]孟轲(著),万丽华(译注).孟子[M].孟子·离娄上.北京:中华书局,2006.147.
②　张觉.荀子校注[M].荀子·正名.长沙:岳麓书社,2006.280.
③　张觉.荀子校注[M].荀子·王制.长沙:岳麓书社,2006.95.
④　张觉.荀子校注[M].荀子·君道.长沙:岳麓书社,2006.35.
⑤　张觉.荀子校注[M].荀子·富国.长沙:岳麓书社,2006.106.
⑥　张觉.荀子校注[M].荀子·君道.长沙:岳麓书社,2006.35.
⑦　张觉.荀子校注[M].荀子·富国.长沙:岳麓书社,2006.108.
⑧　张觉.荀子校注[M].荀子·富国.长沙:岳麓书社,2006.108.

入座,自觉接受"名"所对应的仁、义、礼等道德规范的约束,扮演好自己的社会角色,这样才能确保人际关系和谐,确保社会井然有序、层级分明、有效运转。

3. 忠恕之道

在先秦儒家看来,除了"正名"之外,可以妥善协调自我与他人关系、能够确保"合群体性"另外一个重要原则就是"忠恕之道"。该原则特别适用于个人,操作简便、行之有效。所谓"忠恕之道",简言之就是"己欲立而立人,己欲达而达人"①、"己所不欲,勿施于人"②。《荀子》引孔子的话对"恕"作了进一步阐释,即谓"孔子曰:君子有三恕:有君不能事,有臣而求其使,非恕也;有亲不能报,有子而求其孝,非恕也;有兄不能敬,有弟而求其听令,非恕也。士明于此三恕,则可以端身矣。"③可见,"忠恕"之道的实质也就要以同情心和同理心待人,将心比心、推己及人、设身处地地为他人着想,即"有诸己而后求诸人,无诸己而后非诸人。"④这样便可以增进人与人之间的理解,化解很多矛盾。"忠恕之道"由孔子提出,孔子对"忠恕之道"十分推崇,以致曾子曰:"夫子之道,忠恕而已矣。"⑤到《大学》时,儒家又提出协调人际关系的"絜矩之道",《大学》曰:"所谓平天下在治其国者,上老老而民兴孝,上长长而民兴弟,上恤孤而民不倍,是以君子有絜矩之道也。所恶于上,毋以使下,所恶于下,毋以事上;所恶于前,毋以先后;所恶于后,毋以从前;所恶于右,毋以交于左;所恶于左,毋以交于右;此之谓絜矩之道。"考察"絜矩之道"的内容,可以发现其实际上乃是忠恕之道的延伸。

① 杨伯峻.论语译注[M].论语·雍也.北京:中华书局,1980.65.
② 杨伯峻.论语译注[M].论语·卫灵公.北京:中华书局,1980.166.
③ 张觉.荀子校注[M].荀子·法行.长沙:岳麓书社,2006.404.
④ [宋]朱熹.四书集注[M].大学章句.西安:三秦出版社,1999.13.
⑤ 杨伯峻.论语译注[M].论语·里仁.北京:中华书局,1980.39.

4. 个体价值

先秦儒家虽然以群体为本位,寓个体价值于群体价值之中,但并没有抹煞个体价值,而是主张在不妨碍群体价值的前提下实现个体价值。在先秦儒家看来,个体价值和群体价值并非截然对立、毫不相容,二者完全可以互通互融、相互促进。先秦儒家对个体价值的重视主要体现在以下两个方面:

其一,先秦儒家重视人的才能,鼓励人"出乎其类,拔乎其萃"。孔子倡导"举贤才";孟子主张"贤者在位,能者在职"①,"尊贤使能,俊杰在位"②;荀子提倡"尚贤使能"③,"无德不贵,无能不官"④。需要指出的是,先秦儒家推崇贤人,但反对贤人"倨傲僻违以骄溢人"⑤,而主张"贤人"应该具有"以能问于不能,以多问于寡;有若无,实若虚"⑥的胸怀。更为重要的是他们认为"贤人"应该能够容纳才能德行比自己低的人,并且帮助他们一起进步,即谓"君子能,则宽容易直以开道人"⑦,"贤而能容罢,知而能容愚,博而能容浅,粹而能容杂"⑧,"致贤而能以救不肖,致强而能以宽弱"⑨。总之,儒家所认可的"贤才"是有群体观念的贤才,既才能突出,又谦逊宽容,即"尊贤而容众,嘉善而矜不能。"⑩

其二,先秦儒家肯定士人的独立人格,赞赏其意志、气节和尊严。儒家贵"和",但"和"并不等于放弃自己的独立人格和见解,"君子和而不同,小人同而不和。""和"与"同"是截然不同的两种境界,"和"是差异基础上的

---

① [战国]孟轲(著),万丽华(译注).孟子[M].孟子·公孙丑上.北京:中华书局,2006.66.
② [战国]孟轲(著),万丽华(译注).孟子[M].孟子·公孙丑上.北京:中华书局,2006.67.
③ 张觉.荀子校注[M].荀子·王制.长沙:岳麓书社,2006.87.
④ 张觉.荀子校注[M].荀子·王制.长沙:岳麓书社,2006.92.
⑤ 张觉.荀子校注[M].荀子·不苟.长沙:岳麓书社,2006.20.
⑥ 杨伯峻.论语译注[M].论语·泰伯.北京:中华书局,1980.80.
⑦ 张觉.荀子校注[M].荀子·不苟.长沙:岳麓书社,2006.20.
⑧ 张觉.荀子校注[M].荀子·非相.长沙:岳麓书社,2006.45.
⑨ 张觉.荀子校注[M].荀子·仲尼.长沙:岳麓书社,2006.60.
⑩ 杨伯峻.论语译注[M].论语·子张.北京:中华书局,1980.199.

和谐,而"同",则指抹煞差别、一味顺同。先秦儒家认为,在大是大非的问题上,人应该勇于坚持正确立场,敢于辩论,致力于求"和"而不是求"同",即谓"其争也君子"①。先秦儒家认为士人为维护道义,即使是面对至高无上的君主,也不应退缩,而应坚持"以道事君"②,当道统与君统出现紧张之时,儒家主张士人要志于道、弘扬道,从道不从君,以道抗君。先秦儒家认为只要自身正义,举止言行符合"道",就不必顾忌俗世的看法。例如,孔子曰:"笃信好学,守死善道。危邦不入,乱邦不居。天下有道则见,无道则隐。"③孟子曰:"人知之,亦嚣嚣;人不知,亦嚣嚣。"④荀子亦曰:"君子能为可贵,不能使人必贵己;能为可信,不能使人必信己;能为可用,不能使人必用己。故君子耻不修,不耻污;耻不信,不耻不见信;耻不能,不耻不见用"⑤,"天下知之,则欲与天下同苦乐之;天下不知之,则傀然独立天地之间而不畏。"⑥总体而言,先秦儒家对勇肩道义、有个性、有立场、不随声附和的人赞赏有加,例如,孔子曰:"三军可夺帅也,匹夫不可夺志也。"⑦孟子曰"居天下之广居,立天下之正位,行天下之大道;得志,与民由之;不得志,独行其道。富贵不能淫,贫贱不能移,威武不能屈,此之谓大丈夫。"⑧荀子曰"天下有中,敢直其身;先王有道,敢行其意;上不循于乱世之君,下不俗于乱世之民"⑨,"不诱于誉,不恐于诽,率道而行,端然正己,不为物倾侧,夫是之谓诚君子。"⑩反之,先秦儒家对事事无争、一团和气、无是非道义观念的人深恶痛绝,孔子斥责这样的人是"阉然媚于世"的"乡愿"之人,孟子将"非之无举也,刺之无刺也"的行为鄙视为"妾妇之道"、认为其是"同乎流俗,合乎

---

① 杨伯峻. 论语译注[M]. 论语·八佾. 北京:中华书局,1980. 25.
② 杨伯峻. 论语译注[M]. 论语·先进. 北京:中华书局,1980. 117.
③ 杨伯峻. 论语译注[M]. 论语·泰伯. 北京:中华书局,1980. 82.
④ [战国]孟轲(著),万丽华(译注). 孟子[M]. 孟子·尽心上. 北京:中华书局,2006. 291.
⑤ 张觉. 荀子校注[M]. 荀子·非十二子. 长沙:岳麓书社,2006. 55.
⑥ 张觉. 荀子校注[M]. 荀子·性恶. 长沙:岳麓书社,2006. 303.
⑦ 杨伯峻. 论语译注[M]. 论语·子罕. 北京:中华书局,1980. 95.
⑧ [战国]孟轲(著),万丽华(译注). 孟子[M]. 孟子·滕文公下. 北京:中华书局,2006. 125.
⑨ 张觉. 荀子校注[M]. 荀子·性恶. 长沙:岳麓书社,2006. 303.
⑩ 张觉. 荀子校注[M]. 荀子·非十二子. 长沙:岳麓书社,2006. 55.

污世"的"德之贼"。

二、孝、悌、别、信、忠、爱民——协调系统的具体规范

儒家对人我、群我关系即"人伦"十分重视,孟子曰:"学则三代而共之,皆所以明人伦也。"①荀子亦云:"伦类不通,仁义不一,不可谓善学。"②孟子将人伦关系具体为五类,即父子关系、君臣关系、夫妇关系、兄弟关系、朋友关系,又称"五伦",对于这些具体关系的处理,孟子曰:"父子有亲,君臣有义,夫妇有别,长幼有序,朋友有信。"③本节即以孟子的"五伦"说为基础,来探讨一下先秦儒家在"群"宗旨的指导下协调这些具体人伦关系的方式、方法。

1. 孝、悌、别

《周易·序卦》云:"有天地然后有万物;有万物然后有男女;有男女然后有夫妇;有夫妇然后有父子;有父子然后有君臣;有君臣然后有上下;有上下然后礼义有所错。"人一出生就置身于一定的家庭关系之中,家庭关系是人所拥有的最基本的社会关系,是社会关系的起点。因此,儒家对家庭关系十分重视,把它看作是处理其他社会关系的基础。而家庭关系又以父子关系、兄弟关系、夫妻关系为核心。

对于父子兄弟间关系的协调,儒家的基本主张是父慈子孝、兄友弟恭,尤其强调"孝"和"悌"。"孝"即孝敬父母,"悌"即恭敬兄长。儒家认为父子兄弟间的感情源于血缘亲情,最自然、最真实,因此,将其视为"仁爱"的起点。儒家认为一个人如果在家不能孝顺父母、不能恭敬兄长、不能爱护弟妹,那么在外也就不可能对其他人施以仁爱,孔子曰:"弟子,入则孝,出

---

① [战国]孟轲(著),万丽华(译注).孟子[M].孟子·滕文公上.北京:中华书局,2006.105.
② 张觉.荀子校注[M].荀子·劝学.长沙:岳麓书社,2006.9.
③ [战国]孟轲(著),万丽华(译注).孟子[M].孟子·滕文公上.北京:中华书局,2006.111.

则悌,谨而信,泛爱众,而亲仁。"①可见,孔子将"入则孝,出则悌"视作了"谨而信,泛爱众,而亲仁"的基础。孔子的弟子由子将"孝悌"视为"仁"之本,他说:"其为人也孝弟,而好犯上者,鲜矣;不好犯上,而好作乱者,未之有也。君子务本,本立而道生。孝弟也者,其为仁之本与!"②孟子将"事亲"看作"仁之实",将"从兄"看作"义之实",即谓"亲亲,仁也;敬长,义也"③,并由此得出"人人亲其亲,长其长,而天下平"④、"尧、舜之道,孝弟而已矣"⑤的结论。

先秦儒家常将"孝"、"悌"相提并论,尤其对"孝"作了较为详细地阐释。那到底什么是"孝"呢?在先秦儒家看来,"孝"除了通常意义上的"养亲"之外,最核心的思想在于"敬亲"、"尊亲"。孔子曰:"今之孝者,是谓能养。至于犬马,皆能有养;不敬,何以别乎?"⑥意思是说,如果对父母只养不敬,那就和养狗、养马没有区别。孟子也说:"孝子之至,莫大乎尊亲。"⑦先秦儒家认为,要做到"敬亲"、"尊亲",就要努力从以下几个方面着手:其一,侍奉父母时,面色要恭敬、言语要和顺。《论语》记载,子夏向孔子请教什么是"孝"时,孔子反问他道:"色难。有事,弟子服其劳;有酒食,先生馔,曾是以为孝乎?"⑧孔子的意思是即使有麻烦事的时候,子女替父母去做;有酒食时,让父母吃,但却给父母脸色看,那也不是真"孝",言外之意即是精神上尊重父母才是"孝"的关键点,即谓"孝子之有深爱者必有和气,有和气者必有愉色,有愉色者必有婉容。"⑨其二,要顺从父母的意志,做到"不违"。对此,孔子曰:"事父母几谏,见志不从,又敬不违,劳而不怨。"⑩孟子曰:"不顺

① 杨伯峻. 论语译注[M]. 论语·学而. 北京:中华书局,1980.4.
② 杨伯峻. 论语译注[M]. 论语·学而. 北京:中华书局,1980.2.
③ [战国]孟轲(著),万丽华(译注). 孟子[M]. 孟子·尽心上. 北京:中华书局,2006.295.
④ [战国]孟轲(著),万丽华(译注). 孟子[M]. 孟子·离娄上. 北京:中华书局,2006.156.
⑤ [战国]孟轲(著),万丽华(译注). 孟子[M]. 孟子·告子下. 北京:中华书局,2006.265.
⑥ 杨伯峻. 论语译注[M]. 论语·为政. 北京:中华书局,1980.14.
⑦ [战国]孟轲(著),万丽华(译注). 孟子[M]. 孟子·万章上. 北京:中华书局,2006.203.
⑧ 杨伯峻. 论语译注[M]. 论语·为政. 北京:中华书局,1980.15.
⑨ 王文锦. 礼记译解[M]. 礼记·祭义. 北京:中华书局,2001.684.
⑩ 杨伯峻. 论语译注[M]. 论语·里仁. 北京:中华书局,1980.40.

乎亲,不可以为子。"①而且,先秦儒家不仅主张父母健在时,要做到"不违",就是父母过世后,也应"不违",这就是孔子所说的:"父在,观其志;父没,观其行;三年无改于父之道,可谓孝矣。"②当然,对父母"不违"也并非要一味地顺从,这一点在荀子思想中表现得较为突出,荀子引孔子的话说:"审其所以从之之谓孝。"③即要判断顺从父母是否是孝,要根据子女所"从"的具体内容来分析。荀子还明确提出"从义不从父"④的观点,并进一步指出:"孝子所以不从命有三:从命,则亲危;不从命,则亲安;孝子不从命乃衷。从命,则亲辱;不从命,则亲荣;孝子不从命乃义。从命,则禽兽;不从命,则修饰;孝子不从命乃敬。故可以从而不从,是不子也;未可以从而从,是不衷也。明于从不从之义,而能致恭敬、忠信、端悫以慎行之,则可谓大孝矣。"⑤其三,时不我待,孝敬父母要及时。孔子曰:"父母之年,不可不知也。一则以喜,一则以惧。"⑥父母含辛茹苦将子女养大,及至子女成年,父母已年老体弱,每到父母生日时,孝子都会感到既喜悦又恐惧,喜的是父母又平安度过了一年,忧的是父母在世之日有减无增,因此要关心父母的身体状况,要多陪伴父母,即谓:"父母在,不远游,游必有方。"⑦这一喜一忧,孝子之心昭然若揭。其四,要葬之以礼,祭之以礼。孔子曰:"生,事之以礼;死,葬之以礼,祭之以礼,可谓孝矣。"⑧儒家将厚葬久丧看作是对父母养育之恩的回报,因此,当"宰我"对三年之丧表示质疑时,孔子斥其为"不仁",愤然批评道:"子生三年,然后免于父母之怀。夫三年之丧,天下之通丧也,予也有三年之爱于其父母乎!"⑨其五,要爱惜自己的身体,因为自身健康是孝敬

---

① [战国]孟轲(著),万丽华(译注).孟子[M].孟子·离娄上.北京:中华书局,2006.168.
② 杨伯峻.论语译注[M].论语·学而.北京:中华书局,1980.7.
③ 张觉.荀子校注[M].荀子·子道.长沙:岳麓书社,2006.398.
④ 张觉.荀子校注[M].荀子·子道.长沙:岳麓书社,2006.396.
⑤ 张觉.荀子校注[M].荀子·子道.长沙:岳麓书社,2006.397.
⑥ 杨伯峻.论语译注[M].论语·里仁.北京:中华书局,1980.40.
⑦ 杨伯峻.论语译注[M].论语·里仁.北京:中华书局,1980.40.
⑧ 杨伯峻.论语译注[M].论语·为政.北京:中华书局,1980.13.
⑨ 杨伯峻.论语译注[M].论语·阳货.北京:中华书局,1980.188.

父母的前提,如果自己比父母去世得还早,就不能为父母尽孝道了,因此孟子曰:"事,孰为大? 事亲为大。守,孰为大? 守身为大。不失其身而能事其亲者,吾闻之矣。失其身而能事其亲者,吾未之闻也。孰不为事? 事亲,事之本也。孰不为守? 守身,守之本也。"①总之,儒家的孝道贯穿父母的生前身后,"尊"与"敬"是其核心和实质。

家庭关系中的夫妻关系也是儒家"五伦"中的重要一伦。对于夫妻关系,儒家的基本协调原则就是"别"。据《礼记·哀公问》记载:"(哀公)曰:敢问为政如之何? 孔子对曰:父子亲、夫妇别、君臣严,三者正,则庶物从之矣。"孟子也曰"夫妇有别",荀子也多次提到夫妇之分、夫妇之别。但《论语》、《孟子》、《荀子》三部经典对"别"的具体内容语焉不详,就《礼记》来看,"别"主要指夫妇之间的地位之"别"和分工之"别",各有各的权利和义务。夫妇虽要有"别",但"别"也是为了更好的成为一体。《仪礼·丧服》中即有"夫妻一体"的说法。儒家倡导夫妻恩爱、同甘共苦、白头偕老,在流传下来的古籍中有许多关于如何正确处理夫妻关系的言论。如:王韬讲:"教化之原必自一夫一妇始,所谓理之正,情之至也。试观乡里小民,男耕女织,夫倡于前,妇随于后,岁时伏腊,互相慰藉,虽历辛勤而不怨。"②张履祥在《训子语》中亦曰:"妇之于夫,终身攸托,甘苦同之,安危与共。故曰:得意一人,失意一人。舍父母兄弟而托身于我,斯情亦可念也。事父母,奉祭祀,继后世,更有其大者矣。有过失宜舍容,不宜辄怒;有不知宜教导,不宜薄待。"这些言论都反映了儒家在处理夫妻关系问题上的价值观。

2. 信

人生在世,要想在社会上立足,除了需要家庭亲情之外,还必须同家族之外的人交往,从他们那里获得情感慰藉、支持与帮助,这就产生了朋友关系。朋友关系是非常重要的一种人际关系,在各种人际关系中,朋友关系

---

① [战国]孟轲(著),万丽华(译注).孟子[M].孟子·离娄上.北京:中华书局,2006.163.
② [清]王韬.弢园文录补外编[M].原人.沈阳:辽宁人民出版社,1994.11.

可谓最平等、最具有普遍性。先秦儒家对朋友关系非常重视,例如,《论语》开篇即曰:"有朋自远方来,不亦乐乎?"①《论语·学而》篇记载曾子一日三省吾身,其中之一便是"与朋友交而不信乎?"孟子也将朋友列为"五伦"之一,等等。

交朋友首先遇到的便是交什么样朋友的问题。先秦儒家对朋友的选择持非常慎重的态度,因为"蓬生麻中,不扶而直;白沙在涅,与之俱黑"②,《荀子·性恶》篇认为:人若"得良友而友之,则所见者忠信敬让之行也;身日进于仁义而不自知。"反之,倘若与"不善人处,则所闻者欺诬、诈伪也,所见者污漫、淫邪、贪利之行也,身且加于刑戮而不自知。"物以类聚、人以群分,通过这个人所交的朋友,便大致可判断这个人品行,即谓"不知其子视其友,不知其君视其左右"③,"以友观人,焉所疑?"④因此,"匹夫不可以不慎取友"⑤,"君子居必择乡,游必就士,所以防邪僻而近中正也。"⑥那么,什么样的人值得与其交朋友,什么样的人不值得与其交朋友呢? 孔、孟、荀三位大儒都做出了自己的回答,孔子曰:"益者三友,损者三友。友直,友谅,友多闻,益矣。友便辟,友善柔,有便佞,损矣。"⑦孟子说:"不挟长,不挟贵,不挟兄弟而友。友也者,友其德也,不可以有挟也。"⑧荀子认为人应具备辨别真朋友和假朋友的眼光,如《荀子·修身》篇曰:"是我而当者,吾友也;谄谀我者,吾贼也",此外,荀子在人品的基础上更注重志同道合,如《荀子·大略》篇曰:"友者,所以相有也。道不同,何以相有也?"

对朋友一伦,儒家将"信"提到首位,孔子曰:"主忠信。"⑨子夏曰:"与

① 杨伯峻. 论语译注[M]. 论语·学而. 北京:中华书局,1980. 1.
② 张觉. 荀子校注[M]. 荀子·劝学. 长沙:岳麓书社,2006. 3.
③ 张觉. 荀子校注[M]. 荀子·性恶. 长沙:岳麓书社,2006. 304.
④ 张觉. 荀子校注[M]. 荀子·大略. 长沙:岳麓书社,2006. 381.
⑤ 张觉. 荀子校注[M]. 荀子·大略. 长沙:岳麓书社,2006. 381.
⑥ 张觉. 荀子校注[M]. 荀子·劝学. 长沙:岳麓书社,2006. 3.
⑦ 杨伯峻. 论语译注[M]. 论语·季氏. 北京:中华书局,1980. 175.
⑧ [战国]孟轲(著),万丽华(译注). 孟子[M]. 孟子·万章下. 北京:中华书局,2006. 223.
⑨ 杨伯峻. 论语译注[M]. 论语·学而. 北京:中华书局,1980. 6.

朋友交,言而有信。"①孟子曰:"朋友有信。"②"信"的基本含义就是讲信用、守诺言、诚实不欺,用《论语·学而》的话讲就是"信近于义,言可复也。"孔子认为人没有"信"便不能在世上立足,如《论语·为政》篇讲:"人而无信,不知其可也。大车无輗,小车无軏,其何以行之哉?"《论语·卫灵公》篇亦曰:"言忠信,行笃敬,虽蛮貊之邦,行矣;言不忠信,行不笃敬,虽州里,行乎哉?"据《论语·公治长》篇记载,当子路问孔子的志向时,孔子对曰:"老者安之,朋友信之,少者怀之。"可见,孔子将"朋友信之"视为了他终身追求的道德目标之一。孔子对花言巧语、善于伪装、不能诚信待人的人很厌恶,如《论语·阳货》曰:"色厉而内荏,譬诸小人,其犹穿窬之盗也与?"《论语·公治长》篇亦云又说:"巧言、令色、足恭,左丘明耻之,丘亦耻之。匿怨而友其人,左丘明耻之,丘亦耻之。"孟子将"朋友有信"列入五伦之一,表明了其将"信"视为朋友之交的基本道德准则的立场。荀子也将"信"看作是赢得别人尊重的前提,将内心巧诈视为遭人唾弃的缘由,他讲:"体恭敬而心忠信,术礼义而情爱人,横行天下,虽困四夷,人莫不贵;劳苦之事则争先,饶乐之事则能让,端悫诚信,拘守而详,横行天下,虽困四夷,人莫不任。体倨固而心执诈,术顺墨而精杂污,横行天下,虽达四方,人莫不贱。"③在与朋友的交往中,儒家认为除了"信"之外,还应常常内省,遇到矛盾多从自身找原因,即"躬自厚而薄责于人"④,要择朋友之善而学之,见"不善"则引以为戒,即谓:"三人行,必有我师焉:择其善者而从之,其不善者而改之。"⑤"见善,修然必以自存也;见不善,愀然必以自省也。"⑥

总之,对于朋友关系,先秦儒家主张谨慎择友,注重所交朋友的品行和志向,提倡"不挟长,不挟贵"的平等交往,反对诏谀和趋炎附势;主张"与朋友交,言而有信",提倡"忠告而善道之"的诚恳坦率,反对"人而无信","巧

① 杨伯峻.论语译注[M].论语·学而.北京:中华书局,1980.5.
② [战国]孟轲(著),万丽华(译注).孟子[M].孟子·滕文公上.北京:中华书局,2006.111.
③ 张觉.荀子校注[M].荀子·修身.长沙:岳麓书社,2006.13.
④ 杨伯峻.论语译注[M].论语·卫灵公.北京:中华书局,1980.165.
⑤ 杨伯峻.论语译注[M].论语·述而.北京:中华书局,1980.72.
⑥ 张觉.荀子校注[M].荀子·修身.长沙:岳麓书社,2006.10.

言令色"、"匿怨而友其人"的虚伪做作；主张与朋友交往宽容、大度，提倡"自省"、"择善而从"，反对不自省而怨天尤人。

3. 忠

君臣关系在中国古代是重要的人伦关系之一，就君臣关系而言，孔、孟、荀都主张臣对君要"忠"，但先秦儒家所说的"忠"，并非是无条件的"愚忠"，而是以君臣之间的相互义务、责任为前提，这表现在两个方面：

首先，先秦儒家认为君应以"礼"配臣之"忠"。例如，《论语·八佾》记载，定公问孔子："君使臣，臣事君，如之何？"孔子对曰："君使臣以礼，臣事君以忠。"可见，在孔子心目中，"君使臣以礼"和"臣事君以忠"是互为条件的。孟子更明确的表达了这层意思，他说："君之视臣如手足，则臣视君如腹心；君之视臣如犬马，则臣视君如国人；君之视臣如土芥，则臣视君如寇雠。"①

其次，先秦儒家所认可的"忠"，并不是指盲目的顺从君主，盲目满足君主的口腹之私欲，向君主谄媚以讨君主欢心，而是要从国家的大义考虑，尽心尽力为君主治国安邦出谋划策，所谓"事君，敬其事而后其食"②，"立乎人之本朝而道不行，耻也"③。为了维护道义，即使冒犯君主也在所不惜，这就是孔子所说的"勿欺也，而犯之。"④荀子还进一步明确了"顺"、"谄"、"忠"、"篡"的含义，并对"社稷之臣"和"国贼"作了界定，他说："从命而利君谓之顺，从命而不利君谓之谄；逆命而利君谓之忠，逆命而不利君谓之篡。不恤君之荣辱，不恤国之臧否，偷合苟容，以持禄养交而已耳，谓之国贼。君有过谋过事，将危国家、殒社稷之惧也，大臣、父兄有能进言于君，用则可，不用则去，谓之谏；有能进言于君，用则可，不用则死，谓之争；有能比智同力，率群臣百吏而相与强君挢君，君虽不安，不能不听，遂以解国之大患，除国

---

① ［战国］孟轲（著），万丽华（译注）.孟子[M].孟子·离娄下.北京:中华书局,2006.171.
② 杨伯峻.论语译注[M].论语·卫灵公.北京:中华书局,1980.170.
③ ［战国］孟轲（著），万丽华（译注）.孟子[M].孟子·万章下.北京:中华书局,2006.229.
④ 杨伯峻.论语译注[M].论语·宪问.北京:中华书局,1980.153.

之大害,成于尊君安国,谓之辅;有能抗君之命,窃君之重,反君之事,以安国之危,除君之辱,功伐足以成国之大利,谓之拂。故谏、争、辅、拂之人,社稷之臣也,国君之宝也,明君所尊厚也,而暗主惑君以为己贼也。"①可见,在孔子和荀子心目中,对"君"表面的顺从并非"忠",只有从道义出发,为江山社稷着想,必要时候敢于冒颜犯谏才是真正的"忠"。较之孔子和荀子,孟子在君臣关系上的思想更为激进,孟子曰:"无罪而杀士,则大夫可以去;无罪而戮民,则士可以徙。"②他甚至大胆的提出"君有大过则谏,反覆之而不听,则易位"③的主张。

总之,先秦儒家所要求的"臣事君以忠"是以君臣之间的相互义务为前提的,与后世所倡导的"君为臣纲"单方面的不平等关系有很大不同,有人将中国漫长的封建专制全归之于孔孟的君臣学说,是不符合实际的。

4.爱民

与"君臣"关系主要指统治阶层内部的关系相比,"君民"关系表征的则是统治阶层与被统治阶层之间的关系,这是治国安邦所必须协调好的一项重要关系,而且,对如何协调处理这对关系,先秦儒家思想也非常丰富。因此,尽管在儒家所讲的"五伦"中并没有"君民"关系一伦,但本书仍然单列一小节,把其视为"君臣"一伦的延伸和补充而论述之。

在君民关系上,儒家毫无疑问是尊君的,但儒家同时又深刻地认识到,君权需要民众的支持和配合才能够稳固,君与民之间是互相抗衡又互相依赖的关系。对这对关系的协调,荀子有段话说得甚好,他讲:"马骇舆则君子不安舆,庶人骇政则君子不安位。马骇舆则莫若静之;庶人骇政则莫若惠之。选贤良,举笃敬,兴孝弟,收孤寡,补贫穷,如是,则庶人安政矣。庶人安政,然后君子安位。《传》曰:'君者,舟也;庶人者,水也。水则载舟,水则覆舟。'此之谓也。故君人者,欲安,则莫若平政爱民矣;欲荣,则莫若隆

---

① 张觉.荀子校注[M].荀子·臣道.长沙:岳麓书社,2006.160.
② [战国]孟轲(著),万丽华(译注).孟子[M].孟子·离娄下.北京:中华书局,2006.173.
③ [战国]孟轲(著),万丽华(译注).孟子[M].孟子·万章下.北京:中华书局,2006.236.

礼敬士矣;欲立功名,则莫若尚贤使能矣。是君人者之大节也。三节者当,则其余莫不当矣。三节者不当,则其于虽曲当,犹将无益也。"①可见,要获得民众的支持,最有效的方式就是实行德治、王道、重视和爱护人民,这样,儒家又从"君本位"过渡到"民本位",尊君论与民本论恰似儒家政治伦理思想的两翼,二者相互结合、相互渗透。而在儒家"尊君重民"的思想体系中又尤以重民、爱民的思想对后世产生的积极影响最多、最为光辉,因此,本小节重点评述先秦儒家的爱民思想。

重民爱民的思潮可以追溯到西周,西周统治者在商朝灭亡的过程中,看到了民众的力量,他们从商朝灭亡中吸取教训,开始在治国方略中注入德政的新因素,如《尚书·康诰》记载:"惟乃丕显考文王,克明德慎罚,不敢侮鳏寡,庸庸、祗祗、威威、显民。"先秦儒家发展了西周以来的"民本"的思想萌芽,其"民本"思想主要包含以下七个方面的内容:

其一,以德治为主、德法结合、反对暴政。"德治"首先要求统治者有较高的道德水平,以影响和感染民众,即"上好礼,则民莫敢不敬;上好义,则民莫敢不服;上好信,则民莫敢不用情。"②儒家认为以德服人,更能征服民众的内心,孔子曰:"道之以政,齐之以刑,民免而无耻;道之以德,齐之以礼,有耻且格。"③孟子同样认为:"以力服人者,非心服也,力不赡也;以德服人者,中心悦而诚服也。"④同时,孟子又将孔子的德治思想进一步完善,由"人性善"出发,为"仁政"寻到了先天道德上的依据,他说:"人皆有不忍人之心。先王有不忍人之心,斯有不忍人之政矣。以不忍人之心,行不忍人之政,治天下可运之掌上。"⑤荀子对"德治"也十分重视,他认为通过"道德之威",可以使民众对君主"贵之如帝,高之如天,亲之如父母,畏之如神明。故赏不用而民劝,罚不用而威行。"⑥先秦儒家在主张"德治"的同时,也在一

① 张觉.荀子校注[M].荀子·王制.长沙:岳麓书社,2006.87.
② 杨伯峻.论语译注[M].论语·子路.北京:中华书局,1980.135.
③ 杨伯峻.论语译注[M].论语·为政.北京:中华书局,1980.12.
④ [战国]孟轲(著),万丽华(译注).孟子[M].孟子·公孙丑上.北京:中华书局,2006.65.
⑤ [战国]孟轲(著),万丽华(译注).孟子[M].孟子·公孙丑上.北京:中华书局,2006.69.
⑥ 张觉.荀子校注[M].荀子·强国.长沙:岳麓书社,2006.190.

定程度上意识到了"法治"的作用,认为德法应该结合,例如,孟子曰:"徒善不足以为政,徒法不能以自行。"①荀子曰:"治之经,礼与刑,君子以修百姓宁。明德慎罚,国家既治,四海平。"②虽然,儒家意识到了"法治"的作用,但始终以"德治"为治国的指针,基于对"德治"的推崇,儒家必然对暴政深恶痛绝,并对其进行猛烈抨击,如孔子批判说"苛政猛于虎也。"③孟子痛斥:"庖有肥肉,厩有肥马,民有饥色,野有饿莩,此率兽而食人也。"④

其二,养民、富民、使民以时。孔子认识到"百姓足,君孰与不足?百姓不足,君孰与足?"⑤他将"养民也惠"视作君子四道之一,并高度评价"博施于民而能济众"的行为,称赞其为"何事于仁!必也圣乎!"⑥孟子则更明确、具体地提出要制民"恒产",使民"仰足以事父母,俯足以畜妻子,乐岁终身饱,凶年免于死亡"⑦,认为这样才能换取民众长久的拥护,即"恒心"。此外,要想养民、富民,还应注意索取有度,使民以时。孔子认为,征民众服徭役,应特别慎重,不能干扰民众正常的生产生活,即谓"使民如承大祭。"⑧并将"使民以时"看作治理国家的重要手段,即谓:"道千乘之国,敬事而信,节用而爱人,使民以时。"⑨孟子将"不违农时"视为王道之始,孟子曰:"不违农时,谷不可胜食也;数罟不入洿池,鱼鳖不可胜食也;斧斤以时入山林,材木不可胜用也。谷与鱼鳖不可胜食,材木不可胜用,是使民养生丧死无憾也。养生丧死无憾,王道之始也。"⑩

其三,教民。孔、孟、荀三位大儒都主张对民众施行教化,《论语》记载了一段冉有与孔子的对话,冉有曰:"既庶矣,又何加焉?"曰:"富之。"曰:

① [战国]孟轲(著),万丽华(译注).孟子[M].孟子·离娄上.北京:中华书局,2006.145.
② 张觉.荀子校注[M].荀子·成相.长沙:岳麓书社,2006.318.
③ 王文锦.礼记译解[M].礼记·檀弓下.北京:中华书局,2001.146.
④ [战国]孟轲(著),万丽华(译注).孟子[M].孟子·滕文公下.北京:中华书局,2006.7.
⑤ 杨伯峻.论语译注[M].论语·颜渊.北京:中华书局,1980.127.
⑥ 杨伯峻.论语译注[M].论语·雍也.北京:中华书局,1980.65.
⑦ [战国]孟轲(著),万丽华(译注).孟子[M].孟子·梁惠王上.北京:中华书局,2006.15.
⑧ 杨伯峻.论语译注[M].论语·颜渊.北京:中华书局,1980.123.
⑨ 杨伯峻.论语译注[M].论语·学而.北京:中华书局,1980.4.
⑩ [战国]孟轲(著),万丽华(译注).孟子[M].孟子·梁惠王上.北京:中华书局,2006.5.

"既富矣,又何加焉?"曰:"教之"。① 荀子也表达过这种"富而后教"的思想,他说"不富无以养民情,不教无以理民性。故家五亩宅,百亩田,务其业而勿夺其时,所以富之也。立大学,设庠序,修六礼,明十教,所以道之也。《诗》曰:'饮之食之,教之诲之。'王事具矣。"②孟子则将"教民"看作得民心的重要手段,他说:"仁言不如仁声之入人深也,善政不如善教之得民也。善政,民畏之;善教,民爱之。善政得民财,善教得民心。"③

其四,广开言路,听取民众意见。例如孟子曰:"左右皆曰贤,未可也;诸大夫皆曰贤,未可也;国人皆曰贤,然后察之。见贤焉,然后用之。左右皆曰不可,勿听;诸大夫皆曰不可,勿听;国人皆曰不可,然后察之。见不可焉,然后去之。左右皆曰可杀,勿听;诸大夫皆曰可杀,勿听;国人皆曰可杀,然后察之。见可杀焉,然后杀之。故曰国人杀之也。如此,然后可以为民父母"④。

其五,与民同乐。"乐民之乐者,民亦乐其乐;忧民之忧者,民亦忧其忧。乐以天下,忧以天下,然而不王者,未之有也。"⑤儒家认为只有与民同乐,统治者的"乐"才能有保障。

其六,取信于民。孔子非常重视"信",《论语》记载了子贡与孔子的一段对话,子贡问政。子曰:足食,足兵,民信之矣。子贡曰:必不得已而去,于斯三者何先? 曰:去兵。子贡曰:必不得已而去,于斯二者何先? 曰:"去食。自古皆有死,民无信不立。"⑥荀子也将诚信看作治国安邦的基本准则,他认为官僚应"诚能,然后敢受职"⑦,统治阶级对老百姓要"时使而诚爱之"⑧。荀子非常痛恨那种心底不诚,而又能说会道、玩弄权术的人,他批评

---

① 杨伯峻. 论语译注[M]. 论语·子路. 北京:中华书局,1980. 137.
② 张觉. 荀子校注[M]. 荀子·大略. 长沙:岳麓书社,2006. 364.
③ [战国]孟轲(著),万丽华(译注). 孟子[M]. 孟子·尽心上. 北京:中华书局,2006. 294.
④ [战国]孟轲(著),万丽华(译注). 孟子[M]. 孟子·梁惠王下. 北京:中华书局,2006. 37.
⑤ [战国]孟轲(著),万丽华(译注). 孟子[M]. 孟子·梁惠王下. 北京:中华书局,2006. 29.
⑥ 杨伯峻. 论语译注[M]. 论语·颜渊. 北京:中华书局,1980. 126.
⑦ 张觉. 荀子校注[M]. 荀子·儒效. 长沙:岳麓书社,2006. 71.
⑧ 张觉. 荀子校注[M]. 荀子·议兵. 长沙:岳麓书社,2006. 184.

这样的人说:"听其言则辞辩而无统,用其身则多诈而无功;上不足以顺明王,下不足以和齐百姓。"①

其七,反对不义战争。儒家认为不义战争会给人民造成巨大的苦难,劳民伤财,所谓"争地以战,杀人盈野;争城以战,杀人盈城,此所谓率土地而食人肉,罪不容于死"②。儒家认为君主应将精力放在施行仁德和保民之上,孔子曰:"远人不服,则修文德以来之。"③儒家认为这样做会比发动战争效果更好,即"保民而王,莫之能御也"④,"夫国君好仁,天下无敌"⑤。

总之,先秦儒家充分意识到了人民的力量,认为统治者要巩固政权必须获得人民的支持,而获得支持的途径就是要以德治为主,养民、富民、教民、爱民,他们的治国方略中重民、爱民的色彩非常浓厚,他们关于天下得失取决于民心向背的思想敏锐而深刻,是一种远见卓识。

结 语

总体而言,儒家把"人"看作"群"的存在,以"群"作为协调人际关系的旨归。在个人与群体的关系上,儒家强调"群"对个体的制约,主张在群体中给个体"正名",以明确个体的社会角色以及与角色相应的责任和义务,以"群"为本位,集体观念浓郁;在人与己关系上,儒家也是从群体和睦着眼,奉"忠恕之道",主张推己及人、将心比心,设身处地地为他人着想,以此来协调人与人之间的关系。先秦儒家在"群体本位"的前提下,也重视个体价值,肯定个人才华,尊重个体的人格、气节和尊严,即肯定道德主体有特立独行的自由,但这种自由不是无法无天、唯我独尊的自由,而是以"道"为

---

① 张觉.荀子校注[M].荀子·非相.长沙:岳麓书社,2006.47.
② [战国]孟轲(著),万丽华(译注).孟子[M].孟子·离娄上.北京:中华书局,2006.159.
③ 杨伯峻.论语译注[M].论语·季氏.北京:中华书局,1980.172.
④ [战国]孟轲(著),万丽华(译注).孟子[M].孟子·梁惠王上.北京:中华书局,2006.12.
⑤ [战国]孟轲(著),万丽华(译注).孟子[M].孟子·尽心下.北京:中华书局,2006.151.

标准和限阈,"从心所欲不逾矩"的自由。在儒家这种"群体本位"熏陶之下,中华民族成长为以社会整体利益为最高准则、以天下兴亡为己任的识大体、顾大局的民族。北宋范仲淹所作《岳阳楼记》云:"不以物喜,不以己悲,居庙堂之高,则忧其民;处江湖之远,则忧其君。是进亦忧,退亦忧;然则何时而乐耶? 其必曰:'先天下之忧而忧,后天下之乐而乐'乎!"明清之际黄宗羲曰:"不以一己之利为利,而使天下受其利,不以一己之害为害,而使天下释其害。"①鲁迅先生总结说:"我们自古以来就有埋头苦干的人,有拼命硬干的人,有为民请命的人,有舍身求法的人……虽是等于为帝王将相作家谱的所谓正史,也往往掩不住他们的光辉,这就是中国的脊梁。"

儒家为处理父子关系、兄弟关系、夫妻关系、朋友关系、君臣关系、君民关系所提出的孝、悌、别、信、忠、民本等原则,是对群体本位、正名思想、忠恕之道等处理人际关系根本原则的具体运用。这些处理人际关系的原则对中国社会产生了深远影响,为中国社会的稳定,为更好地协调人与人的关系发挥了巨大作用。尽管这些具体原则所包含的某些因素有些已经过时,甚至还有糟粕,但是去掉那些不合时宜的成分,并赋予其与现代社会相适应的新内涵,仍然能够为现代社会所用。例如,"孝、悌、别"倘若去除掉等级压制和人身依附的成分,其中所彰显的亲情与家庭责任,对今天的家庭伦理建设仍有值得借鉴的意义;再例如,以诚实不欺、重信守诺、言行一致为主要特征的"信",在当今社会也是人与人之间良性交往的前提;"忠"也可以由封建社会中对君主一家一姓的"忠诚"转化成对党和人民、对国家根本利益的忠心,等等。总之,儒家所构建的协调人与人关系的准则,是中华民族传统道德的重要组成部分,其精华部分已经内化于中华民族的心中,成为我们民族精神的一部分,值得人们重视。

---

① [清]黄宗羲.明夷待访录[M].明夷待访录·原君.杭州:浙江古籍出版社,1986.2.

第六章 先秦儒学对中华民族
精神凝聚系统的培育

民族凝聚力是一个民族在长期的历史发展中形成的维系民族感情,团结民族成员的合力,它是民族精神的激励系统、教化系统、协调系统作用于全体民族成员而产生的整体效果,民族精神中有利于增强民族凝聚力的因素就构成了民族精神的凝聚系统。民族凝聚力的强弱与该民族所处的地理环境、所采用的生产方式、所施行的政治结构,以及对该民族整体具有影响力的思想文化的特点密切相关,其中思想文化因素直接引领、塑造该民族的价值观念,而价值观念的认同是一个民族深层次的认同,因此,思想文化因素是民族凝聚力的核心因素。历史发展证明:中华民族是一个具有强大凝聚力的民族,作为一个多元统一体,它绵延五千年而不衰,成为世界民族历史上的奇迹。中华民族所具有的极强的民族凝聚力,就其传统部分来说,主要来源于中国传统思想文化的熏陶浸染,在中国古代社会,儒家文化是民族文化的象征,它为古代中国人规设了基本的价值准则和行为规范,成为吸引中华境内各民族的主要精神力量,在思想文化领域发挥着整合中华民族精神世界的重要作用。本章即从中华民族精神凝聚系统的最高境界与总体方法两个层面,来说明先秦儒学与中华民族凝聚力的密切关系。

一、和——凝聚系统的最高境界

中华民族精神凝聚系统所要达到的最高境界,用一个字来概括就是"和","和"表征的是事物内部诸要素间的平衡协调,以及不同事物间的和谐共处,体现了个性与共性相统一的原则,描述了事物客观的利生状态。"和"这种思想在中国源远流长,它孕育的根基是我国古代以农耕为主的生产方式和以血缘亲情为基础的家国同构的社会结构。农业生产对自然环境的依赖较大,中华先民从农业生产中深深的认识到风调雨顺、因地制宜、因时制宜的重要意义,这促使他们致力于追求天、地、人的和谐相处。同时,在古时生产力低下的条件下,农业生产更加耗时、耗力,这就把人固定在土地上而很少迁徙。世代生息繁衍形成了一个个大家庭,大家庭关系复杂,家庭成员只有和睦相处、齐心协力才能搞好生产。并且,整个中国古代社会的人际关系以及政治等级秩序也都是从血缘关系中派生出来,血缘纽带在古代中国是维系人与人关系的基础,其最主要的特征便是亲和性。在此背景下诞生的儒家文化,一直奉"和"为自己学说的基本精神,追求"和"是贯穿儒家思想的一条主线,这一精神源于儒家"天人合一"的思维模式,主要表现为"大一统"的国家理念,以及"道德至上"、"群体为重"的价值取向。儒家的这些思想对塑造中华民族顾全大局、讲求团结、以群体为重的精神品性,对增强中华民族的凝聚力发挥了积极的促进作用。

1."天人合一"的思维模式

儒家之所以奉"和"为自己学说的基本精神,来源于其"天人合一"的思维模式。"天人合一"笼统地来讲就是把人与整个宇宙万物看成是相连相通、协调和谐的,而不是把人与外在世界看成是分裂对立的。"天人合一"的思维模式并非儒家一派所独有,而是中国传统思想文化共同的思维旨趣,是中国哲学的基本精神,只是各家各派对这一命题的理解各不相同。其中,儒家的特色就在于侧重于从"义理之天"的层面理解"天"的含义,将"天"作为理想人格和完美社会秩序的根据,将单纯"人"的问题上升为天人关系问题,进而以"天人合一"的思维模式来处理人生问题和社会问题,主张本人道而言天道,尽人道以合天道,人生、人事是儒家"天人合一"观念的出发点和落脚点,儒家主张通过彰显人的道德主体性来达到"天人合一"的理想境界。

就《论语》来考察孔子的思想,他讲人道较多,天道较少,尚未形成系统的天人观,但是其提出的"人能弘道,非道弘人"①的论断,已经隐含了人发挥自身的主体能动性,通过践行仁德来合于天道的含义。孔子在天人关系问题上论述得薄弱,在他的后学身上得到弥补。在孟子那里,"天人合一"成为其哲学思想的根本出发点,孟子将人性之所以为善的根据追溯至天,把天解释为人性的本原、道德的依据,"天"的伦理道德色彩进一步加强。在孟子看来,人的本性与天性相通,尽管现实的人受物欲的影响,在一定程度上丧失了天赋的善性,但是经过后天的自我完善、自我提升,仍可以重新找回乃至发扬光大天赋的善性,达到与天道相合的终极目标,成就理想人格,这就是圣人。孟子因此曰:"尽其心者,知其性也。知其性,则知天矣。存其心,养其性,所以事天也。"②这是一种典型的天人合一思想。孟子所主张的这种"天人合一"是一个价值性命题,通过这样一种论证,便为道德理性确立起了形而上的价值根据,从而使其理论更具说服力。《中庸》和《易传》基本上与孟子的这一思想理路相同,《易传·系辞上传》认为《易》就是圣人效法天地之道而制定出来的,即谓"天生神物,圣人则之;天地变化,圣人效之;天垂象,见吉凶,圣人象之;河出图,洛出书,圣人则之。"以至于六十四卦的每一卦都是天、地、人三才相通的具体体现,这就是《说卦》所说的:"立天之道,曰阴与阳;立地之道,曰刚与柔;立人之道,曰仁与义。兼三材而两之,故《易》六画而成卦。"天道、地道、人道之间的差异只是字面上的,三者在本质上是一致的,天地之道就是人心性的本原、道德的依据,《易传·乾卦·文言》将"天人合一"的境界具体描述为:"夫大人者,与天地合其德,与日月合其明,与四时合其序,与鬼神合其吉凶。"《中庸》更是将"天人合一"作为全书的主旨,将天命与人性相等同,开篇即曰:"天命之谓性;率性之谓道;修道之谓教。"《中庸》将天人共具之性归结为"诚",即谓"诚者,天之道;诚之者,人之道也。"这个"诚"表征的正是兼物我、合内外的天人合一的精神面貌,这就是《中庸》所说的"诚者,非自成己而已也。所以成物也。成己仁也。成物知也。性之德也,合外内之道也。故时措之宜也。"

与孟子、《易传》、《中庸》这种典型的儒家式的"天人合一"观不同,荀子以"明于天人之分"为出发点,由"分"而"合",他加大了在"自然之天"的意味上使用"天"的比重,认为天有天的职分,人有人的职分,天人各居其位,各尽其分、各显其能,主张人应该在了解"天人相分"的基础上,与天地相参,达到"制天命而用之"的目的。可见在荀子的视野中,"分"只是手段,"合"才是真正的目的。荀子的这种"天人合一"思想,鲜明地说明了儒家的中和原则可以而且必然包含着"分"、"异"的内在对立性,将孔子提出的"和而不同"的"中和"观念推进了一大步。

儒家"天人合一"观的实质是天与人的"和谐",即与天地相参,由这种和谐圆融的思维路向自然可以衍生出儒家对人与人和谐以及对人自我身心和谐的追求,即人生、社会、宇宙的普遍和谐。儒家所倡导的这种"和"指的是包含多样性的统一,是各种因素在一定原则指导下的有主有次、搭配得当、相得益彰的协调,而不是不同因素的简单相加,更不是庸俗的调和主义,它与不讲原则只知一味求同、一团和气的"同"有着天壤之别。孔子所讲的"和者,无乖戾之心,同者,有阿比之意"、"君子和而不同,小人同而不和"、"君子周而不比,小人比而不周"等说明的都是这层意思。先秦儒家对于"和",尤其是"人和"在治国安邦中的作用非常重视,例如,孔子说:"和无寡,安无倾……远人不服,则修文德以来之。既来之,则安之。"①孟子曰:"天时不如地利,地利不如人和。"②荀子讲:"上不失天时,下不失地利,中得人和,而百事不废。"③儒家所追求的这种人生、社会、宇宙的普遍和谐,用《易传》的话讲就是"太和",所谓"乾道变化各正性命,保合太和,乃利贞。"④《中庸》更是旗帜鲜明地将"万物并育而不相害,道并行而不相悖"的

① 杨伯峻. 论语译注[M]. 论语·季氏. 北京:中华书局,1980. 172.
② [战国]孟轲(著),万丽华(译注). 孟子[M]. 孟子·公孙丑下. 北京:中华书局,2006. 76.
③ 张觉. 荀子校注[M]. 荀子·王制. 长沙:岳麓书社,2006. 143.
④ 黄寿祺,张善文. 周易译注[M]. 乾卦第一. 上海:上海古籍出版社,2001. 6.

"和谐"视为"大本"和"达道",即谓"中也者,天下之大本也;和也者,天下之达道也。致中和,天地位焉,万物育焉。"儒家"天人合一"的思维模式以及由此引申出的普遍和谐的观念,把中华民族塑造成心胸宽广,爱好和平,以中正和谐为理想境界,视天、地、人为统一整体的深具包容和谐精神的民族。包容和谐的精神深深地渗透到中国人的思想深处,内化成一种民族心理,成为中华民族精神世界的鲜明特色,中华民族重伦理亲情、群体本位、大一统等观念都是"天人合一"的普遍和谐观念在社会生活领域的具化。

2."大一统"的国家理念

儒家的"天人合一"观念,从本质上来讲,它的目的并不在于探讨自然界与人类的本原派生关系,而在于以此为思路去解决社会人生问题,追求人与人、人与社会的和谐。儒家这种和谐思想体现在政治生活中,就表现为追求国家统一的"大一统"的国家理念。

"大一统"作为文字第一次明确出现是在《春秋公羊传》中,《公羊传》曰:"王者孰谓?谓文王也。曷为先言王而后言正月?王正月也。何言乎王正月?大一统也。""大一统"简而言之就是国家、社会在政治、民族、思想文化等各方面的全面和谐、统一。儒家是一个有着强烈社会担当意识和政治远见的思想学派,儒家很早便认识到了国家统一对社会发展的好处,被儒家列为"五经"之一的《诗经》就用诗歌的形式歌颂了国家的统一,即谓:"溥天之下,莫非王土;率土之滨,莫非王臣。"[1]先秦时期,孔、孟、荀三位大儒的政治思想中都包含着"大一统"的主张,例如,孔子一直视天下一统为政治上最理想的局面,而对国家的割据混战、分崩离析十分厌恶,他讲"天下有道,则礼乐征伐自天子出;天下无道,则礼乐征伐自诸侯出。"[2]孔子还对管仲赞赏有加,他之所以对管仲有很高的评价主要是因为管仲帮助齐桓公在一定程度上实现了统一,即"管仲相桓公,霸诸侯,一匡天下,民到于今

---

① 程俊英.诗经释注[M].诗经·小雅·北山.上海:上海古籍出版社,2006.322.
② 杨伯峻.论语译注[M].论语·季氏.北京:中华书局,1980.174.

受其赐。微管仲,吾其被发左衽矣。"①孟子也认为"天无二日,民无二王",认为社会应该"定于一"。荀子在著作中也多次提到"一天下"。到汉朝时期,董仲舒对"大一统"思想作了进一步发挥,他在《举贤良对策》中引《公羊传》说:"《春秋》大一统者,天地之常经,古今之通谊也。"这就将"大一统"上升到了天经地义的真理高度,在此基础上,董仲舒又赋予"大一统"以维护国家统一、政治统一、文化统一等多方面的含义,经过董仲舒的阐发,大一统的观念大大超越了《春秋公羊传》统一历法的意义,而成为一个较完善的理论体系。此后,"大一统"的观念深入人心,成为中国社会各阶层的共识,始终发挥着维护国家统一,反对民族分裂的特殊作用。在中国历史上,无论是汉族政权还是少数民族政权都以实现国家统一为政治理想。从中国实际的历史进程来看,统一也是主流,"从时间上看,中国统一的时间约为秦汉以后历史时期的七分之六,分裂时期约占七分之一。分裂时间最长的南北朝(约三、四百年),南方和北方的政权也是统一的,统一区域也相当广大"②。即使在国家分裂时期,中国人也始终没有放弃过对统一的追求,这一点,无论是汉族还是少数民族都不例外,例如,据《晋书》114 卷记载,十六国时期氐族符坚在进攻东晋前就曾说:"吾统承大业凡二十年,……四方略定,唯东南一隅未蒙王化。吾每思天下不一,未尝不临食辍,今欲起天下兵以讨之。……非为地之不广也,但思混一六合,以济苍生。"

先秦儒家虽然倡导"大一统",但并不推崇单纯依靠武力来实现国家统一。儒家认同的是"礼之用,和为贵"③,是"远人不服,则修文德以来之。既来之,则安之"④,即以和平方法实现国家统一的方式。先秦儒家的这一主张,从孔子对管仲的评价也可以看出来,孔子认为管仲在辅佐齐桓公时所表现出的最杰出的政治能力在于管仲"不以兵车之力"便创造了"一匡天

① 杨伯峻. 论语译注[M]. 论语·宪问. 北京:中华书局,1980. 151.
② 任继愈. 中华民族的生命力[A]. 增强中华民族凝聚力首次学术讨论会论文集[C]. 香港:汉荣书局,1991. 29.
③ 杨伯峻. 论语译注[M]. 论语·学而. 北京:中华书局,1980. 8.
④ 杨伯峻. 论语译注[M]. 论语·季氏. 北京:中华书局,1980. 172.

下"、"九合诸侯"的伟大历史功绩。孟子也是这样,他对"争地以战,杀人盈野;争城以战,杀人盈城"①深恶痛绝,他主张实行"仁政"来以德服人,即谓:"老吾老,以及人之老;幼吾幼,以及人之幼。天下可运于掌。"②荀子同样主张"以德兼人"③,他强调"行一不义,杀一无罪,而得天下,不为也。"④在推进国家统一的征程中,这种和平统一的理念有助于增进民族间的感情,化解对立情绪,从而可以起到凝聚各民族的积极作用。

在推进"大一统"的进程中,文化的因素至关重要,这是因为在古代中国人心目中,"中国"并不单纯是一个地理、政治概念,它更是一个文化概念,这个文化主要指的是重诗书礼乐、重人文教化的儒家文化。民族观念和文化观念紧密联系在一起,《论语·子罕》讲:"子欲居九夷,或曰陋,如之何!子曰:君子居之,何陋之有?"朱熹进一步对这句话解释说:"君子所居则化,何陋之有?"儒家虽然很注重夷夏之别,所谓"夷不谋夏,夷不乱华",显示出了对四夷的防范心理。但是儒家所坚持的区分夷与夏的标准,是文明程度的高低,而不是狭隘的种族和地域的界限。这样一种区分标准,是和谐的、宽容的,因为文化上的差距可以通过自觉地学习、交流、取长补短来弥补。儒家认为通过夷、夏对华夏文明的自觉地选择与放弃,可以夷、夏互变,所谓"中国而失礼义则夷狄之,夷狄而能礼义则中国之"。这样一种夷、夏可变的思想不狭隘、不排斥,有助于消除民族间的心理隔阂。在中国古代,以儒家学说为主导的华夏文明对周边少数民族具有强大的吸引力,那些以武力入主中原的少数民族,总是自觉地接受、学习华夏文明,他们往往以中华正统文化的传承者自居,认为自己与较为先进的华夏文明同祖共源,由此往往倡导儒学、因循汉制、重用汉族文人。例如,据《晋书》101卷记载,魏晋南北朝时期,匈奴人建立的后汉政权,奉刘邦为太祖,称"昔我太祖高皇帝以神武应期,廓开大业"。再如,据《周书·帝纪》记载,鲜卑族建立

① [战国]孟轲(著),万丽华(译注).孟子[M].孟子·离娄上.北京:中华书局,2006.159.
② [战国]孟轲(著),万丽华(译注).孟子[M].孟子·梁惠王上.北京:中华书局,2006.14.
③ 张觉.荀子校注[M].荀子·议兵.长沙:岳麓书社,2006.186.
④ 张觉.荀子校注[M].荀子·儒效.长沙:岳麓书社,2006.67.

北周政权后,也以"其先出自炎帝神农氏"自居,等等。这样的文化认同进一步促进了民族认同,促使夷、夏观念逐渐淡薄,加速了民族融合的进程。从隋唐开始,"华夷一家"的思想逐渐被汉族和少数民族统治者所认同,例如,《隋书·西域列传》记载隋文帝曾说:"溥天之下,皆曰朕臣。"《资治通鉴》卷198记载唐太宗曾说:"自古皆贵中华,贱夷狄,朕独爱之如一,故其种落皆依朕如父母。"《明太宗实录》卷127记载明太宗曾说:"华夷本一家,朕奉天命为天子,天之所覆,地之所载,皆朕赤子。"《大义觉迷录》记载雍正皇帝也曾说:"自我朝入主中土,君临天下,并蒙古极边,诸部落俱归版图,是中国之疆土开拓广远,乃中国臣民之大幸,何得留有夷夏中外之分论哉。"

在儒家视野中,"大一统"的最高境界就是"大同社会",《礼记·礼运》篇描述了一幅大同社会的美好图画,即谓:"大道之行也,天下为公。选贤与能,讲信修睦,故人不独亲其亲,不独子其子,使老有所终,壮有所用,幼有所长,鳏寡孤独废疾者皆有所养。男有分,女有归。货恶其弃于地也,不必藏于己;力恶其不出于身也,不必为己。是故谋闭而不兴,盗窃乱贼而不作,故外户而不闭,是谓大同。"大同社会就是一个高度和谐的太平盛世。"大同社会"反映了中华民族对未来社会的憧憬,表达了中华民族追求和谐的精神。

总之,儒家的"大一统"观念是多民族的中国追求统一的思想动力,它对我国的历史进程和民族关系的发展演变产生了积极影响,是中华民族向心力和凝聚力的来源。中华各民族对于"统一"的向往,对儒家礼乐文明的认同,以及对同源共祖的民族历史的认同,推动了中华民族的融合进程。

3. "道德至上"、"群体本位"的价值导向

社会的和谐从根本上有赖于人与人之间的和睦相处,这是儒家所要着力解决的问题,其"天人合一"的和谐圆融的思维模式,落实于社会人生领域就表现为从整体着眼,倡导"群体本位"、"道德至上"的人生价值观念。

儒家学说以人为本,但儒家从不孤零零地谈论个人,而总是将人放在

群体中去考察,强调人的社会角色和社会义务。儒家认为每个人只有在宗法血缘、家国同构的社会网络上才能找到个体位置,只有尽到这个社会位置所附带的责任和义务,才能够体现出个人价值,群体利益重于、高于个体利益。儒家本着这种"群体本位"的价值原则,以血缘亲情为中心,以"忠恕"之道为总体方法,将心比心、由我及人、由家及国,来处理、协调人与人之间的关系以追求人际关系的和睦,用《孝经》的话来讲就是:"教以孝,所以敬天下之为人父者也;教以悌,所以敬天下之为人兄者也。"儒家还从道德的层面来定义人,认为人所以为人,就在于人有道德追求、有高尚的精神生活,儒家以仁德作为人之为人的本质,重义轻利,以道德来规范、约束个体行为,黑格尔曾评价说:"在中国人那里,道德义务的本身就是法律、规律、命令和规定。"①道德追求就意味着自我克制、乃至自我牺牲,是一种利他的行为。儒家认为为了维护国家、民族的大义而牺牲个体利益是非常值得的,在个体利益与群体利益发生冲突情况下,在国家危亡之时,个体应该"舍生取义"、"杀身成仁"。关于儒家进行道德修养的根据和具体方法,关于协调人际关系的具体原则,在本书的第四章"先秦儒学对中华民族精神教化系统的培育"、第五章"先秦儒学对中华民族精神协调系统的培育"中已经作过详尽的论述,这里仅点到为止,不再赘述。

总之,先秦儒家为中国人确立的"群体本位"、"道德至上"的价值取向,有助于中华民族涵养道德品性、促进人际和谐、砥砺民族气节。儒家文化就是这样通过宗法伦理道德将个人与他人、个人与社会联系在一起,这成为中华民族具有强大凝聚力的内在动因之一。

二、执两用中、时中——凝聚系统的总体方法

"和"是儒家为中华民族精神凝聚系统所设立的最高境界,儒家所追求

---

① [德]黑格尔.哲学史演讲录[M].北京:商务印书馆,1981.125.

的"和",不是各种因素在孤立、静止状态下的简单集合,也不是抹杀个性、一味求同、毫无原则地整齐划一,而是在一个动态系统中,以各个要素的内在联系为切入点,以仁、义、礼为准则使各个因素配合得当的圆融和谐。这种"和"用儒家的话讲就是"中和",所谓"中和",综上所述有两条含义:一是指有一定标准的"和";二是指构成统一体的各个因素各得其所、彼此之间以及与外在环境之间配合得当的"和"。要达到这样的"中和",必须要掌握正确的方法,先秦儒家为各个领域达致"中和"提供一系列具体的规范,比如,为了达致天人间的圆融和谐,先秦儒家设计了一条"尽人知性知天"的路线;为了达致民族间的圆融和谐,先秦儒家建构了"大一统"、"以夏变夷"、"大同世界"的理论;为了达致人与人之间的圆融和谐,先秦儒家倡导"群体本位"、"道德至上"的价值取向,并针对不同的人际关系提出了忠、孝、悌、信等一系列具体行为规范,等等。在这些具体的方法中,蕴涵着一些共同点,将其抽象出来一个就是"执两用中",一个就是"时中",这是儒家提供给中华民族精神凝聚系统的总体方法。

1. 执两用中

所谓"执两用中"就是指在追求圆融和谐的境界时,要全面考虑问题,从事物相互对立的方面出发,正确、适度、恰如其分地解决问题,不极端、不偏执。孔子对"执两用中"的方法赞赏有加,他说"舜其大知也与!舜好问而好察迩言,隐恶而扬善,执其两端,用其中于民,其斯以为舜乎!"①可见,在孔子眼中,舜的英明之处就在于他善于"执其两端,用其中于民"。儒家认为,只有执其两端,找到中正之点,才可以使事物保持最佳状态,即"中和"的状态。用朱熹的话讲就是:"这个中本无他,只是平日应事接物之间,每事理会教尽、教恰好,无一毫过不及之意。"②

为什么要"执两"呢?这个"两"是从哪里来的呢?儒家之所以特别强

---

① [宋]朱熹,四书集注[M].中庸章句.西安:三秦出版社,1999.28.
② [宋]黎靖德.朱子语类[M].卷一百二十四.北京:中华书局,1986.2980.

调要"执两",是因为儒家通过"仰则观象于天,俯则观法于地,观鸟兽之文,与地之宜,近取诸身,远取诸物"①,即通过对社会生产、生活的观察体认,认识到了事物一般都包含着相反相成的两个方面,"两"具有普遍性。对这个"两"最一般的概括就是"阴"和"阳",阴阳的象征范围很广,大宇宙中的一切相互对立的方面都可以用阴和阳来代表,如天地、上下、君臣、夫妇等等。《系辞上传》曰:"一阴一阳之谓道。"②朱子亦云:"天地之间,无往而非阴阳,一动一静,一语一默,皆是阴阳之理。"③从西周末年,人们便开始用阴阳二气的消长来揭示事物运动变化的原因,例如伯阳父便将三川发生地震的原因归结为"阳伏而不能出,阴迫而不能蒸"④的阴阳失调。儒家经典《易传》进一步将"阴阳"这对范畴上升到哲学高度,认为阴阳相互作用、平衡消长,推动着事物不断向前发展,只有阴阳处于平衡和谐中,事物才能达到最佳的发展状态。周易的六十四卦就是由阳爻和阴爻组合而成的,凡是阳爻居阳位,阴爻居阴位,就是当位,谓之"得正";凡阳爻居阴位,阴爻居阳位,就是不当位,谓之"失正"。《易传》崇尚二、五中爻,认为二、五爻正处于"不偏不倚,无过无不及"的平衡点上,凡阳爻居二或五之中位,象征刚中之德;阴爻居二或五之中位,象征柔中之德;若阴爻处二位,阳爻处五位,则是既中且正,称为"中正",往往象征着吉利亨通。南宋叶适在《水心别集·中庸》中对事物普遍包含两个相互对待的方面进行了总结概括,他说:"道原于一而成于两。古之言道者必以两。凡物之形,阴阳、刚柔、逆顺、向背、奇偶、离合、经纬、纪纲,皆两也,非一也。一物无不然,而况万物;万物皆然,而况其相禅无穷者乎!"

儒家所提倡的"执两"实际上就是要求作为主体的人在认识和处理各种问题时,能将事物所包含的两个相互对立的方面联系起来进行考察,这样才有可能找到恰如其分、正确合理的平衡点,把握好"度",才能把事情办

---

① 黄寿祺,张善文.周易译注[M].系辞下传.上海:上海古籍出版社,2001.572.

② 黄寿祺,张善文.周易译注[M].系辞上传.上海:上海古籍出版社,2001.538.

③ [宋]黎靖德.朱子语类[M].卷六十五.北京:中华书局,1986.1651.

④ [春秋]左丘明(著).鲍思陶(点校).国语[M].国语·周语上.济南:齐鲁书社,2005.13.

得正确合理,达致圆融、和谐的状态。倘若不是"执两"而是"执一",仅着眼于其中的一个方面,而忽略另一方面,那么便会因为"过"或"不及"而陷入片面、极端的境地。《论语》记载了孔子和子贡的一段对话就说明了这个道理,"子贡问:师与商也孰贤? 子曰:师也过,商也不及。曰:然则师愈与? 子曰:过犹不及。"①基于"过犹不及"的认识,孔子提出了若干相反相成具有辩证意义的命题,如:"学而不思则罔,思而不学则殆"②、"质胜文则野,文胜质则史。文质彬彬,然后君子"③、"君子泰而不骄,小人骄而不泰"④、"君子矜而不争,群而不党"⑤、"君子周而不比,小人比而不周"⑥、"君子和而不同,小人同而不和"⑦,等等。在这些引文中,孔子把思与学、文与质、泰与骄、矜与争、群与党、周与比、和与同联系起来加以考虑,目的就在于引导人在处理问题时全面思考,适当平衡以期恰到好处,在"无过"与"无不及"间保持最佳和谐状态,这就是"执两用中"的方法。

儒家"执两用中"达致和谐圆融的方法,应用领域非常广泛,它体现在社会人生日用的方方面面,现择两点来简要说明之:其一,"执两用中"是儒家认识事物的重要手段。孔子认为只有全面分析事物正反两方面的情况才能获得真知,他说:"吾有知乎哉? 无知也。有鄙夫问于我,空空如也。我叩其两端而竭焉。"⑧荀子进一步阐发了在认识问题上"叩其两端"的必要性和"蔽于一曲"的危害性,荀子曰:"凡人之患,蔽于一曲而暗于大理"⑨、"万物为道一偏,一物为万物一偏。愚者为一物一偏,而自以为知道,无知也"⑩,并举例论证曰:"墨子蔽于用而不知文,宋子蔽于欲而不知得,慎子蔽

① 杨伯峻. 论语译注[M]. 论语·先进. 北京:中华书局,1980. 114.
② 杨伯峻. 论语译注[M]. 论语·为政. 北京:中华书局,1980. 18.
③ 杨伯峻. 论语译注[M]. 论语·雍也. 北京:中华书局,1980. 61.
④ 杨伯峻. 论语译注[M]. 论语·子路. 北京:中华书局,1980. 143.
⑤ 杨伯峻. 论语译注[M]. 论语·卫灵公. 北京:中华书局,1980. 166.
⑥ 杨伯峻. 论语译注[M]. 论语·为政. 北京:中华书局,1980. 17.
⑦ 杨伯峻. 论语译注[M]. 论语·子路. 北京:中华书局,1980. 141.
⑧ 杨伯峻. 论语译注[M]. 论语·子罕. 北京:中华书局,1980. 89.
⑨ 张觉. 荀子校注[M]. 荀子·解蔽. 长沙:岳麓书社,2006. 262.
⑩ 张觉. 荀子校注[M]. 荀子·天论. 长沙:岳麓书社,2006. 209.

于法而不知贤,申子蔽于埶而不知知,惠子蔽于辞而不知实,庄子蔽于天而不知人"①,"慎子有见于后,无见于先;老子有见于诎,无见于信;墨子有见于齐,无见于畸;宋子有见于少,无见于多。"②其二,"执两用中"是儒家立身、处世、治国、平天下的基点。"执两用中"体现在道德修养上,就要求人涵养道德意识,挺立道德人格。为此,孔子视"仁"为人的本质,主张"仁者爱人"、"克己复礼";孟子立足"性善论",要求人涵养"四端"、尽心知性、存心养气,排除外界干扰以成就理想人格;荀子从"性恶论"出发,以"礼"来规制人,主张"居必择乡,游必就士,所以防邪僻而近中正"③,以力图使人的品性拨乱反正。"执两用中"体现在人伦关系上,就是努力使"事实之当然"与"伦理之应然"达到统一,在"正名"思想的指导下,使每个社会成员都依各自的身份角色行事,时时用中、事事执中,让每个人都能各安其位、各守其职、各尽所责,用儒家的话来讲就是要达到君敬臣忠、父慈子孝、夫妇和顺、兄友弟恭、朋友有信的状态,这样人与人之间便可和谐相处,社会便可由无序走向有序,由失范走上规范;"执两用中"体现在治国、平天下方面,就要求统治者像舜那样采取"执其两端,用其中于民"的施政方法。这种施政方法由来已久,如《尚书·洪范》篇便记载:"无偏无陂,遵王之义;无有作好,遵王之道;无有作恶,遵王之路;无偏无党,王道荡荡;无党无偏,王道平平;无反无侧,王道正直;会其有极,归其有极。"在儒家看来,"执两用中"的施政方略突出表现为"有文事者必有武备,有武事者必有文备"④、当宽则宽、当猛则猛、赏罚得当、节用而爱人、尚贤使能、取民有制等等,以达到"尊五美摒四恶"的理想境界,"五美"即"惠而不费,劳而不怨,欲而不贪,泰而不骄,威而不猛"的无过无不及的"中正"境界,"四恶"即"虐"、"暴"、"贼"、"有司"四种偏倚的情况。《论语·尧曰》中子张与孔子的一段对话详细描述了这一境界的具体状况:"子张曰:何谓惠而不费? 子曰:因民之所利而

---

① 张觉.荀子校注[M].荀子·解蔽.长沙:岳麓书社,2006.266.
② 张觉.荀子校注[M].荀子·天论.长沙:岳麓书社,2006.209.
③ 张觉.荀子校注[M].荀子·劝学.长沙:岳麓书社,2006.3.
④ [汉]司马迁.史记[M].孔子世家第十七.北京:中华书局,2006.323.

利之,斯不亦惠而不费乎?择可劳而劳之,又谁怨?欲仁而得仁,又焉贪?君子无众寡,无小大,无敢慢,斯不亦泰而不骄乎?君子正其衣冠,尊其瞻视,俨然人望而畏之,斯不亦威而不猛乎?子张曰:何谓四恶?子曰:不教而杀谓之虐。不戒视成谓之暴。慢令致期谓之贼。犹之与人也,出纳之吝,谓之有司。"总之,儒家认为无论是求知、做人、做事还是治国等一切行为都应允执中道,避免出现"不及"和"过"两种偏执的"失中",应尽量使其适度、合理,这就是"执两用中"的本质。

需要指出的一点是,"执两用中"不是在正确与错误之间取中间,两边不得罪,而是要在两个错误点之间寻求合乎规律、适得事理之宜的正确点,矫"不正"以归于"正",戒"过"免"不及"以合乎"中",这才是"执两用中"的本意。正如朱熹所说:"盖凡物皆有两端,如小大厚薄之类"①,"当厚而厚,即厚上是中;当薄而薄,即薄上是中。"②可见,"中"指的是对一件事情,所应采取的最恰当的方式、最适宜的态度等,而绝非不分青红皂白,一律从厚薄之间取中间状态。儒家这一立场从其对"乡原"的反感中便可表现出来。"乡原"指的就是没有是非观念,没有道德立场,只知逢迎讨好的媚俗者,他们貌似执守中道,而实际上却是"以同稗同"的伪君子。孔子曰:"过我门而不入我室,我不憾焉者,其惟乡原乎!乡原,德之贼也。"③孟子对孔子的这段话进一步解释道"言不顾行,行不顾言,……阉然媚于世也者,是乡原也。……非之无举也,刺之无刺也。同乎流俗,合乎污世。居之似忠信,行之似廉絜,众皆悦之,自以为是,而不可与入尧、舜之道,故曰'德之贼'也。"④与对"乡原"的斥责相反,孔子赞赏的是"和而不流,强哉矫!中立而不倚,强哉矫"⑤的君子人格,孟子倡导的是不畏权贵、不媚世俗,敢于正道而行的大丈夫气概。后儒朱熹还曾作《皇极辨》,专门来批判那种"含

---

① [宋]朱熹.四书集注[M].中庸章句.西安:三秦出版社,1999.28.
② [宋]黎靖德.朱子语类[M].卷六十三.北京:中华书局,1986.1525.
③ [战国]孟轲(著),万丽华(译注).孟子[M].孟子·尽心下.北京:中华书局,2006.340.
④ [战国]孟轲(著),万丽华(译注).孟子[M].孟子·尽心下.北京:中华书局,2006.340.
⑤ [宋]朱熹.四书集注[M].中庸章句.西安:三秦出版社,1999.29.

糊苟切,不分是非,不辨黑白,遇当做的事,只略做些,不要做尽"的折中主义。可见,儒家的"执两用中"与市侩媚俗、无原则、无操守的机械折中主义是完全不同的,二者根本不可相提并论。

2. 时中

大千世界千变万化,新事物、新状况层出不穷,社会规范往往滞后于社会现实和具体情况,具有非同步性。很显然,仅靠机械的、教条的去修身、齐家、治国、平天下,根本就不可能适应外界的变化,更不要说达到圆融和谐的"中和"境界了。儒家认识到了这一点,因此除了"执两用中"的方法之外,儒家认为作为主体的人应该善于发挥自己的能动性,运用自身智慧,掌握仁、义、礼乃至"道"的精髓,根据不断变化的客观情况灵活处理问题,审时度势,加以权变,这种方法用儒家的话语表达就是"时中"。

按照《说文解字》的解释,"时"本义为季节、时间,"时,四时也。从日,寺声"。"时"就意味着"日新"和"变",可引申为"机遇"、"时机"等意,"时中"也就是要据"时"而"中"而"和"。在先秦儒家中,孔子的思想已经具备了"时中"的萌芽。例如,孔子曰:"君子之于天下也,无适也,无莫也,义之与比。"①这句话的意思就是说君子做事一切以道义为旨归,不会拘泥于教条。孔子把善于掌握"时"看作是智慧的标志和君子行事的前提,即谓:"好从事而亟失时,可谓知乎?"②"夫子时然后言。"③孔子还曾把自己同伯夷、叔齐、虞仲、夷逸、朱张、柳下惠、少连这七个逸民作比较,评价自己说:"我则异于是,无可无不可。"④"无可无不可",指的就是能够根据形势变化,在不违背"道"的前提下,灵活应对,妥善的处理各种问题,不机械、不教条,孔子认为这就是自己与那些逸民最大的区别。掌握"时"、运用"时"就意味着能根据"时"而加以权变,"权"是权变之权、权衡之权,"权"的意思就是根

---

① 杨伯峻. 论语译注[M]. 论语·里仁. 北京:中华书局,1980.37.
② 杨伯峻. 论语译注[M]. 论语·阳货. 北京:中华书局,1980.180.
③ 杨伯峻. 论语译注[M]. 论语·宪问. 北京:中华书局,1980.150.
④ 杨伯峻. 论语译注[M]. 论语·微子. 北京:中华书局,1980.197.

据"时"的变化,打破常规、灵活应变。《全唐书》卷404记载了唐人冯用之的一段话,这段话对"权"解释的很到位,他说:"夫权者,适一时之变,非悠久之用。圣人知道德有不可违之时,礼义有不可施之时,刑名有不可威之时,由是济之以权也,应于事变之谓权。"《论语》中虽然只有一处提到"权",但是却把"权"推到了极高的位置,认为其难度很大,这就是孔子所讲的"可与共学,未可与适道;可与适道,未可与立;可与立,未可与权。"①尽管《论语》中明确提到"权"字仅有一次,但是关于权变、时中的思想却随处可见,例如,孔子主张根据"邦有道"和"邦无道"的不同环境来调整人的行为,并对同一行为在不同的条件下做出不同的道德评价,即谓:"邦有道,贫且贱焉,耻也;邦无道,富且贵焉,耻也"②,"邦有道,谷;邦无道,谷,耻也"③,"邦有道,则仕;邦无道,则可卷而怀之"④,"邦有道,不废;邦无道,免于刑戮"⑤,"邦有道,则知;邦无道,则愚。其知可及也,其愚不可及也"⑥,"邦有道,危言危行;邦无道,危行言孙"⑦,等等。

孟子所处的时代较之孔子所处的时代,新事物、新现象对旧规范冲击更巨大,因此,同样崇尚"中和"的孟子,其思想与心态比孔子更加宽容,在"用中"、"执中"上孟子更加强调据"时"以"权",其思想"执中用权"以达致"时中"的意味更加浓郁,进取性与创新性也更加强烈。"时"在《孟子》书中出现的频率很高,如书中多次出现"不违农时"、"无失其时"、"勿夺其时"、"食之以时"、"祭祀以时"、"斧斤以时入山"、"于时保之"、"彼一时,此一时也"等字句。孟子深刻地认识到根据具体情况的不同,儒家所建构的各种道德原则和规范会有轻重缓急之分,有时还会产生冲突和矛盾,这时便需要道德主体具体而灵活地进行权衡和选择,如果固执死理,表面上是

① 杨伯峻. 论语译注 [M]. 论语·子罕. 北京:中华书局,1980. 95.
② 杨伯峻. 论语译注 [M]. 论语·泰伯. 北京:中华书局,1980. 82.
③ 杨伯峻. 论语译注 [M]. 论语·宪问. 北京:中华书局,1980. 145.
④ 杨伯峻. 论语译注 [M]. 论语·卫灵公. 北京:中华书局,1980. 163.
⑤ 杨伯峻. 论语译注 [M]. 论语·公冶长. 北京:中华书局,1980. 42.
⑥ 杨伯峻. 论语译注 [M]. 论语·公冶长. 北京:中华书局,1980. 50.
⑦ 杨伯峻. 论语译注 [M]. 论语·宪问. 北京:中华书局,1980. 146.

坚持原则了,实际上则是"举一而废百"的贼道。因此,孟子曰:"权,然后知轻重;度,然后知长短"①,"执中无权,犹执一也。所恶执一者,为其贼道也,举一而废百也"②。"执中用权"在孟子那里就是以"仁义"为根据,将高度的原则性和技巧的灵活性结合起来。关于"执中用权",《孟子·离娄上》篇记载的淳于髡与孟子的一段对话很典型,淳于髡问孟子:"男女授受不亲,礼与?"孟子曰:"礼也。"淳于髡继续问:"嫂溺,则援之以手乎?"孟子回答说:"嫂溺不援,是豺狼也。男女授受不亲,礼也。嫂溺,援之以手者,权也。"从孟子对"嫂溺"的处理方式,可以看出他抓住了人之为人的本质,在"嫂溺"的危急时刻,把尊重爱护人的生命放到了第一位,而把"男女授受不亲"的礼暂时放到了第二位,孟子认为如果为了抱守"礼"而见死不救,那么这个人表面上是维护了"礼",而实际上却背离了"礼"的实质,即"仁义",那就和禽兽没有区别了。孟子对权变、时中的推崇,还体现在他对孔子的评价中,孟子曰:"伯夷,圣之清者也;伊尹,圣之任者也;柳下惠,圣之和者也;孔子,圣之时者也。孔子之谓集大成。"③

儒家经典《易传》把宇宙、社会、人生看作是生生不息、变化日新的存在,其六十四卦、三百八十四爻代表的就是一个不停变易流转的系列,这正如孔颖达所指出的:"夫'易'者,变化之总名,改换之殊称,自天地开辟,阴阳运行,寒暑迭来,日月更出,孚萌庶类,亭毒群品,新新不停,生生相续,莫非资变化之力,换代之功。"④《易传》中这种生生之德、变通之理随处可见,如:"一阖一辟谓之变,往来不穷谓之通""化而裁之谓之变,推而行之谓之通,举而措之天下之民谓之事业""变而通之以尽利""通其变,遂成天地之久"等等,都是在反复强调主体要通过变通才能实现天人和谐,达致圆满境地。这种变通就是对宇宙人生的一种积极回应,而主体"化而裁之"、"举而措之"、"变而通之"以积极调整自己的行为进行回应的根据就是"时"。

① [战国]孟轲(著),万丽华(译注).孟子[M].孟子·梁惠王上.北京:中华书局,2006.14.
② [战国]孟轲(著),万丽华(译注).孟子[M].孟子·尽心上.北京:中华书局,2006.302.
③ [战国]孟轲(著),万丽华(译注).孟子[M].孟子·万章下.北京:中华书局,2006.218.
④ [唐]孔颖达.周易正义[M].卷首.北京:北京大学出版社,1999.4.

《易传》处处以"时"的智慧和视野来关照、理解、回应宇宙、社会、人生。其哲学思想的突出特点之一就是指向未来的开放性和变动性,《易传》认为万事万物都要以一定的"时"为背景才能得以展现,在不同的"时"下,万事万物会据"时"而呈现出不同的情状。六十四卦的卦画就是六十四种"时"的符示,象征着阴阳、刚柔在不同"时"下的交感、应合,即谓:"六爻相杂,唯其时物也。"①"时"是不断变化的,作为主体的人应根据变化了的"时"来调整自己的行为,做出恰当的回应。《易传》"时"的哲学不断的告诫人们:人做任何事都处于既定"时"之中,对此,人没有选择的自由,逃避也没有出路,人只有明了自己所处的时遇,合理调整自身的行为、对策,勇敢的直面与正确的回应,"时止则止,时行则行,动静不失其时"②,才能有望达到趋吉避凶的目的。《易传》主张的这种回应是一种挺立人的主体性、自主性的回应,是一个变被动为主动的过程。在这一过程中,只有那些能丢掉幻想、有智慧、有能力、能洞悉"时"、能牢牢地把握并驾驭好"时"的人才能化险为夷、趋吉避凶,迎来成功的人生,即谓:"知几其神乎……几者,动之微……君子见几而作,不俟终日"③,"上下无常,非为邪也;进退无恒,非离群也。君子进德修业,欲及时也。"④"时"的思想在《易传》中占有非常突出的地位,在一定意义上甚至可以说正是因为《周易》处处凸现出的"时"的精妙智慧,才使其不再是一部单纯地引导人趋吉避凶的卜筮之书,而成为一部富有学术魅力和人生智慧的伟大哲学著作。《易传》的这一特点也为历代易学大师所公认,如易学大家惠栋就曾断论:"易道深矣,一言以蔽之:时中!"⑤

总之,"君子之中庸也,君子而时中"⑥,"通其变,使民不倦者,是之谓中焉"⑦,儒家的"中和",以客观事物的复杂性、多样性和多变性为基础,强调

---

① 黄寿祺,张善文.周易译注[M].系辞下传.上海:上海古籍出版社,2001.598.
② 黄寿祺,张善文.周易译注[M].艮卦第五十二.上海:上海古籍出版社,2001.431.
③ 黄寿祺,张善文.周易译注[M].系辞下传.上海:上海古籍出版社,2001.582.
④ 黄寿祺,张善文.周易译注[M].乾卦第一.上海:上海古籍出版社,2001.14.
⑤ [清]惠栋.易汉学[M].易尚时中说.北京:全国图书馆文献缩微中心,2005.
⑥ [宋]朱熹.四书集注[M].中庸章句.西安:三秦出版社,1999.26.
⑦ [宋]石介.徂徕石先生文集[M].卷19.北京:中华书局,1984.

与"时"俱化,随"时"而"中",这正如《河南程氏经说》卷 8 记载的程子所说的那样:"时中者,当其可而已。犹冬饮汤,夏饮水之谓。""时中"使儒家思想既有原则性又有灵活性。如果从"时中"的视角来界定"中和",那么"中和"便是一个动词,它本质上表征的是一个过程,是一个积极有为、不断发挥人主观能动性的过程,它要求主体主动适应、创造性适应客观情况的变化。倘若推行中和之道而不懂得因时制宜,根据时间、地点和条件的变化而灵活权变,那就只能是一种呆板、僵硬的做法而背离"中和"的主旨。儒家这种"时中"思想体现的是一种辩证思维,闪耀着理性认知的光辉。它与道家那种随遇而安式的与时俱化不同,它包含着刚健进取、勇于变革的精神,体现出主体的主动性和创造性,是儒家所倡导的积极向上人生态度的思想根源之一。

结 语

儒家学说在一定意义上,可以看作是处理各种关系的学问,而各种关系从一切道德规范的运用到诸德之间的配合,从个人修养到民族关系、社会秩序,所能达到的最佳和谐状态就是"中和","中和"在儒家思想中是一个道德性、价值性命题,它涵具道德目标、道德境界、道德修养方式、道德取向等若干内容,它起着范导儒家所建构的整个伦理秩序的作用。

儒家的"中和"倡导的是一种普遍和谐的观念,它落实于自然、社会、人生的方方面面,在天人关系方面,儒家本人道而言天道,尽人道以合天道,倡导"天人合一";在国家治理以及民族关系方面,儒家奉"大一统"为政治目标,从不把民族间的差异对立起来,而是主张以道德、教化、交流等和平手段来缩小民族间的差距,实现民族融和,并设计了"大同社会"这样一个高度和谐的理想社会;在人与人、人与社会的关系方面,儒家以群体为本位,以道德规范作为协调人与人、人与社会的基本规范,注重人的社会角色和社会义务,注重追求一种和谐有序的社会秩序。儒家的"和"不是表层的、静止的"集合",而是深度的和谐,是动态系统中的和谐,各个要素各安其位,又彼此配合紧密相关。为了达到这样的"和谐",儒家根据不同事物间的关系提出了很多具体的方法和具体的规范,倘若对这些具体方法进行抽象概括,则主要的可以归纳为两条,那就是"执两用中"和"时中",所谓"执两用中"就是看事情、处理问题时要从整体、从全面处着眼,把握住相互对待的方面,找到事情发展变化的中正之点,不极端、不偏执;所谓"时中",就是要从动态处着眼,根据不断变化的客观情况灵活权变,不拘泥、不教条。

儒家所奉行的上述"中和"思想有利于人与自然、人与人、人与社会、民族与民族间的和睦相处,这些思想是对中华民族生存智慧的高度概括。同时,"中和"又通过儒家思想的传播植根于中国人的意识形态之中,调节着中国人的思想和行为,指导着中国人的实践,其普遍和谐的观念,把中华民族塑造成一个心胸宽广、爱好和平、以中正和谐为理想境界、视天地人为统一整体、追求民族融和,追求国家统一的深具包容和谐精神的民族。包容和谐的精神深深地渗透到中国人的思想深处,内化成一种民族心理,成为我们民族和我们文化的特色,是中华民族的凝聚力所在。

第七章 先秦儒学对中华民族
精神安慰系统的培育

"子在川上曰:逝者如斯夫!"①人生长不过百年,如白驹过隙非常短暂,在生存发展中又常常要遭受生存的艰难,要面临死亡的恐惧,于是,人怎样活才能有意义,怎样死才能有价值? 人如何在滚滚红尘中定位自身? 如何在现实境遇的逼仄中,开拓出生存之道以保有那份做人的尊严与高贵,使心灵获得安慰、恬静和坦然? 作为有智识的生灵,人类从蒙昧时期便开始以各种方式对这些问题进行探索,不同的地区与民族在各自文明体系的孕育与熏陶下,也做出了各自独具特色的回答,由此形成了各自民族精神的安慰系统。民族精神的安慰系统,实质上就是民族精神中能够对该民族个体成员产生安顿身心、缓解焦虑作用的精神因素总和,它是民族精神的激励系统、教化系统、协调系统作用于该民族个体成员所产生的心灵支撑效果的表达,它的特色主要由民族文化的特点所决定。中华文明孕育出的中华民族精神的安慰系统,其特色依然要到中国传统思想文化的主干——儒家思想中去寻觅。

---

① 杨伯峻.论语译注[M].论语·子罕.北京:中华书局,1980.92.

一、现世今生——安慰系统的出发点

1. 现世今生

众所周知,儒学是人学,肯定人、重视人是儒家的一贯特色。以孔子为例,《论语·乡党》篇记载:"厩焚。子退朝,曰:'伤人乎?'不问马。"从这件事中便可以看出孔子对人的爱护,同样出于爱护人的目的,孔子还反对战争,《论语·卫灵公》篇记载,当卫灵公向孔子问陈兵布阵的事时,孔子的反应是:"'俎豆之事,则尝闻之矣;军旅之事,未之学也",这件事发生后,孔子第二天就离开了卫国;当弟子向孔子询问死后和鬼魂的事情时,孔子的回答是:"未能事人,焉能事鬼……未知生,焉知死?"①从这些例子中很明显地可以感受到孔子对于人的爱护与重视。整部《论语》通篇讲的也都是人、人生、人事,都围绕着教化人、提升人而展开。

先秦儒家重视的这个"人",是实实在在的现世今生中的"人",儒家认为人生是有意义的,在由生至死这段有限的生命历程之内,人可以通过自身不懈的努力实现人生价值,既不必希冀死后和来世,也不必仰仗某种救世主的帮助,人生价值就牢牢地掌握在活生生的"人"手中。儒学这种重视人生、人事的理性精神,与宗教对人生的理解形成鲜明对比。例如:基督教神学认为,人类的始祖亚当和夏娃因为偷吃了智慧果而被上帝逐出伊甸园,作为惩罚,他们所犯的罪以"原罪"的形式像遗传病一样被人代代遗传下来,基督教认为这是人天然便有的病态,人类能力有限,既无力认识它,更无力医治它,即人不能通过自己的努力从"罪"中挣脱出来。只有得到源自上帝的恩典,并借助上帝的恩典来获得信心和意志,凭借此来遵守上帝的诫命,这样才可以赎清原罪,在上帝进行末日

---

① 杨伯峻. 论语译注[M]. 论语·先进. 北京:中华书局,1980. 113.

审判之时,奔往上帝所居的天堂从而获得解脱。再例如:佛教认为,人生就是苦海,生命和生存本身痛苦不堪,人从出生之日起便饱受"生苦"、"老苦"、"病苦"、"死苦"、"怨憎会苦"、"爱别离苦"、"求不得苦"、"五取蕴苦"等八种基本的苦难,并由此衍生出更多的苦。佛教展示给人的是苦难悲歌、绝望挣扎的可怕人生图景。人生之苦由十二因缘所造成,只要由善恶果报构造的十二因缘的因果链条不断,人便会陷入永无止境、痛苦不断的生死轮回中。每一个人都要为自己此生所造的业承担果报责任。根据自己此生的业力,人死后的命运可分为六种,分别是地域、鬼、畜牲、阿修罗、人和天。虽然人通过今生积善积德的不断努力,可以带来命运的改善,但是即使在六道轮回最清明快乐的"天"道中,也有升降与堕落,仍然不能完全断绝忧患、跳出苦海。佛教认为要完全跳出轮回、脱离苦海,只有认识到诸行无常、诸法无我,按照佛法的指示进行修炼,达致涅磐的境界才能在死后进入西方极乐世界。在依佛法进行修行的过程中,所贯穿的一种人生态度就是:世间万物,一切存在都不是独立永恒的实体,而只是因缘合成的、暂时的、相对的、偶然的存在,刹那生灭,难于持久。人应该认识到一切皆"空",因此要破除"我执"和"我见",放弃积极有为的人生态度,因为积极地追求必然产生各种欲望、愚痴,会不断的造业,最终会陷入无限痛苦的轮回中。这样的人生态度得出的必然是生命不足惜,人生不足恋,功名利禄、富贵荣华不足求的结论,佛门因此也叫做空门。总之,基督教和佛教对现实人生都持否定态度,或视人身为罪身,或视人生为苦难,个人的努力在人生价值提升方面的力量微乎其微,必须借助于上帝或佛法的帮助才可能实现。在中华文明系统中,虽然外来的佛教和基督教也占有一席之地,尤其是佛教较基督教进入中国的时间更早,中国化的程度更深,因而对中国民众的影响也更大,但是,从总体来看,居于中国传统文化主干地位的始终是儒学,是儒家思想塑造了中华民族的主流思想,儒家重现世、重今生的观念是中国人思想的常态。

2. 现世今生的努力方向：德与业

先秦儒学既然认为人生的价值取决于人在生命历程中的努力，那么其为人指明的努力方向是什么呢？

先秦儒学在人生哲学方面有两个特点非常突出（本书在前面的章节中已对这两点作过充分的论证，此处仅点到为止）：其一就是仁德至上。儒家以仁德来定义人，认为人之异于禽兽的高贵之处就在于人有道德修养，例如，孔子曰："仁者人也。"[1]孟子讲："人异于禽兽者几希？庶人去之，君子存之。"[2]荀子曰："水火有气而无生，草木有生而无知，禽兽有知而无义；人有气、有生、有知、亦且有义，故最为天下贵也。"[3]可见，在先秦儒家视野中，懂不懂仁义道德是人与禽兽的界限，仁义道德践履程度的高低是君子与小人的分水岭。无论是孟子主性善，还是荀子主性恶，出发点与论证方式虽不同，但却殊途而同归，落脚点都是探索塑造理想人格的有效方式，都以仁德为旨归。其二就是群体本位。先秦儒家将"人"置于社会关系中去思索和考察，在儒家视野中，人不是孤零零的个体，而是社会关系中的人，人一出生便置身于一定的社会关系之中，并随着个人活动范围的扩展，社会关系也日益丰富化。儒家特别强调个体对群体的责任和义务，特别重视个体行为对群体的影响，并据此来定位和评价个体。总之，塑造德化的理想人格和营造德化的理想社会在先秦儒学中所占的比重最大。

先秦儒学的上述两个特点就为人的成长进步指明了方向：方向之一就是孜孜追求于完善自身道德。先秦儒家虽然承认人生在世确实会遭受很多挫折，确实存在着许多不尽人意的地方，比如生死和富贵。但是在人生中还有比生死和富贵更有价值的事情，那就是成为一个有道德的人。道德的最高境界就是"仁"，而"仁"的实现完全取决于个人努力，与外在的限制

---

① [宋]朱熹.四书集注[M].中庸章句.西安：三秦出版社,1980.40.
② [战国]孟轲(著),万丽华(译注).孟子[M].孟子·离娄下.北京：中华书局,2006.178.
③ 张觉.荀子校注[M].荀子·王制.长沙：岳麓书社,2006.95.

无关,这就是孔子所说的:"为仁由己"①,"我欲仁,斯仁至矣。"②孟子和荀子为完善人的道德,规划了更为详尽的道路:孟子主性善,他虽然认为"善端"是天赋的,但他同时认为要想把善端变为现实的善性则取决于后天努力,孟子提出的养心、尽心、存夜气等修养身心的手段完全依靠个人的自觉,并不需要借助超人的力量,孟子认为通过修养,走尽心、知性、知天的路线,那么人人便皆可为尧舜。与孟子不同,荀子主性恶,这一理论较之孟子的性善论,对人的主体能动性更为重视。荀子同样将实现仁德作为道德修养的最高目标,指出仁德的实现并非自然而然,而是需要人进行艰苦卓绝的努力,这个努力就是在后天认真学习"礼",所谓"不学礼,无以立!"③通过学习"礼",自觉地以"礼"来规制人的思想和行为,并多与善人、善事接触,借助后天良好道德环境的熏陶,便可以成为君子、圣人,即"涂之人皆可为禹"④。可见,儒家给生命赋予了一条道德意义上的超拔之路,在这条路上主动权完全掌握在人手中,人的道德愈完善,则其"成人"的程度便愈彻底,生命也愈纯粹、愈有价值。

方向之二就是无怨无悔为群体作贡献,在群体价值中彰显个体价值。先秦儒家认为人是社会关系中的人,人有社会角色在身,不同的社会角色具有不同的责任和义务,人应该首先认清自己的角色,即"正名",而后踏踏实实地履行角色所要求的责任和义务,完成人生使命。人一出生,首先接触的是家庭关系,在家庭中讲究是父慈子孝、兄友弟恭、夫妇和顺。随着个人活动范围的扩大,还会与家庭之外的其他人发生关系,朋友之间讲究朋友有信;君臣之间讲究君敬臣忠;与社会上其他人的关系应该秉持"己欲立而立人,己欲达而达人"⑤,"己所不欲,勿施于人"⑥的"忠恕"之道。这些既是先秦儒家所设定的处理人际关系的基本原则,也是其道德修养的一部

① 杨伯峻.论语译注[M].论语·颜渊.北京:中华书局,1980.123.
② 杨伯峻.论语译注[M].论语·述而.北京:中华书局,1980.74.
③ 杨伯峻.论语译注[M].论语·季氏.北京:中华书局,1980.178.
④ 张觉.荀子校注[M].荀子·性恶.长沙:岳麓书社,2006.301.
⑤ 杨伯峻.论语译注[M].论语·雍也.北京:中华书局,1980.65.
⑥ 杨伯峻.论语译注[M].论语·颜渊.北京:中华书局,1980.123.

分,它实际上与完善道德是你中有我、我中有你的关系。

先秦儒家认为,为群体做贡献除了要踏踏实实地履行自身的社会角色所肩负的责任和义务以外,还应该具备推己及人、及物,惠及群体,建功立业、心忧天下,兼济入世的历史使命感和情怀。儒家本身就是一个有着强烈历史使命感和社会参与意识的思想学派,对于社会政治生活,儒家从来就不是一个旁观者。面对春秋战国时期礼崩乐坏的社会混乱局面,儒家痛心疾首,认为自己作为社会成员不应袖手旁观,例如孔子曰:"天下之无道也久矣,天将以夫子为木铎。"①孟子亦曰:"五百年必有王者兴,其间必有名世者。由周而来,七百有馀岁矣。以其数,则过矣;以其时考之,则可矣。夫天未欲平治天下也,如欲平治天下,当今之世,舍我其谁也?"②为实现以"仁道"为社会纠偏的宏图大志,孔子不辞辛劳,四处奔走,游说列国,虽然屡遭困厄,到处碰壁,但从未放弃努力,直接努力不奏效,孔子便转而收徒讲学、诲人不倦,希图通过扩大学说影响来改善社会局面。《论语·泰伯》讲:"士不可以不弘毅,任重而道远,仁以为己任,不亦重乎? 死而后已,不亦远乎?""以仁为己任,死而后已"正是以孔子为代表的儒家使命人生的真实写照。先秦儒家这种学以致用、积极入世的理想抱负在《大学》中有比较明确的阐述:"古之欲明明德于天下者,先治其国。欲治其国者,先齐其家,欲齐其家者,先修其身。欲修其身者,先正其心。欲正其心者,先诚其意。欲诚其意者,先致其知。致知在格物。物格而后知至,知至而后意诚,意诚而后心正,心正而后身修,身修而后家齐,家齐而后国治,国治而后天下平。"修身、齐家、治国、平天下鼓舞着古代知识分子奋发有为、建功立业。

总之,儒家重视现世人生,讲道德、讲责任、讲有为,反对饱食终日、无所用心。儒家看重的是生命的社会价值,是生命历程中的奋斗,它鼓舞人们要以积极、乐观的态度对待人生,人生应该充满理想和追求,在有限的生命历程中,在现实的空间中,人应该尽量地多做对群体有意义的事情,进德

---

① 杨伯峻.论语译注[M].论语·八佾.北京:中华书局,1980.32.

② [战国]孟轲(著),万丽华(译注).孟子[M].孟子·公孙丑下.北京:中华书局,2006.96.

修业,死而后已,这就是儒家视野中生命的意义。

3. 现世今生关照下的苦难与死亡

在实现人生价值的过程中,当然不可能一帆风顺,不可避免地要遭受苦难,面对困难儒家认为不应退缩,而应该辩证地看待,将其看作是成就大事业的必备条件。孟子的一段话非常鲜明地表达了儒家面对困难时的这种态度,孟子曰:"舜发于畎亩之中,傅说举于版筑之间,胶鬲举于鱼盐之中,管夷吾举于士,孙叔敖举于海,百里奚举于市。故天将降大任于是人也,必先苦其心志,劳其筋骨,饿其体肤,空乏其身,行拂乱其所为,所以动心忍性,曾益其所不能。人恒过,然后能改。困于心,衡于虑,而后作。征于色,发于声,而后喻。"①对于在弘扬仁道的过程中可能遭遇的困难,儒家总是抱着尽人事、听天命,尽力而为的态度去应对,并苦中作乐,孔子认为"饭疏食饮水,曲肱而枕之,乐亦在其中矣。"②赞赏的是"一箪食,一瓢饮,在陋巷,人不堪其忧,回也不改其乐"③的境界,孟子认为"仰不愧于天,俯不怍于人"④,做仁道所要求的应该做的事,尽心尽力、问心无愧也是人生一大乐。

先秦儒家的思想都集中在人生、人事之中,而将死后的事情悬置,孔子对"死"的态度是"未知生,焉知死?"⑤对待鬼神的态度是"未能事人,焉能事鬼"⑥,"敬鬼神而远之"⑦,孔子的意图是引导人们将目光转移到更有意义的今生今世中。儒家的人生,是忙碌而充实的人生,孔子曰:"发愤忘食,乐以忘忧,不知老之将至云尔。"⑧人生被巨大的使命充实着,直到生命最后

---

① [战国]孟轲(著),万丽华(译注).孟子[M].孟子·告子下.北京:中华书局,2006.284.
② 杨伯峻.论语译注[M].论语·述而.北京:中华书局,1980.70.
③ 杨伯峻.论语译注[M].论语·雍也.北京:中华书局,1980.59.
④ [战国]孟轲(著),万丽华(译注).孟子[M].孟子·尽心上.北京:中华书局,2006.297.
⑤ 杨伯峻.论语译注[M].论语·先进.北京:中华书局,1980.113.
⑥ 杨伯峻.论语译注[M].论语·先进.北京:中华书局,1980.113.
⑦ 杨伯峻.论语译注[M].论语·雍也.北京:中华书局,1980.61.
⑧ 杨伯峻.论语译注[M].论语·述而.北京:中华书局,1980.71.

一息都在进行着积极的人生实践，根本就没有闲暇再去考虑关于"死"的问题，人生如此繁忙，以至于"死"在某种意义上竟成了难得的休息，例如《论语·泰伯》中所记载的曾子的一段经历就表达了这样的意思："曾子有疾，召门人弟子曰：启予足，启予手。诗云：'战战兢兢，如临深渊，如履薄冰。'而今后，吾知免乎。"这样一来，死亡的恐惧便被冲淡了很多。

先秦儒家注重现世今生，很少谈论"死"，但并不是不敢直面"死"，相反，为了仁道的实现，儒家比任何学派都更强烈地表现出视死如归的勇气。例如，孔子曰："朝闻道，夕死可矣"①，"志士仁人，无求生以害仁，有杀身以成仁。"②孟子云："生，亦我所欲也，义，亦我所欲也；二者不可得兼，舍生而取义者也。生亦我所欲，所欲有甚于生者，故不为苟得也；死亦我所恶，所恶有甚于死者，故患有所不辟也。如使人之所欲莫甚于生，则凡可以得生者，何不用也？使人之所恶莫甚于死者，则凡可以辟患者，何不为也？由是则生而有不用也，由是则可以辟患而有不为也，是故所欲有甚于生者，所恶有甚于死者。非独贤者有是心也，人皆有之，贤者能勿丧耳。一箪食，一豆羹，得之则生，弗得则死，呼尔而与之，行道之人弗受；蹴尔而与之，乞人不屑也。"③荀子亦云："人之所欲，生甚矣；人之所恶，死甚矣。然而人有从生成死者，非不欲生而欲死也，不可以生而可以死也。"④可见，在生死与道义、气节之间发生冲突时，儒家选择了以身殉道，没有丝毫的犹豫与彷徨。

二、死而不朽——安慰系统的落实

先秦儒家以理性的态度对待死亡，承认死的必然性和实在性，如孔子

① 杨伯峻.论语译注[M].论语·里仁.北京:中华书局,1980.37.
② 杨伯峻.论语译注[M].论语·卫灵公.北京:中华书局,1980.163.
③ [战国]孟轲(著),万丽华(译注).孟子[M].孟子·告子上.北京:中华书局,2006.252.
④ 张觉.荀子校注[M].荀子·正名.长沙:岳麓书社,2006.288.

曰："众生必死,死必归土。"①荀子曰："死,人之终也。"②对于"死",先秦儒家没有过多地去谈论,而是立足于现世今生,引导人们将目光和精力集中于人生历程内的奋斗,从群体利益着眼,鼓舞人们为了仁道的弘扬而不断奋进、乐以忘忧、死而后已。对于鬼神和死后等带有神秘色彩的问题,儒家基本秉持的是"欲知死人有知将无知也,死后自知之"的顺其自然的态度。虽然对于死的问题儒家很少去探讨,但却依然追求死而不朽的境界,儒家认为在有生之年为了弘扬仁道而奋斗不已的结果,体现在个人身上,就是死而不朽,对人生价值的最高评价也就是其可以死而不朽。

对于"不朽"的追求,其实是人类心理的本能,它是人类在畏死心理的驱使下,为化解死亡恐惧而在意识活动中给自己建立起的心理安慰。早在受到比较系统成型的文化熏陶之前,人类已经找到了满足自己追求不朽愿望的朴素的、原始的方式,那就是鬼魂观念的确立。对于鬼魂观念的产生,恩格斯曾经指出:"在远古时代,人们还完全不知道自己身体的构造,并且受梦中景象的影响,于是就产生一种观念:他们的思维和感觉不是他们身体的活动,而是一种独特的、寓于这个身体之中而在人死亡时就离开身体的灵魂的活动,从这个时候起,人们不得不思考这种灵魂对外部世界的关系。如果灵魂在人死时离开肉体而继续活着,那就没有理由去设想它本身还会死亡;这样就产生了灵魂不死的观念。"③在中国人的鬼魂观念里,鬼魂的世界几乎就是人世的翻版,死去的人在阴间继续着类似活人的生活,仍然有饮食、服饰、房屋、男女、读书、娱乐等等欲求,并且仍然像活着时一样关心自己家族、子孙的前途和命运,还可以和活着的人发生心电感应,甚至可以完成自己生前的遗愿比如报仇或报恩,等等。因此,活着的人应该对死去的亲人认真地奉行祭拜的义务,当然也可以祈求自己死去的先人福佑自己。这样一种以人世的生活来理解死后世界的方式,在一定程度上破除了死的神秘性。而且由于人死后仍然可以继续生前的生活,仍然有机会去

---

① 王文锦.礼记译解[M].礼记·祭义.北京:中华书局,2001.688.
② 张觉.荀子校注[M].荀子·礼论.长沙:岳麓书社,2006.237.
③ 中央编译局.马克思恩格斯选集[C].北京:人民出版社,1995.223-224.

实现生前未实现的愿望,这也在一定程度上缓解了死亡带来的恐惧和哀痛。但是,中国人几乎没有对死后的世界进行美化,"死"对于中国人来讲,仍然是一件力求避免的悲哀事件。从中国人对死后世界的理解可以看出中国人对于现世生活的重视,其关注幸福的目光投向的是现世今生,对死后世界的规划不过是为了弥补现世的遗憾而寻到的精神寄托。

先秦儒家死而不朽的思想就是在这样一个鬼魂与祭祀情结浓重的背景下产生的,它既没有完全继承传统,也没有完全背弃传统,而是围绕自己学派弘扬仁道的宗旨,对传统观念进行改造,提出了新的对"不朽"的解读方式,即理性的、文化的解读方式,这种方式既淡化了其中的迷信色彩,又符合中国人的心理特征,易于为中国人所接受。具体而言,儒家"死而不朽"的思想主要体现为以下两个方面:

1. 传宗接代——肉体不朽的寄托

儒家是十分重视家庭亲情的,儒家的最高价值"仁",作为一种"爱"即"仁爱",其发源处就是血亲之"爱"。儒家认为父母子女之情最天然、最真诚也最持久,以父母子女之爱为爱的圆心,在同情心和同理心的支配下层层外推,扩展到对其他人的爱,这样便可以使人际关系乃至整个社会达致和谐状态。因此,儒家特别看重孝、悌的价值,即谓:"弟子,入则孝,出则悌,谨而信,泛爱众,而亲仁"①,"孝弟也者,其为仁之本与!"②

先秦儒家认为"孝"除了要在父母有生之年给父母以物质上供养,精神上尊重之外,还有非常重要的两个方面,其一就是要继承父辈的遗志,完成父辈未竟的事业,即谓"父在,观其志;父没,观其行;三年无改于父之道,可谓孝矣",③在中国古代,子承父业也一直被世人所认可和称赞;其二就是要对死去的父辈乃至更远的祖先虔诚的祭祀,即谓:"生,事之以礼;死,葬之

---

① 杨伯峻.论语译注[M].论语·学而.北京:中华书局,1980.4.
② 杨伯峻.论语译注[M].论语·学而.北京:中华书局,1980.2.
③ 杨伯峻.论语译注[M].论语·学而.北京:中华书局,1980.7.

以礼,祭之以礼。"①儒家所主张的祭祀从形式上来看,与原始时期流传下来的祭祀相类,但是实质内容有了很大的置换,向祖先祈求消灾祈福的色彩弱化了,而哀悼和敬重的色彩增强了,"祭思敬,丧思哀,其可已矣"②,通过祭祀表达的是活着人并没有忘记父辈和祖先这样一种感情。"孝"的这两方面的含义,从"死而不朽"这个层面上考量,是有很大意义的,自己在有生之年未能完成的使命有自己的子孙替自己完成,这就好像自己还活在世上一样,面临死亡威胁的人想到这一点时当然会得到较大的安慰。就像《愚公移山》的神话中所记载的那样,当智叟向愚公讲愚公年龄大了,将不久于人世,根本不可能完成移山的任务时,愚公非常坦然自信地回答说:"子又生孙,孙又生子,子子孙孙无穷匮也,而山不加增,何苦而不平?"另外,自己死后,有自己的子孙年年在重大的节日以及和自己有关的日子里对自己进行虔诚的祭祀,就像自己活着时子孙对自己尊敬一样,依然被家人记挂着,没有被遗忘,感受到死亡威胁的人想到这一点也会得到很大的安慰。孝子不仅对父母要赡养、要敬重、要祭祀,而且对自己也要格外珍重,因为按照儒家孝道原则,孝子应该自觉地视自己的身体为父母所遗之体,"身体发肤,受之父母,不敢毁伤,孝之始也"③。可见,在父辈眼中,子孙承载着自己希望;在子孙眼中,也以继承父辈的遗志为己任,对父辈的敬重与怀念贯穿父辈的生前身后。在此意义上,子女就是父母生命的延续,父辈的生命在一代代的子孙身上得以不朽。因此,在中国古代,中国人是十分重视养育子孙的,生儿育女、传宗接代在一定程度上是婚姻的主要目的,孟子所讲的"不孝有三,无后为大"④就是指的这层意思,因为没有子女,自己父辈的生命不能延续下去,并且将来也无人祭祀,将逐渐被世人冷落和遗忘,当然是大不孝。

中华民族在儒家的熏陶下通过传宗接代的方式来寻找永恒,出发点仍

---

① 杨伯峻.论语译注[M].论语·为政.北京:中华书局,1980.13.
② 杨伯峻.论语译注[M].论语·子张.北京:中华书局,1980.199.
③ 汪受宽(译注).孝经[M].孝经·开宗明义章.上海:上海古籍出版社,2007.1.
④ [战国]孟轲(著),万丽华(译注).孟子[M].孟子·离娄上.北京:中华书局,2006.167.

然是现世今生。生儿育女的任务,当然只能在活着的时候完成;想让儿女为自己尽孝,也要在活着时好好对子女进到教养的义务,才能培育出孝子。在人生历程中,遇到艰难险阻,想要放弃奋斗拼搏乃至生存的念头时,看看自己的子女便有可能重新获得希望。中国人尤其是古代中国人就是这样,通过传宗接代、血脉相传、家族延续,在子孙身上获得了肉体不朽的感觉。

2. 立德、立功、立言——精神不朽的实现

人虽然可以通过繁衍后代、血脉相传获得肉体不朽的心理感觉,但在儒家视野中,这只是一种低层次的不朽,充其量只能被一家一族所记住,更高层次的不朽则是按照仁道的原则立身行事、建功立业、著书立说,这样获得的名声将名垂青史,被千秋万代所景仰,肉体虽然消灭了,但精神永垂不朽。《左传·襄公二十四年》明确表达了儒家这一关于"死而不朽"的思想,即谓:"太上有立德,其次有立功,其次有立言,虽久不废,此之谓不朽。"①

所谓"立德",即自觉以仁德要求自己,成为道德上的楷模,后世会因慕其德而仰其人。"立德"既可以落实到大事上,也可以落实到小事上,在自身修养中,在为人处世上处处可以为"立德"做积累,即谓"仁通上下""仁或是一事仁,或是一处仁。仁者如水,有一杯水,有一溪水,有一江水。圣便是大海水。"②在"立德"这个问题上,有可能面临一种极端的考验,那就是生死与道义发生矛盾,本书前面一节已经讲过,面对这种情况,儒家主张从道德以及群体的利益出发,毅然决然地选择赴死。而对个人而言,这样慨然赴死的回报,就是留下一个有"德"的名声,永远被人铭记,从而获得精神不朽的安慰。例如,伯夷、叔齐为了维护商朝,以绝食抗议推翻商政权的周朝,最后饿死在首阳山上,以死捍卫了自己的气节,获得了不朽的名声。《论语》中曾经有四次赞扬伯夷和叔齐,称赞他们"不念旧恶"③、"不降其

① 陈成国.春秋左传校注[M].左传·襄公二十四年.长沙:岳麓书社,2006.668.
② [宋]黎靖德.朱子语类[M].卷三十三.北京:中华书局,1986.895.
③ 杨伯峻.论语译注[M].论语·公冶长.北京:中华书局,1980.51.

志,不辱其身"①,是"古之贤人也"②,"民到于今称之"③。汉初经学家韩婴对这种精神从现象、根源与影响等方面进行了评述,他说:"王子比干杀身以成其忠,柳尾生杀身以成其信,伯夷叔齐杀身以成其廉。此四子者,皆天下之通士也,岂不爱其身哉?为夫义之不立,名之不显,则士耻之,故杀身以遂其行,由是观之,卑贱贫穷,非士之耻也,……三者存乎身,名传于世,与日月并而不息,天不能杀,地不能生,当桀纣之世,不之能污也。"④总之,儒家立足伦理道德的角度来讨论生与死的问题,用道德规范来衡量生与死的意义和价值,认为为了立德、成全名节,人们可以慷慨赴死,并且可以由此而死而不朽。这样一种价值取向鼓舞着我们中华民族的一代代志士仁人,舍己为人、舍己为国,为道义和真理毫不犹豫地奉献出自己宝贵的生命。

所谓"立功",就是要建功立业,在有生之年成就一番丰功伟绩。儒家积极入世的精神突出地表现在这一方面,儒者都有强烈的政治抱负,希望学以致用、学而优则仕,以获得施展才华的机会。儒家认为通过建功立业,肉体虽然消亡了,但所做出的业绩却可惠及后世,为后世所铭记,这也便成就了不朽。先秦儒家对建立一番功业者赞赏有加,例如,对于辅佐齐桓公成就霸业的管仲,孔子评价说"管仲相桓公,霸诸侯,一匡天下,民到于今受其赐。微管仲,吾其被发左衽矣。岂若匹夫匹妇之为谅也,自经于沟渎而莫之知也"⑤,荀子也称赞管仲是"功臣"。就孔、孟、荀三位大儒本身而言,他们为宣传自己的学说,不辞劳苦、四处奔走,其动力来源之一就来自于要建功立业的一番雄心壮志。

所谓"立言",即著书立书,以自己的思想影响后世,这也是实现不朽的一种方式。在这一方面,表现得最典型的一个历史人物就是司马迁。司马

① 杨伯峻.论语译注[M].论语·微子.北京:中华书局,1980.197.
② 杨伯峻.论语译注[M].论语·述而.北京:中华书局,1980.70.
③ 杨伯峻.论语译注[M].论语·季氏.北京:中华书局,1980.178.
④ 许维遹.韩诗外传集释[M].北京:中华书局,1980.10.
⑤ 杨伯峻.论语译注[M].论语·宪问.北京:中华书局,1980.151.

迁本来胸怀建功立业的宏图大志,他希望自己"能纳忠效信,有奇策才力之誉,自结明主;……能拾遗补阙,招贤进能,显岩穴之士;……能备行五,攻城野战,有斩将攀旗之功;……能积日累劳,取尊官厚禄,以为宗族交游光宠"①,为此,他"绝宾客之知,忘室家之业,日夜思竭其不肖之材力,以求亲媚于主上"②。但是司马迁的梦想因为李陵之祸而毁于一旦,遭受宫刑的他从肉体到人格都受到了极大的伤害和羞辱,他说:"仆以口语遇遭此祸,重为乡党戮笑,污辱先人,亦何面目复上父母之丘墓乎?虽累百世,垢弥甚耳!是以肠一日而九回,居则忽忽若有所亡,出则不知所如往。每念斯耻,汗未尝不发背沾衣也。"③在封建社会中,司马迁的境遇使他丧失了传统意义上建功立业的基本条件,但是他追求死而不朽的愿望却始终没有泯灭,他以"昔西伯拘羑里,演周易;孔子厄陈蔡,作春秋;屈原放逐,著离骚;左丘失明,厥有国语;孙子膑脚,而论兵法;不韦迁蜀,世传吕览;韩非囚秦,说难、孤愤;诗三百篇,大抵贤圣发愤之所为作也。此人皆意有所郁结,不得通其道也,故述往事,思来者"④来激励自己,立功不成,便以立言成其不朽,继承父业,完成《史记》,可以说,司马迁以自身的伟大实践,为追求不朽人生者树立了光辉的典范。

总之,先秦儒家不惧"死",惧的是"君子疾没世而名不称焉"⑤;先秦儒家也不忧"死",忧的是"舜,人也;我,亦人也。舜为法于天下,可传于后世。我由未免为乡人也,是则可忧也"⑥,即能不能像舜一样扬名于后世。立德、立功、立言三不朽的人生境界都有这样一个共同点,那就是以"名"来求不朽,一个人的死后之"名"实际上是对此人生前所做之事的总结概括,是此人的精神象征。在儒家视野中,能否青史留名,决定了生存价值的高低,而要获得立德、立功、立言之名都需要踏踏实实地立足于现世今生中的努力,

---

① [汉]班固. 汉书[M]. 司马迁传第三十二. 北京:中华书局,2007. 619.
② [汉]班固. 汉书[M]. 司马迁传第三十二. 北京:中华书局,2007. 620.
③ [汉]班固. 汉书[M]. 司马迁传第三十二. 北京:中华书局,2007. 622.
④ [汉]司马迁. 史记[M]. 太史公自序第七十. 北京:中华书局,2006. 761.
⑤ 杨伯峻. 论语译注[M]. 论语·卫灵公. 北京:中华书局,1980. 166.
⑥ [战国]孟轲(著),万丽华(译注). 孟子[M]. 孟子·离娄上. 北京:中华书局,2006. 186.

可见,儒家的"死而不朽"具有强烈的此岸性,这个命题看似关注的是死后,而实际上目光投向的仍然是生前,这与一般宗教对人的终极关怀是有着天壤之别的。

结 语

先秦儒家集中精力探讨"生"的问题,倡导的是积极入世、奋发有为的生活态度,牢牢地将人生价值的实现定位到了现世今生之中,而将"死"的问题悬置,即使谈论"死",也是立足于"生"去谈论。儒家从不希求死后和来世的幸福,从不仰仗救世主的帮助。儒家认为人生价值就在于自觉的道德追求、崇高的人格理想、热忱的救世情怀和坚定的生活信念,而这些都牢牢地掌握在活生生的"人"手中。儒家为人规划的这种人生被道德提升和为群体建功立业的巨大历史使命所充实。在儒家的视野中,个人所遭受的苦难与生死同群体的价值、仁道的弘扬相比,太微不足道了,困难不过是建功立业的必备条件,死亡不过是人履行了做人的责任与道义之后的休息,如果生死与道义发生矛盾,儒家的选择是慨然赴死。

先秦儒家认为在有生之年为了弘扬仁道而奋斗不已的结果,体现在个人身上,就是死而不朽,对一个人价值的最高评价也就是其可以死而不朽。"仁"的起点是血缘亲情,践行仁道首先要尽到对家庭的责任和义务,生儿育女、延续家族无疑是家庭责任的重要内容,而履行传宗接代、教养好子女的责任和义务对个体的回报就是自己有生之年未能完成的使命可以通过子女来完成,自己死后,也有孝子贤孙对自己进行虔诚的祭祀,就像自己活着时一样依然受到尊敬,这便在一定程度上使人获得了肉体不朽的感觉。这种意义上的不朽对人的心灵尽管具有较大的安慰作用,但是在儒家心目中,这只是较低层次的不朽,儒家认为更具意义的不朽是精神的不朽,精神不朽在儒家视野中,要通过立德、立功、立言才能获得,即以"仁"道和群体利益为着眼点,多做有价值之事,为后世乃至千秋万代着想,这样自己的肉体虽然死亡了,但却获得了千秋万世不朽之名声。

　　先秦儒家就是这样把个体的价值放到群体中、放到历史的洪流中去考察,看重的是个体对群体的贡献,看重的是个体行为对当代和后世的影响,而不是一己之得失,并以此来克服生存的焦虑和死亡的恐惧,在现实的社会人生中为人寻求到了安身立命之地,这构成了中华民族精神安慰系统的内核。儒家这样一种死而不朽的生死观,有助于人们树立正确的生活目标,引导人们尽力将自己短暂的人生过得充实而有意义,以争取多给世人留下些值得怀想、有价值的东西。这样一种精神信念有益于人生、有益于社会,一直在支撑着我们中华民族,给予我们民族以活在当时当世的意义。其不慕玄虚、面向现实的积极的理念也为培育中华民族理性务实的精神做出了重大贡献。总而言之,"儒家从群体共存的立场出发,放弃了对个体不死和死后世界的探求,以建构现实的群体生活秩序为目标,将个人生命的超越落实到对群体生活理想的追求中,从而建立起一种极度世俗化却又充满理想主义色彩的主流文化"。①

---

① 袁阳. 生死事大——生死智慧与中国文化[M].北京:东方出版社,1996.6.

第八章 弘扬儒学精华、建设中华民族共有精神家园

一、儒学对培育中华民族精神的历史贡献和现代价值

　　正如前文所述,由孔子创立,孟、荀发展完善的先秦儒学,诞生于春秋战国那个虽然战乱频发但思想却异常开放自由的时期,它因为具备了适应中国古代社会发展的内容,本身又能以开放的心态,批判吸收其他学派的思想以实现自我更新;它因为既有自强不息、不畏挫折的奋斗精神,又能采取行之有效的传播方式,所以能在百家争鸣中脱颖而出。先秦儒学在整个儒学的发展历程中是被政治干预最少、束缚最少、最活泼、最有生命力的部分,它是后世儒学的依归,凡是能被称为儒家者,都必然认同孔子的思想,或者从其思想出发,或者以其为归宿。儒学历经千年的发展,成长为中国传统思想文化的主干,受学于庠序、流布于民间,对中国社会和中国人的精神世界产生了巨大而深远的影响,为培育中华民族精神做出了重大贡献,如果说儒学是中华民族精神的培养基,那么先秦儒学便是基础中的基础,是基石中最有力量的成分。

　　以中华民族精神的视角审视先秦儒学,那么可以对先秦儒家思想作如下解析,即由孔子开创的先秦儒学沿着西周至春秋以来重人轻神的思想理路,以理性思维代替宗教神学,以人文精神来理解天、命、鬼神、祭祀,进一步淡化了其宗教意识,"人"始终是先秦儒学进行理论架构的中心和目的,

由此肯定了人的高贵性。将人视为一种高贵的存在,这种情结是人类所普遍具有的,在古希腊神话中有因迷恋自己的形象而扑向水中倒影的美少年纳喀索斯,这是西方人自恋的原型,其个人主义的色彩非常鲜明。而中国人对人之高贵的理解却明显的不同于此,与西方的个人主义相比,先秦儒家思想熏陶下的中国人对自己高贵之处的理解有着浓厚的道德的、集体主义的色彩,先秦儒家认为人之高贵性主要来源于人的道德性和人的合群体性。在先秦儒家的视野中,人首先是一种道德性的存在,"仁德"是人之为人的根据,人要成为真正意义上的人,就必须充分发挥人所具有的"学习的能力"、"克己的能力"、"爱人以及推己及人的能力",来涵养人的人性(孟子)或者改造人的人性(荀子),居仁由义、即礼求仁,以不断提高自身的道德水准,对"仁"道的追求贯穿整个人生,是个"死而后已"的过程,最终方可成为君子乃至圣人。在先秦儒家视野中,人不仅是道德性的存在,人还是一种合群体性的存在,先秦儒家总是将个体置于群体中去思索和考察,以"正名"来明确人的社会角色和社会义务,以"忠恕之道"即以推己及人、将心比心、设身处地为他人着想的方法来协调人与人之间的关系,当个体利益与群体利益发生冲突时提倡以群体利益为重。在"群"的原则的指导下,先秦儒家又提出了一套协调父子、兄弟、夫妻、朋友、君臣、君民等人际关系的具体原则。"群体本位"前提下的先秦儒家,也重视个体价值,肯定个人才华,尊重个体的人格、气节和尊严,即肯定道德主体有特立独行的自由,但这种自由不是无法无天、唯我独尊的自由,而是以"仁道"为标准和限阈,"从心所欲不逾矩"的自由。从宏观上来考察先秦儒家的道德修养和人际关系的协调,可以发现从一切道德规范的运用到诸德之间的配合,从个人修养到社会秩序,其最佳方法和最高境界的表征就是"中和",在儒家思想中,"中和"起着范导儒家所建构的整个伦理秩序的作用。对道德的重视、对群体的重视,造就了儒家积极入世、奋发有为的生活态度,儒家牢牢地将人生价值的实现定位到了现世今生之中,从不希求死后和来世的幸福,从不仰仗救世主的帮助,儒家为人规划的这种人生被道德提升和为群体建功立业的巨大历史使命所充实,是乐以忘忧、死而后已的使命人生。在儒家的视野中,个人所遭受的苦难与生死同群体的价值、仁道的弘扬相比,太微不足道了,困难不过是建功立业的必备条件,死亡不过是人履行了做人的责任与道义之后的休息,如果生死与道义发生矛盾,儒家的选择是慨然赴死。儒家认为这样为弘扬仁道而立德、立功、立言,奋斗不已的结果体现在个人身上,就是死而不朽,这样,生存的焦虑与死亡的恐惧便被化解在了现世今生的奋斗历程之中了。

以先秦儒学的视角来考察中华民族精神,则先秦儒学的上述思想便不仅仅为儒学一派所有,儒学作为中华民族精神的培养基,它们构成了建构整个中华民族精神的思想元素,具体而言:其一,就中华民族精神的激励系统来说,儒家对人的生命价值的关切和对人存在地位的肯定,挺立起了中华民族在世上生存发展的信心,从心灵层面拓展了中华民族自我发展完善的空间,成为中华民族不畏艰险、积极向上、自强不息的动力之源,为中华民族精神激励系统的建构提供了逻辑起点;而对人"学习的能力"、"克己的能力"、"爱人以及推己及人的能力"的强调,则为激励系统的目标落实提供了能力保障。其二,就中华民族精神的教化系统来说,先秦儒学通过论证经由后天努力,可使人性朝着善的方向变化的理论,为教化系统的展开奠定了理论根基,而先秦儒家所开设的居仁由义、即礼求仁的努力方向和成就君子、圣人之理想人格的奋斗目标又为教化系统提供了教化的具体纲目,指明了教化的方向。其三,就中华民族精神的协调系统来说,先秦儒家为中华民族精神的协调系统确立了"群体本位"这一最高原则,而在群体本位的前提下为具体处理父子关系、兄弟关系、夫妻关系、朋友关系、君臣关系、君民关系所提出的孝、悌、别、信、忠、民本等伦理要求,又为协调系统设立了具体规范。其四,就中华民族精神的凝聚系统来说,先秦儒家的"中和"思想是一个涵具道德目标、道德境界、道德修养方式、道德取向等若干内容的道德性、价值性命题,它所倡导的是一种普遍和谐的观念,这种观念是对中华民族生存智慧的高度概括。同时,"中和"又通过儒家思想的传播植根于中国人的意识形态之中,调节着中国人的思想和行为,指导着中国人的实践,把中华民族塑造成一个心胸宽广、爱好和平、以中正和谐为理想境界、视天地人为统一整体、追求民族融和、追求国家统一的深具包容和谐精神的民族。包容和谐的精神深深地渗透到中国人的思想深处,内化成一种民族心理,成为我们民族和我们文化的特色,是中华民族的凝聚力所在。其五,就中华民族精神的安慰系统来说,儒家对现世今生的重视,为中华民族精神的安慰系统提供了不慕玄虚、面向现实的积极的理念,其将个体价值放到历史洪流中考察从而重视个体对群体的贡献、看重个体行为对当代和后世影响,而忽视一己之得失的价值取向,为人们在现实的社会人生中寻求到了克服生存焦虑和死亡恐惧的方法,寻到了安身立命之地,中华民族精神安慰系统的内核由此形成。总而言之,先秦儒学以道德为重、以群体为重、追求中庸和谐、既理性务实又积极进取、刚健有为,这些成为中华民族共同的价值观和精神支撑,成为中华民族生命力、创造力和凝聚力所在,奠定了中华民族精神的基调和底色,缔造了中华民族的灵魂。

诚然,一种思想一旦成为官方意识形态,成为统治者利用的工具,成为争名夺利者晋升的阶梯,它就难以逃脱被僵化的命运。儒学走过了先秦时期,上升为中国封建社会的意识形态,因为长期与封建制度同生共长,封建社会的毒素被一层层地堆积在儒学身上,掩盖了儒学本来具有的思想上的光辉,而意识形态的色彩却逐渐增强,最终在人们心目中几乎成了封建制度的象征和代言人。从明末以来,每一次对封建主义的大批判,其目标几乎都少不了儒学,这种批判有来自于儒家内部的反省,更多更强烈的是来自外部力量的冲击,从太平天国运动时期洪秀全的排孔运动,到五四时期对儒学的批判,再到文革时期的政治打压,儒学作为"显学"的时代一去不复返了。但是,自孔子以来,已经走过了两千五百多年发展历程的儒学并不仅仅是历代政治制度的附属品,作为中国传统文化的主干,它上承夏商周文明之精华,下开两千年中国思想之正统。作为一个历经千年而不衰的学说,它虽然因为长期被封建统治者所利用而不可避免地带有维护封建统治、腐朽落后的因素,但它并不单纯是封建社会意识形态和历代政治制度的附属品,它更积淀了中华民族千百年来历史经验和优良传统,包含着中华民族对社会人生的深刻认识,是中华民族的文化创造和智慧结晶,是一种具有社会行为规范作用和道德感召力的文化力量,具有跨时代的生命力和超历史的恒常价值。否则,它早就被丢进了历史的垃圾堆,根本不可能流传下来,更不可能直到今天仍受到世界范围内的重视。它的影响遍及中国社会生活的各个领域,存在于中华民族的文化心理结构中,塑造着中华民族的性格,是中华民族走向世界的文化凭借。对于儒学,绝对不是用一个"好"或者"坏"就能简单概括的,它对中华民族的影响是多元的,应该全面辩证地看待它。如果说中国传统文化是孕育中华民族精神的母体,那么,作为传统文化主干的儒学,其优秀部分便是中华民族精神的培养基,在中华民族精神每一种具体的精神中都可以找到儒学的内核。

马克思指出:"人们自己创造自己的历史,但是他们并不是随心所欲地创造,并不是在他们自己选定的条件下创造,而是在直接碰到的、既定的、从过去承继下来的条件下创造。"①历史是割不断的也是回避不了的,儒学传统是古代中国人生存态度和生存方式的表达,也是现代中华民族继续发展的文化环境和心理背景,是最能体现中国传统特色的思想。在当今全球化的大潮中,国与国的联系更加紧密了,不同文化间的交流也随之更加频繁,对中华民族的发展来讲这既是机遇也是挑战。面对全球化的大潮,对一个民族来说,最可悲的莫过于在复杂的国际环境中丧失掉对周围世界的判断能力和自我意识。我们当然要积极地吸收外来民族的智慧成果,但这种吸收不能以丧失民族文化之根为代价,不能成为外来文明的模仿者,因为失去了传统的民族也就失去了自己的特色,丧失了传统的民族也就丧失了自己安身立命的根基。可以说,精神文化上的自立自主是中华民族自立于世界民族之林的先决条件。此外,从儒学自身来讲,儒学自古就是一个有着强烈现实关切和参与意识、实践品格突出的学说,面对社会现实,儒学从来就不是一个旁观者,应时代之需,促社会发展是儒学的本分。近代以来,一次次对儒学的批判与反省,荡涤净了儒学身上所附着的

---

① 中央编译局. 马克思恩格斯选集第一卷 [C]. 北京:人民出版社,1995.585.

封建污垢，使其以更清爽的面目视人，使得儒学在现时代可以轻装上阵。

十七大报告指出："中华文化是中华民族生生不息、团结奋进的不竭动力。要全面认识祖国传统文化，取其精华，去其糟粕，使之与当代社会相适应、与现代文明相协调，保持民族性，体现时代性。"这是新时期中国共产党为培育中华民族精神、建设中华民族共有精神家园所做出的高瞻远瞩的英明论断，为儒学在当代更好地发挥其价值提供了重要的历史契机。

二、弘扬儒学精华、建设中华民族共有精神家园的途径

目前，承认儒学是中国传统思想文化的主干，认可儒学在现代社会中仍有用武之地，已经成为从官方到学界再到民间的共识。正如庞朴在《文化传统与传统文化》一文所写的那样："经过一个多世纪的代价巨大的社会实验，中国人终于懂得了一个道理：未来的陷阱原来不是过去，倒是对过去的不屑一顾。就是说，为了走向未来，需要的不是同过去的一切彻底决裂甚至将过去彻底砸烂，而应该妥善地利用过去，在过去这块既定的地基上构筑未来大厦。如果眼高于顶，只愿在白纸上描绘未来，那么，所走向的绝不是真正的未来，而只能是过去的某些最糟糕的角落。"①

接下来一个亟待解决的问题就是如何促使儒学实现现代转化，如何使传统思想进入现代中国人的精神世界，使其更好地为培育中华民族精神、建设中华民族共有精神家园发挥作用。为此，很多意识到儒学现代价值的有识之士在理论上做了很多探讨、在实践中也做了很多努力，直接促成了儒学的升温，以致进入新世纪以来，"儒学热"、"国学热"逐渐成为我国的一种社会现象。探讨儒学的现代转化问题是一个宏大的课题，涉及面很广，

---

① 朱家桢，厉以平，叶坦. 东亚：经济社会思想与现代化[M]. 太原：山西人民出版社，1994. 355.

可谓千头万绪。为了给这个问题寻到一个便于讨论的突破口,本文拟从"国学热"这种现象入手,通过对这一现象的反思来初步探索一下这个问题。虽然"国学"内涵很丰富,学界对于到底"什么是国学"也形成了仁者见仁、智者见智的诸多认识,"国学"并不等同于"儒学"。但是,由于儒学在中国传统文化中的主干地位,使得它毫无争议地成为"国学"的一个重要组成部分,而且,就目前中国"国学热"的现状来看,它也在很大程度上表现为"儒学热",所以,从"国学热"的现象入手,去分析探讨儒学的现代转化之途是可行的。

1. 现象

现象一:大学重视儒学、国学。

不少大学开设了国学班、国学院,例如,北京大学自1993年成立国学研究院之后,05年以来又陆续举办了乾元国学教室、国学百家讲坛大师班等活动;中国人民大学在2005年5月成立了国学院,并逐步形成了完整的学生培养体系,招收本科生、硕士生和博士生;湖南大学在2005年7月成立了岳麓书院国学研究基地;首都师范大学在2007年成立了国学传播中心;上海财经大学在2009年3月成立了国学研究所;华中科技大学在2009年4月,成立了国学研究院;清华大学在2009年11月成立了国学院,等等。除了大学官方组织的国学教学和研究机构之外,大学生的国学热情也日益高涨,许多和国学有关的学生社团陆续成立,例如,西安交通大学的学生成立了国学社;中国人民大学的学生成立了新风雅诗社;华北电力大学的学生成立了国学斋,等等。

现象二:民间办学机构推崇儒学、国学。

随着传统文化的复苏,中国的古典文献被很多民间办学机构所重视,并且也引来了一批家长和学生的追捧,出现了一股"读经"热潮。许多办学机构开设了国学相关课程,出现了各式各样的"读经班"。例如,仅"厦门儿童教育网"公布的厦门市的读经班就有近二十个,其中多以周末兴趣班的形式招生,其名字多冠以"国学班"、"经典班"、"经典学堂",等等。① 目前社会上开设的读经班所追求的教育目标以训练儿童的记忆力、专注力,培养儿童儒雅风度以及尊师爱亲的美好品德为主,招生一般不困难,并且这一市场有越做越大的趋势。

除了这些仅在周末开设的读经班之外,目前在民间还出现了许多全日制国学教育机构,这些全日制机构被人们称之为现代"私塾"。私塾在我国有着悠久的历史,它是我国古代私人所设立的教学场所,在教材方面往往从古代通行的训蒙读物比如《三字经》、《百家姓》、《千字文》、《千家诗》等开始,进而引导学生学习《四书五经》、《古文观止》等;教学时间因人而异、可常可短;在教学目标上十分注重蒙童的教养教育,强调蒙童养成良好的道德品质和生活习惯;在教学方法上以诵读为主,对不听话的学生会有一定程度的体罚。近年来兴起的现代"私塾",在教材选择和学习方式上基本延续了传统私塾的做法,教学过程也刻意追求古典情调,例如塾师穿儒士长衫、室内悬挂孔子画像等。但在教育手段和教育理念上大多作了改良,比如利用现代教育设备、不能体罚学生等。私塾的出现,引起了社会的广泛关注,也引来了许多争议,赞赏者有之,批判者有之。因其教育内容与义务教育相冲突,一些地方政府也出台法规进行干预,例如,北京市人大常委会于2008年11月审议的《北京市实施〈中华人民共和国义务教育法〉办法(修订草案修改稿)》就明确规定家长不得让适龄儿童放弃义务教育。总之,现代私塾既有蓬勃发展的势头,又同时面临着许多发展的困局。

现象三:媒体热衷传播报道儒学、国学。

近年来,"儒学"、"国学"大大吸引了各类媒体的眼光,它们纷纷开设和"儒学"、"国学"相关的栏目,也热衷报道有关"儒学"、"国学"的各种新闻。以下几组事例就可以清楚地显示出"儒学"、"国学"在媒体上的热度。

报纸、杂志、电台、电视台纷纷开办"国学"栏目,这些栏目或者请专家

---

① 2010年厦门市少儿国学班读经班一览表[EB/OL]. http://www.xMet.org/ClCMs/ArtiCle/ShowInfo.asp·InfoID=138,2010-01-28

学者来讲述国学意蕴、古典名著、历史趣闻,例如《光明日报》推出的"国学版"、中央电视台开设的"百家讲坛"、山东电视台开设的"新杏坛"等都属此类。或者融合大众娱乐因素,摆擂台、设奖品,吸引普通民众参与,例如中央电视台的"开心学国学"、齐鲁电视台开设的国学互动栏目"所向无敌"等就属于此类。

除传统媒体外,互联网这一新兴媒体也不甘落后,一些比较大的搜索引擎专门设立了国学搜索工具,一些门户网站开设了"国学博客圈",例如新浪网的"国学博客圈"就由百余位学者组成,据人民日报报道,"国学博客圈"引来众多网民的关注,在最初开博的短短10天内点击量就突破了十万次。此外,连手机短信也介入到了国学传播当中,据报道,山东的一家网站联合北京大学的乾元国学教室正式推出国学版的手机短信,手机用户支付一定的费用后即可每天收到一条知名学者教授给出的生活化讲解的国学短信。

现象四:中国传统节日回归百姓生活。

2004年初,中国人民大学纪宝成校长在一次学术研讨会上首次提出将部分中国传统节日纳入国家法定节假日的建议。从当年起,他连续四次在全国人民代表大会上递交有关建议案,建议案的主体在2007年底被国务院采纳。[①] 2008年,将传统节日列入公共假日的提议终于落实,清明节、端午节、中秋节成为法定假日。这不仅仅是休假时间的改变,它更意味着传统节日所负载的中国传统价值观念得到了官方的认可,这种认可又通过休假的方式落实到了百姓的生活中,实际上起到了在中国民众中普及、推广、强化传统价值理念的作用。这正如纪宝成校长所说的"精神向往是人类共有的需要,人们需要载体寄托思想情怀","将传统节日列入法定假日更有利于传统文化的传承与推广,有助于减少人们对传统文化的疏离感。"[②]

---

① 霍湘池.中央电视台专访纪宝成校长:彰显传统节日生命力[N].中国人民大学校报,2009
－05－27(01).

② 霍湘池.中央电视台专访纪宝成校长:彰显传统节日生命力[N].中国人民大学校报,2009
－05－27(01).

现象五:各地政府热心操办各类纪念中国历史文化名人的庆典。

例如,2005 年 9 月 28 日,以曲阜孔庙为中心,全球十多个城市的孔庙所在地联合祭孔。山东曲阜、河北正定、上海、浙江衢州、甘肃武威、广东德庆、云南建水等国内和港台的文庙以及韩国、日本、越南、新加坡、德国、美国等国家的文庙同时举行盛大、隆重的祭孔活动,首次实现了"世界文庙同祭孔"的盛典。为此,中央电视台与海内外多家电视台合作,联合推出大型直播特别节目"2005 全球联合祭孔",央视新闻频道做专题直播。2006 年曲阜和台湾孔庙联合祭孔。2007 年,全国政协副主席、中共山东省委书记等官员率队祭孔并恭读祭文,主办单位则是山东省人民政府、文化部、教育部、国家旅游局、中华全国归国华侨联合会。曲阜祭孔由此升格,具备了"国祭"的意义。从 2008 年开始,山东曲阜恢复春季祭孔。这是解放后首次恢复传统的春祭。祭孔活动由民间组织走向政府主导,规模不断升格,引起了社会各界人士的普遍关注。①

再如,2008 年 4 月 4 日,戊子年公祭轩辕黄帝仪式在陕西省黄陵县举行,有 8000 多名公祭人员参加,由陕西省省长恭读祭文,全体参祭人员向黄帝像三鞠躬,祭旗烈烈、鼓乐悠扬,场面十分隆重。2009 年陕西省又面向全球征集己丑年清明公祭轩辕黄帝祭文,并对征集来的祭文进行评奖,影响也很大。

再例如,2009 年 9 月 17 日,董子文化节在山东德州开幕,当地政府指出举办董子文化节的目的是传承历史文化,弘扬董子思想、发展董子旅游,德州恢复了董仲舒的读书台并修建董子文化园。

类似于上述各地纪念中国历史文化名人的庆典近年来还出现了很多,地方政府热衷于操办这些活动,看中的是这些活动对当地知名度的提升以及由此带来的经济效益等,当然,这些活动也在一定程度上起到了宣传传统文化的作用。

现象六:与儒学、国学相关的内容受到人民大众的欢迎。

---

① 刘付春.二十一世纪初文化保守主义思潮述评[J].当代社科视野,2008(12):1-7.

近年来,人民群众对传统文化的热情很高,我们从以下三个事例即可见一斑。事例一:2006 年初,为了满足广大市民学习国学的需求,长春市图书馆与吉林省孔子学会、长春文庙等单位联合推出了"城市热读——国学大讲堂"系列讲座。开讲以来,吸引了吉林省内外的大批听众,每期讲座听众最少时一二百人,最多时有五六百人,各种社会阶层、各种职业、各种知识水平的人都有。为了不局限于长春文庙及图书馆等课堂,"国学大讲堂"讲座还办到了长春市多所中小学校、部队、社区甚至监狱,反响热烈。用吉林省社科联张喜才的话来讲就是"效果超出预期,需求超出想象。"①事例二:易中天、于丹等讲授传统文化的学者受到民众的大力追捧,这种追捧丝毫不亚于对影视明星的追捧。据报道,易中天在上海签名售书,三个小时签售了 4000 余册。他的《品三国》一天内共卖出 6349 册,创下首日单本图书销售之最,他的粉丝也被称作为"意粉"、"乙醚"。另据人民网报道,于丹在中关村图书大厦举行签售活动,从下午两点到晚上 10 点 8 个多小时的时间里,共签售了 1 万多册书。② 事例三:在图书市场,国学类书籍经常被立于畅销书之列,例如,2009 年 8 月 17 日,山东省潍坊市图书文化节上国学经典成为最出风头的图书种类,此次参展国学书籍达到 120 多种,一些合订本的《四书五经》、《唐诗宋词》、《易经批注》等受到了大批市民的欢迎,早上刚开门不到一个小时之内就卖出了二三十套。③

2. 反思

(1)何以如此

从以上现象中,我们可以感受到最近几年国学的热度确实很高,在"国学"诸种组成要素中,"儒学"受到的关注更高。为什么在我们当今这个时代"儒学"会受到人们的重视?笔者拟在学界研究的基础上,从内因、外因

① 彭冰,叶彤.国学大讲堂长春渐热[N].中国青年报,2008－04－23.
② 卜昌伟.于丹个性讲解《论语》受追捧 八小时签售10000 册[N].京华时报,2006－11－27.
③ 庞黎黎.潍坊国学经典受到市民热捧——图书节上抢风头[N].齐鲁晚报,2009－08－18.

两个方面谈些粗浅的看法。

从内因来看,这要归功于儒学自身蕴含着历久弥新的素质,正如前文所讲:中国是一个有着悠久历史和丰富文化传统的国家,在走向现代化的道路上不可能与自己的传统彻底告别,只能在与传统接轨的基础上获得新生。儒学作为中国传统文化的主干,其影响遍及中国社会生活的各个领域,存在于中华民族的文化心理结构中,塑造着中华民族的性格。它虽然产生于古代,但是它对社会人生一系列根本问题的回答中有许多内容可以超越家国同构的社会和农业经济,而具有影响现代和未来的超历史的生命力和恒常价值。由于儒学在漫长的封建社会中一直处于历史舞台的中心位置,所以在封建社会解体的过程中,儒学首当其冲受到革命派的激烈批判,文革中,尚未得以喘息的儒学又被狠狠地踩了几脚。物极必反,激烈的否定也为中国人重新反省儒学价值创造了前提。面对新的时代机遇,儒学中那些契合现代社会的思想智慧就有可能重新绽放出光芒。

从外因来说,儒学的升温得益于时代的需要。具体来讲,主要有如下几个方面:

其一,文化身份确认的需要促使中国人重视以儒学为代表的中国传统思想文化。在改革开放的时代背景下,中国的对外交往越来越频繁,走出国门的中国人越来越多,"中国"以及"中国人"的文化身份问题成为对外交往中一个亟待解决的问题。首先,从国家层面来看,改革开放以来我国的综合国力迅速提高,被公认已经迈入了大国行列。但是"大国"不仅需要强大的经济、政治、军事实力,同时也需要强大的文化实力与之相匹配。中国必须建设有自身特色的先进文化,确认自己的文化身份才能有能力和气度应对西方文化不断涌入的局面,才能在国际交往中与世界其他文明游刃有余地对话,这样才能进一步增强我国的国际地位。然而,建设有中国特色的先进文化不是无源之水、无本之木,它不仅仅要以马克思主义为指导,不仅仅要吸收世界先进文明成果,而且要重视我们中华民族自身所具有的千百年来积淀下来的文化宝库,因为许多有中国特色的东西正需要从传统思想文化中去挖掘。目前的诸多文化政策表明:我国政府已经意识到了这一点,当前在海外不断建立的以传播中国语言文化为目的的孔子学院、孔子课堂等就是典型例证,据国家汉办的统计数据显示:截止到 2009 年 10 月,全球已建立了 282 个孔子学院和 241 个孔子学堂,分布在 87 个国家和地区。① 其次,从个人来看,面对异域文化,中国人迫切需要找到自己的精神归属,才能更从容地进行对外交往。近年来,我国综合国力和世界影响的增强,大大增进了中华民族的自信心,伴随着民族自信心的提升是民族意识的进一步觉醒。中国人之所以是中国人,不仅仅因为有黄皮肤、黑眼睛,更重要的是因为有中国人的思维方式、中国人的价值取向和处世特点,这才是中华民族真正的基因。蕴含这种基因的载体就是以儒学为代表的中国传统思想文化。但是,从五四运动以来,传统思想文化在民间断裂的时间太长了,这样一种精神文化状态使得走出国门的中国人在一定程度上陷入到无精神家园可以归依的尴尬境地。在国际文化交流中我们中国人的文化身份是什么? 特色是什么? 类似于这样的问题人们发现还是需要到儒学中、到传统思想文化中去寻找,以儒学为代表的中国传统思想文化是中国人走向世界的文化凭借。于是疏离传统太久的中华民族开始积极地去补充传统思想文化的知识,这是以儒学为代表的传统文化升温的一个重要原因。

其二,市场经济的负面影响,促使人们到以儒学为代表的传统思想文化中去寻找医治现实困境的药方。市场经济是一把双刃剑,它在促进物质财富增长的同时也带来一系列的社会问题,尤其是在我国这种市场经济刚刚起步,诸多调节机制尚不完备,人们心理准备尚不充分的社会表现得更为突出。市场机制崇尚竞争、注重效率,商品交换讲究等价原则,市场行为追求的是经济利益并力图使这种利益最大化。这些价值取向对于经济发展来说无可厚非,但"经济"不是孤立的,它在社会中产生和发展,需要社会中的人去实现,市场经济中的人不仅是"经济人"也是"社会人",也就是说市场经济中的人除了有经济生活的追求以外也有精神生活的追求,人与人

---

① 孔子学院世界分布. http://www.hanban.edu.Cn/kzxy.php

之间的关系除了有经济关系以外还有亲情、友情、爱情等其他人际关系,当市场经济的原则入侵到心灵领域和人际关系之中时,因为经济原则与这些领域并不匹配,所以它就有可能给处于其中的人带来困惑、焦虑、紧张、压抑等不良情绪,进而影响整个社会的有效运转。例如,市场崇尚竞争、讲究效率,但如果"竞争"被过度地扩大到人际交往中去,那就有可能引起人与人之间关系的紧张;讲究效率、视时间如金钱的观念如果过于强化,就有可能为了在竞争中取胜而牺牲了与家人、朋友相处的时间,也牺牲了反观心灵品味自我的时间,过于忙碌的结果往往导致身心疲惫、精神空虚。再例如,等价交换原则适合商品交换,但却不一定适合社会生活的其他领域,一个人在工作中、生活中、人际交往中的许多付出受到条件所限往往得不到对等的回报,有时候即使有对等回报也往往不会立竿见影,这时如果总想着等价交换,就极可能陷入心理失衡,对社会和人生感到灰心失望。此外,如果过分注重经济利益而不加节制,就有可能沦为拜金主义,凡是利字当头,带来的必然是人情的冷漠、公心的丧失和社会道德的滑坡。而儒学对和谐的重视、对人伦亲情的重视、对群体利益的重视、重义轻利等理念恰好可以对市场经济的诸多原则起到理性校航的作用。处于迷茫中的中国人逐渐意识到了这一点,人们发现传统中有医治现实困境的药方,古代哲人的谆谆教导具有平衡人的内在心理、安定社会的功效,于是,儒学受到重视也就成了顺理成章的事情了。

其三,以儒学为代表的传统思想文化中有许多价值理念与中国共产党当前的执政方针相契合。弘扬中华民族精神、树立社会主义荣辱观、实践科学发展观、建设社会主义和谐社会、建构社会主义核心价值体系、建设中华民族共有精神家园等,是近年来党和政府大力倡导的价值取向和执政方针。在以儒学为代表的中国传统思想文化中,蕴涵着丰富的社会和谐思想、道德价值、人文理性,以及民本主义,从中我们可以找到很多与当今大政方针的契合点,它们也在一定程度上成为这些执政理念的思想渊源,在这种情况下,可以说,传统思想找到了发挥自身思维优势的平台。基于此,党和政府对传统文化的重视程度不断提高,有很多例子都可以证明执政党的态度,例如,《国家"十一五"时期文化发展规划纲要》和《十七大报告》等都把传统文化的传承和保护放到了突出位置,明确提出要"加强中国优秀传统文化教育,利用现代科技手段开发利用民族文化丰厚资源",官方主流媒体比如《人民日报》、《光明日报》、中央电视台等加大了对传统思想文化的宣传力度,各地纪念历史文化名人的各类庆典也大多得到了政府的支持,中小学教科书中有关传统思想文化的内容也有增多的趋势,等等。以儒学为代表的中国传统思想文化在当今这个时代能够顺畅地传播,能够在社会上有如此大的影响,在很大程度上得益于党和政府的认可和扶持。

其四,学者、电视、网络等对儒学的普及,拉近了民众与传统的距离,推动了儒学的传播。近年来,借助于电视、网络等媒介手段,传统思想文化采取了多种老百姓喜闻乐见的形式传播自身,在这种传播中,涌现出一批学术明星,于丹等人就是其中的典型代表,随着于丹《论语心得》的走红,许多研究传统思想的学者也纷纷走出书斋,以通俗的形式向社会传播自己的学术,有的学者走上了各地电视台办的类似"百家讲坛"的栏目,有的学者撰写传统思想的通俗读物,有的学者频频走进企业、机关举办相关讲座。尽管对这种现象,社会上也有批判、鄙薄的声音,有的反对的态度还相当激烈,认为其玷污了学术的严肃性,斥其为"文化被娱乐"、"学术走秀"等等,但是,不可否认的是,这种通俗化的传播方式确实起到了在社会大众中普及传统思想文化的作用,它起码引起了社会对传统文化的关注。而这种关注是非常必要的,因为中国传统思想尤其是儒学它本身就不是供少数文人墨客享用的奢侈品,它有很强的生活实践性,儒学能够在古代社会历经两千多年风云变幻而不衰,能够成为中华民族精神的培养基,除了有封建政府的扶持以外,在很大程度上得益于其在民间传播的深度和广度,得益于其深入人心的群众基础。在现代社会,儒学失却了其作为主流意识形态的政治地位,它要想获得生存发展的后续力,那么得到民众的认可、延续自身在民间深厚的生活基础就显得尤为重要。致力于传统文化普及化的学者以及电视、网络等现代化的传播手段是帮助儒学走出书斋、走入民间的桥梁,这些因素毫无疑问是目前"儒学热"、"国学热"的一个重要推动力。

(2) 何谓适度

"近年来持续升温的'国学热',具有民间发动、学院响应、媒体助阵、官方谨慎认可并力图用社会主义核心价值体系积极引导的特点。"①可以说,这是近百年来传统文化所面临的一次难得的发展机遇。但这股热潮也存在着鱼龙混杂的现象,有些做法的确可以起到宣扬国粹的作用,例如:将传统节日列为法定假日,有助于人们加深理解传统节日所蕴含的传统文化内涵;在中小学中开展经典诵读活动,在大学中进行与传统思想文化相关的通识教育,既可以帮助学生提高思想道德和精神文化修养,使传统思想文化的精粹潜移默化的植根于学生心中,又可以使人们获得"审视、尊重和同情传统的机会,有助于改变百年以来把本土价值传统视为自由民主之敌人的偏见"②;在各种公众场合、大型活动中适当的运用传统文化的元素,可以营造浓郁的中国特色,展示中华文化的博大气象,例如奥运会就将传统元素应用的很成功,在世界上产生了很好的反响等。但是也有很多人的做法是不健康或不理智的,目前,颇被世人诟病的情况主要有三种:

其一,抱着娱乐心态对待儒学、国学,作秀、恶搞。例如,一些人企图借着国学热潮出风头,他们对儒学、国学的思想价值不感兴趣,却对孔子与南子之间有没有暧昧关系、孔子和姚明究竟谁更高等话题津津乐道,甚至还出现了一位孔庙内大摆热辣造型、宣称要勾引孔子的"国学辣妹"等等,类似这样的行为与儒学、国学的复兴毫无关系,只是企图拿着传统文化做遮羞布,来达到吸引眼球、迎合低级趣味的低劣目的。

其二,以功利态度利用儒学,将传统思想文化作为牟利的工具。例如有些人哗众取宠、不扎扎实实地挖掘儒学培养优秀道德、提高人精神修养、净化社会风气的正面价值,却曲解文本,企图在传统思想中挖掘出所谓的升官之道、发财之道以满足社会上一部分人的需求以谋得利益,有些人打着研究周易的旗号算命、卜卦、看风水来宣扬封建迷信,有些人利用群众对

---

① 方克立. 创建适应时代需要的新国学[J]. 高校理论战线,2008(8):25–31.
② 王怡. "读经"背后[J]. 书屋,2004(10):19–23.

国学的热情,不顾及自己本身的国学水平举办一些低劣的国学班、出版一些错漏百出的国学读物,等等。对这些人来说,研究传统思想文化只是一个幌子,真正目的是谋取钱财。

其三,过分拔高儒学的现代价值,非理性地认为其可以解决现代中国社会中的一切问题。从20世纪80年代开始,随着我国政治环境、学术氛围的宽松,一股被学界称为"新文化保守主义"的思潮在大陆兴起,"新文化保守主义反映了一部分人在全球化时代保护、发展、利用传统文化的愿望和努力,对于矫正以往对待传统文化的虚无主义态度,以及在当代中国文化建设中增强民族文化的主体性等,有积极的意义。但其中有两种倾向值得注意:一是褊狭的文化心态。某些新文化保守主义者抱有强烈的中国文化优越感,对传统文化中的精华和糟粕缺乏认真的区分,盲目鼓吹'新儒学',提倡'新国学',刻意拔高儒学和国学对当代道德建设、社会发展乃至国家政治生活的指导意义,偏执地抵制和排斥西方思想文化,这些都可能导致复古主义和狭隘民族主义。二是对社会主义文化的否定。一些人在高喊'复兴儒学'、'振兴国学'的同时,对五四新文化运动进行了不恰当的指责,把矛头指向了近代以来的启蒙和革命,甚至试图将儒学意识形态化,将马克思主义与儒学尖锐对立起来,以儒教代替马克思主义。"①诚然,儒学存在着许多可被现代社会利用的思想资源,应当深入研究,但儒学同时又是一个精华与糟粕的共同体,对于它,我们需要批判继承、综合创新。历史前进了,时代变化了,力图走复古的道路,将儒学看成完全适合现时代的、能够医治百病的灵丹妙药只能成为一个不切实际的幻想,盲目拔高儒学的价值,甚至像某些"儒家原教旨主义"者那样把儒学抬到宗教的高度,提出所谓"立儒教为国教"、"儒化共产党"、"用儒学取代马克思主义"等主张,看似对儒学充满感情,而实际上却极可能断送儒学的生命力。儒学究竟是不是儒教,这是个很值得商榷的问题,目前学界对此问题的争议仍然很大,抛开这些争议不说,即使真的如"儒家原教旨主义"者所认为的那样儒学是宗

① 高翔.中国社会科学学术前沿(2006-2007)[C].北京:社会科学文献出版社,2007.15.

教,那么"'儒教'如果不能与社会主义社会相适应,怎能指望社会主义中国的执政党即共产党来把它立为'国教'呢?"①

孔子曰:"过犹不及。"②弘扬儒学、接续其生命力有一个"标准"问题,"度"的问题,做得不对不行,做得不够不行,做过了头以致走到歪路上也不行。那么怎么来衡量一个和儒学相关的行为是合适的呢? 笔者认为其起码应符合以下几点要求:行为本身应该既能承续儒学精神,又能切入当下生活,既能体现民族性,又能顺应世界文明发展的趋势,而不是变成现代化的阻碍;评价儒学时,要坚持辩证的、历史的态度,即既应有足够的自信承认其所具有的思想价值,又要有足够的勇气承认其确实存在不合时宜的地方;传播儒学时,要抱有真诚的态度,即以弘扬儒学精华为目的,而不是将其当作争名夺利的手段。

3. 求索

儒学是中国传统思想文化的主干,是中华民族精神的培养基,在儒学中蕴含着中华民族的文化基因,儒家思想中有丰厚的道德资源可以为现代中国社会所吸取,也有许多价值取向仍存在值得肯定的地方,建设中华民族共有精神家园离不了它。同时,在国际交往日益加深,中国的国际地位日益崛起的今天,我们中华民族也需要凭借儒学来彰显我们民族文化的价值,为世界文明的发展做出有我们中华民族特色的贡献,贺麟说:"假如儒家思想没有新的前途、新的开展,则中华民族以及民族文化也就不会有新的前途,新的开展。"③但是,儒学在当代具体应该如何开展,显然仅仅凭借一腔热情是远远不够的,"火"已经被热情点燃了,但接下来如何使这把"火"烧得理性健康,使其具备永续燃烧的活力,是一个值得儒学研究界深思的大问题。基于前文对儒学热"何以如此"以及"何谓适度"的反思,笔者认为儒学在介入现代社会、实现现代转化的道路上应该注意以下五点:

---

① 方克立.关于当前大陆新儒学问题的三封信[J].学术探索,2006(2):4-10.
② 杨伯峻.论语译注[M].论语·先进.北京:中华书局,1980.114.
③ 贺麟.儒家思想的新开展[J].思想与时代,1941(1).

其一,既要立足于现实需要发展自身又要避免媚俗,尤其要避免以功利目的为导向。儒学在当代社会的发展一定要立足现实、关注现实,面向现代人的精神需要,这样才能在现代社会中为自身的发展赢得一席之地。这也符合儒学一贯的经世致用的作风,儒学自古以来就是一个深具历史责任感和文化使命感,具有强烈现实关切性和实践品格突出的学说。但是,在这个过程中,有一个概念必须明确,那就是立足现实、面向现实绝不等于迎合现实。如果现代人需要什么,就去儒学中"挖"什么,实在"挖"不出来的时候就生编、臆造,对圣贤言语断章取义以迎合世风,那么这样所获得的繁荣只能是表面、虚假的繁荣,于儒学长远发展毫无益处。至于那些利用民众目前出现的对传统文化的热情、拿儒学做幌子来谋取个人私利,那更是违背了儒家"义以为上"、"义以为质"的精神。一旦人民觉醒过来,这些行为只能遭到唾弃,连儒学中所蕴含的真正精华也会被这种功利行为所连累,一起被人小看了。针对目前儒学传播中出现的种种曲学阿世、虚谈眩人的现象,北大教授李零曾尖锐地批评说:"学《论语》,有两条最难学,一是'三军可夺帅,匹夫不可夺志',二是'不义而富且贵,于我如浮云'。现在,哭着闹着学《论语》的,不妨先学这两条,试试看!"①

其二,既要面向大众普及儒学,又要进行扎实的学术研究,走世俗化与学术化并行的道路。儒学精华要想在现代社会中被弘扬,仅仅进行学理研究,集中在学者的小圈子里,采用学究气浓厚、老百姓听不懂的语言和形式是不行的。儒学要想获得群众的认可,采用群众喜闻乐见的方式是必须的。因此,博客、短信、学者通俗化的讲解、电视电台寓教于乐的国学节目等形式,在儒学普及方面都有其可取之处。但是,需要明白的一点是,世俗化、通俗化只是儒学面向大众的一种手段,这种手段不仅不能代替在学术内研究和学习儒学,相反这种普及需要学术研究的支撑才能在正确的道路上持续发展,正如台湾学者龚鹏程所指出的那样:"在浮嚣的社会风气中,知识人首先要静定得下来,覃思熟虑,做点理论的突破或文献的掌握。根

---

① 李零. 丧家狗:我读论语[M]. 太原:山西人民出版社,2007. 373.

深自然叶茂,深入了才能浅出,要做社会推广,先得努力钻钻象牙塔。"①总之,如果只注重学理研究,则会加重民众与儒学的隔膜,难以发挥儒学应有的社会作用;如果只注重通俗化的普及,则容易使儒学落入庸俗和肤浅,难以获得永续发展的知识支撑,只有世俗化与学术化互相支持、两条腿走路,才可能使儒学在传播的过程中走得更稳健。

其三,既要借用政治支持发展自身又要有自知之明,与政治保持适当的疏离。经世致用、热心政治是儒学从创立之初就具有的特点,"学而优则仕"是中国古代很多儒者的目标,儒学能够从百家争鸣中脱颖而出并在两千多年的封建社会中产生深远影响也在很大程度上得益于其与政治的良好结合。但是,我们应该认识到的一点是儒学在古代中国其政治诉求能够实现的原因从根本上来说是因为儒学的政治理念其绝大部分能够适应封建时代的需要,能够维系、促进封建体制的良性运转。而当代中国的经济基础、社会结构、社会需要、国际环境等重要方面与古代中国相比已经发生了根本变化,儒学作为在封建社会中产生并在封建社会发展成熟的学说,它的政治理念也随之由绝大部分适应社会发展变成了绝大部分不适应社会发展。在这种情况下,如果过分宣扬儒学在当代中国的政治作为,甚至期望其能够重新回到正统、独尊的位置上去,无异于天方夜谭。这种过高期望的最后结果只可能是被现实无情地击碎,连带击碎的恐怕还有儒学在当代社会中可能有的生存余地,这对儒学发展来说得不偿失。那么难道儒学在当代中国不能有政治作为吗? 也不是这样的,目前中国共产党提出的建设和谐社会、建设中华民族共有精神家园、建构社会主义核心价值体系等执政方针,对儒学来说就是一个应该抓住的难得机遇,在全国上上下下普遍肯定传统文化的机遇中,儒学完全可以充分发挥其资源优势,大有作为,将学术研究与国家大政方针相结合,可以为儒学的发展赢得更广阔的空间。但在这种与政治相结合的过程中,对儒学持同情立场的研究者、传播者应该注意保持清醒的头脑,既不能妄自菲薄也不能盲目自大,而应该

---

① 龚鹏程.儒学复兴时代的隐忧[J].学习博览,2009(04):48-49.

有自知之明,明确地认识到儒学一方面在当代社会大有价值,另一方面它毕竟是封建时代的产物,存在着许多思想局限,复古更化的路子走不通。在为政治服务以发展自身的过程中还应该保持自己的学术独立性和尊严,不要走到盲目"迎合"的道路上去。实际上,"传统文化除了政治文化以外,还有一个最重要的方面——也是孔夫子思想里面一个很重要的东西——就是讲究人与人之间的日常人伦,这一部分文化是有活力的、可以被继承的。"①儒学中所包含的浓厚的人文理性精神、对道德价值的追求、对人伦亲情的肯定、对集体主义的重视等思想在任何社会形态中都会绽放出光芒,当代儒学如果能充分发挥这些思想优势,在日常人伦领域或许能比在政治领域发展的更好。

其四,儒学要增强自我批判意识,不断进行融合创新。"一个民族要认识自己,就要走出自己的墙,从外面看。一个民族要认识别个民族,就要走进别人的墙,从里面看。其实,认识自己和认识别人是同时的。"②我们要珍视以儒学为代表的民族传统以使民族精神获得自我主宰的能力,但绝不能走民族文化至上主义的路子,绝不能通过排斥外来文化的手段来达致传统文化自存的目的。传统文化要保持其活力,成为"活"传统,就必须始终保有自我反省、自我批判的意识,这是传统文化自我发展、自我完善的不可或缺的环节。在外来文化大量涌入、文化交流日益频繁的今天,传统文化只有具备了海纳百川的气度,启动自我更新的内部机制,将外部刺激视为自身发展的新起点,积极地吸收异质文化中存在而自身又比较缺乏的营养因素,应时代变化实现历史转变,对传统文化的结构、规范、思维方法进行自我更新和建设性转化,才能真正捍卫精神中国的存在,为子孙后代守住精神的家园,真正使历史文化以强有力的方式延续,否则只会适得其反。正如北京大学教授汤一介曾指出的那样:"如果不使我们的传统文化'苟日新,日日新,又日新'而只是抱残守缺,哪怕是把古人非常有意义的话一而

---

① 徐友渔.传统文化的现代化:继承日常人伦,弘扬普世价值[J].绿叶,2008(7):40-46.

② 乐黛云,勒·比雄.独角兽与龙——在寻找中西文化普遍性中的误读[M].北京:北京大学出版社,1995.79.

再、再而三地重复,我想也很难使中国文化复兴,更不可能使中国文化对现代做出贡献,搞不好甚至会陷入'国粹主义'或'狭隘的民族主义'之中。"①

其五,儒学传播者和研究者要增强使命感,尽力做到"做学问"与"做人"的一致,以避免因个人的不良行为使儒学蒙羞。中国哲学尤其是儒家哲学不是纯粹的知识型、思辨型的学说,它在很大程度上是伦理型、道德型的学说,具有很强的生活实践性。在儒家哲学中,修身是做学问乃至做一切事情的基础,在中国历史上,绝大多数大儒也确实做到了做学问与做人的一致。金岳霖先生曾经这样评价中国历史上的思想家,他说:"道德、政治、反思的思想、知识都统一于一个哲学家之身;知识和德行在他身上统一而不可分。他的哲学需要他生活于其中;他自己以身载道。遵守它的哲学信念而生活,这是他的哲学组成部分。他要做的事就是修养自己,连续的、一贯的保持无私、无我的纯粹经验,使它能够与宇宙合一。显然这个修养过程不能中断,因为一中断就意味着自我复萌,丧失他的宇宙。因此在认识上他永远摸索着,在实践上他永远行动着,或尝试着行动。这些都不能分开,所以在他身上存在着哲学家的合命题,这正是合命题的本义。……他的哲学不是用来打官腔的。他更不是尘封的、陈腐的哲学家,关在书房里,坐在靠椅中,处于人生之外。对于他,哲学从来就不只是为人类认识摆设的观念模式,而是内在于它的行动的箴言体系;在极端的情况下,他的哲学简直可以说是他的传记。"②在现时代,虽然儒学研究者和传统意义上的儒家有很大区别,但是由于儒学这门学说特殊的道德性质和道德宗旨,仍然要求它的研究者尤其是对儒学持同情立场的研究者具备相应的道德素质,如果为学与为人两张皮的话,就很难增强儒学对现代人的道德说服力,从而动摇民众对儒学现代价值的信心。

① 徐友渔.国学热和文化保守主义——在南昌大学的演讲[J].理论参考,2007(7):27-32.
② 冯友兰.中国哲学简史[M].北京:北京大学出版社,1985.14-15.

参考文献

中国古典文献及其译注类

01. [春秋]左丘明. 国语. 济南:齐鲁书社,2005.

02. [西汉]贾谊. 新书. 杭州:浙江人民出版社,1984.

03. [西汉]司马迁. 史记. 北京:中华书局,2006.

04. [西汉]桓宽. 盐铁论. 上海:上海古籍出版社,1990.

05. [东汉]班固. 汉书. 北京:中华书局,2007.

06. [东汉]许慎. 说文解字. 北京:中华书局,1983.

07. [魏]何晏等. 论语注疏. 北京:中华书局,1980.

08. [西晋]杜预. 春秋左传正义. 北京:中华书局,1980.

09. [南朝]梁萧子. 南齐书. 北京:中华书局,1983.

10. [北齐]颜之推. 颜氏家训. 北京:中华书局,2007.

11. [唐]孔颖达. 周易正义. 北京:北京大学出版社,1999.

12. [唐]孔颖达. 毛诗正义. 北京:北京大学出版社,1999.

13. [唐]孔颖达. 尚书正义. 北京:中华书局.1980.

14. [唐]孔颖达. 礼记正义. 北京:中华书局,1980.

15. [唐]房玄龄. 晋书. 北京:学苑音像出版社,2004.

16. [唐]温庭筠. 温庭筠诗集. 上海:上海古籍出版社,1980 年.

17. [后晋]沈昫. 旧唐书. 北京:中华书局,1975.

18. [北宋]司马光. 资治通鉴. 北京:中华书局,1956.

19. [北宋]张载. 张载集. 北京:中华书局,1980.

20. [北宋]程颢,程颐. 二程集. 北京:中华书局,1981

21. [北宋]程颢,程颐. 二程遗书. 上海:上海古籍出版社,2000.

22. [南宋]朱熹. 四书集注. 西安:三秦出版社,1998.

23. [南宋]黎靖德. 朱子语类. 北京:中华书局,1986.

24. [南宋]陈淳. 北溪字义. 北京:中华书局,1983.

25. [明]宋濂. 元史. 北京:中华书局,1976.

26. [明]李贽. 焚书. 北京:中华书局,1957.

27. [明]吕坤. 呻吟语. 乌鲁木齐:新疆人民出版社,2004

28. [明]明太宗实录. 北京:中央研究院历史语言研究所,1984.

29. [清]傅山. 霜红龛集. 太原:山西人民出版社,1985.

30. [清]黄宗羲. 明儒学案. 北京:中华书局,1985.

31. [清]黄宗羲. 宋元学案. 北京:中华书局,1986.

32. [清]黄宗羲. 黄梨洲文集. 北京:中华书局,1959.

33. [清]黄宗羲. 明夷待访录. 杭州:浙江古籍出版社,1986.

34. [清]张履祥. 杨园先生全集. 北京:中华书局.2002.

35. [清]顾炎武. 顾亭林诗文集. 北京:中华书局,1959.

36. [清]顾炎武. 日知录. 上海:上海古籍出版社,1985.

37. [清]王夫之. 俟解. 长沙:岳麓书社,1996.

38. [清]王夫之. 读通鉴论. 长沙:岳麓书社,1996.

39. [清]石成金. 传家宝. 长春:吉林文史出版社.2005.

40. [清]王韬. 弢园文录补外编. 沈阳:辽宁人民出版社,1994.

41. [清]孙诒让. 墨子间诂. 北京:中华书局,2001.

42. [清]苏舆. 春秋繁露义证. 北京:中华书局,1992.

43. 杨伯峻. 论语译注. 北京:中华书局,1980.

44. 陈鼓应. 老子注译及评介. 北京:中华书局,1996.

45. 曹础基. 庄子浅注. 北京:中华书局,2000.

46. 陈鼓应. 庄子今注今译. 北京：中华书局,1999.

47. 万丽华,蓝旭(译注). 孟子. 北京：中华书局,2006.

48. 张觉. 荀子校注. 长沙：岳麓书社,2006.

49. 汪受宽(译注). 孝经. 上海：上海古籍出版社,2007.

50. 程俊英. 诗经释注. 上海：上海古籍出版社,2006.

51. 陈戍国. 春秋左传校注. 长沙：岳麓书社,2006.

52. 王先慎. 韩非子集解. 北京：中华书局,1998.

53. 黄寿祺,张善文. 周易译注. 上海：上海古籍出版社,2001.

54. 严北溟,严捷. 列子译注. 上海：上海古籍出版社,1986.

55. 王文锦. 礼记译解. 北京：中华书局,2001.

56. 陈戍国. 尚书校注. 长沙：岳麓书社.2004.

57. 张觉. 商君书校注. 长沙：岳麓书社,2006.

58. 许维遹. 韩诗外传集释. 北京：中华书局,1980.

59. 王肃(注). 孔子家语. 上海：上海古籍出版社,1990.

60. 黄晖. 论衡校释. 北京：中华书局,2006.

61. 沈顺葵(译注). 传习录. 广州：广州出版社,2001.

62. 汤用彤(译注). 高僧传. 北京：中华书局,1992.

中国近现代文献类

001. 白寿彝. 中国通史. 上海：上海人民出版社,1989.

002. 卜昌伟. 于丹个性讲解《论语》受追捧八小时签售 10000 册. 京华时报, 2006(11).

003. 蔡方鹿. 中国道统思想发展史. 成都：四川人民出版社,2003.

004. 陈独秀. 敬告青年. 青年杂志,1915(1).

005. 陈独秀. 吾人最后之觉悟. 青年杂志,1916(2).

006. 陈谷嘉. 儒家伦理哲学. 北京：人民出版社,1996.

007. 陈科华. 儒家中庸之道研究. 桂林：广西师范大学出版社,2000.

008. 陈理. 大一统理念中的政治与文化逻辑. 中央民族大学学报,2008.

009. 陈旭麓. 近代中国社会的新陈代谢. 上海:上海人民出版社,1992.

010. 董根洪. 儒家中和哲学通论. 济南:齐鲁书社,2001.

011. 杜维明. 现代精神与儒家传统. 北京:北京三联书店,1997.

012. 范文澜. 中华民族的发展. 学习,1950(3).

013. 放光华. 中国思想史论稿. 西安:陕西人民出版社,2002.

014. 方克立. 中国传统哲学的现代诠释. 北京:商务印书馆,2003.

015. 方克立. 关于当前大陆新儒学问题的三封信. 学术探索,2006(2).

016. 方克立. 创建适应时代需要的新国学. 高校理论战线,2008(8).

017. 方立天. 民族精神的界定与中华民族精神的内涵. 哲学研究,1991(5).

018. 费孝通. 中华民族多元一体格局(修订本). 北京:中央民族大学出版社,1999.

019. 冯友兰. 中国哲学简史. 涂又光译. 北京:北京大学出版社,1985.

020. 丰子义. 民族精神研究的若干问题. 北京行政学院学报,2009(2).

021. 符浩. 先秦儒家道德观. 桂林:广西师范大学出版社,1998.

022. 高翔. 中国社会科学学术前沿. 北京:社会科学文献出版社,2007.

023. 龚鹏程. 儒学复兴时代的隐忧. 学习博览,2009(4).

024. 辜鸿铭. 中国人的精神. 海口:海南出版社,1996.

025. 郭志坤. 荀学论稿. 上海:上海三联书店,1991.

026. 韩震. 论民族精神的历史性与时代性. 理论月刊,2007(1).

027. 何平. 儒脉兴衰. 郑州:河南人民出版社,1998.

028. 何溥滢. 中国民族史与中华民族精神的形成. 社会科学辑刊,2003(1).

029. 贺麟. 儒家思想的新开展. 思想与时代,1941(1).

030. 贺荣一. 孟子之王道主义. 北京:北京大学出版社,1993.

031. 胡发贵. 儒家文化与爱国传统. 上海:上海社会科学院出版社,1998.

032. 胡适. 中国哲学史大纲. 石家庄:河北教育出版社,1996.

033. 霍湘池. 彰显传统节日生命力. 中国人民大学校报,2009(5).

034. 蒋庆. 中国大陆复兴儒学的现实意义及其面临的问题. 台湾鹅湖,1989

(15).

035. 金耀基. 从传统到现代. 北京:中国人民大学出版社,1999.

036. 乐黛云,勒·比雄. 独角兽与龙———在寻找中西文化普遍性中的误读. 北京:北京大学出版社,1995.

037. 李大钊. 李大钊文集. 北京:人民出版社,1999.

038. 李大钊. 宪法与思想自由. 李大钊文集(上). 北京:人民出版社,1999.

039. 李景林. 教养的本原. 沈阳:辽宁人民出版社,1998.

040. 李零. 丧家狗:我读论语. 太原:山西人民出版社,2007.

041. 李泽厚. 秦汉思想简议. 中国社会科学,1984(2).

042. 李泽厚. 中国古代思想史论. 北京:人民出版社,1986.

043. 李宗桂. 优秀文化传统与民族凝聚力. 哲学研究,1992(3).

044. 李宗桂. 儒家文化与中华民族凝聚力. 广州:广东人民出版社,1998.

045. 李宗桂. 中国文化导论. 广州:广东人民出版社,2002.

046. 梁启超. 梁启超全集. 北京:北京出版社,1999.

047. 梁启超. 新民说. 新民丛报,1902(2).

048. 梁漱溟. 东西文化及其哲学. 北京:商务印书馆,1987.

049. 梁漱溟. 中国文化要义. 上海:学林出版社,1995.

050. 刘付春. 二十一世纪初文化保守主义思潮述评. 当代社科视野,2008(12).

051. 刘文英. 儒家文明———传统与传统的超越. 天津:南开大学出版社,1999.

052. 刘周堂. 前期儒家文化研究. 桂林:广西师范大学出版社,1998.

053. 柳诒徵. 中国文化史(上册). 北京:中国大百科全书出版社,1988.

054. 林语堂. 吾国与吾民. 北京:中国戏剧出版社,1991.

055. 陆建华. 荀子礼学研究. 合肥:安徽大学出版社,2004.

056. 骆承烈. 孔学研究. 济南:齐鲁书社,2002.

057. 马振铎. 仁·人道———孔子哲学思想. 北京:中国社会科学出版社,1993.

058. 蒙培元. 中国哲学主体思维. 北京: 东方出版社,1993.

059. 庞黎黎. 潍坊国学经典受到市民热捧——图书节上抢风头. 齐鲁晚报, 2009(8).

060. 彭冰, 叶彤. 国学大讲堂长春渐热. 中国青年报. 2008(4).

061. 钱穆. 中国文化史导论. 北京: 商务印书馆,1994.

062. 钱逊. 先秦儒学. 沈阳: 辽宁教育出版社,1991.

063. 任继愈. 中华民族的生命力. 香港: 香港汉荣书局,1991.

064. 任剑涛. 道德理想主义与伦理中心主义. 北京: 东方出版社,2003.

065. 沙莲香. 中国民族性. 北京: 中国人民大学出版社,1992.

066. 邵汉明. 儒道人生哲学. 长春: 吉林教育出版社,1992.

067. 邵汉明. 中国文化精神. 北京: 商务印书馆,2000.

068. 邵汉明. 儒家哲学智慧. 长春: 吉林人民出版社,2005.

069. 沈持衡. 儒学新议. 厦门: 厦门大学出版社,1998.

070. 史建群, 董海立. 血凝中华. 郑州: 河南人民出版社,1998.

071. 宋志明. 中国传统哲学通论. 北京: 中国人民大学出版社,2004.

072. 宋志明. 儒学价值观与民族精神的培育. 教学与研究,2004(9).

073. 宋志明, 吴潜涛. 中华民族精神论纲. 北京: 中国人民大学出版社,2006.

074. 苏渊雷. 中国思想文化论稿. 上海: 华东师范大学出版社,1989.

075. 孙国栋. 中华民族精神和素质研究. 杭州: 杭州大学出版社,1991.

076. 汤一介. 儒道释的内在超越问题. 南昌: 江西人民出版社,1991.

077. 唐君毅. 中国文化之精神价值. 桂林: 广西师范大学出版社,2005.

078. 唐凯麟. 成圣与成贤——儒家伦理道德精粹. 长沙: 湖南大学出版社, 1998.

079. 唐凯麟, 曹刚. 重释传统——儒家思想的现代价值评估. 上海: 华东师范大学出版社,2000.

080. 涂可国. 论中华民族精神的基本结构与主要特征. 山东社会科学. 2006(3).

081. 汪国栋. 孔子哲学新论. 桂林: 广西师范大学出版社,1990.

082. 王杰. 儒家文化的人学视野. 北京:中共中央党校出版社,2000.

083. 王仕民. 论中华民族精神的历史特质. 武汉大学学报(人文科学版), 2006(6).

084. 王希恩. 民族精神的形成和发展. 世界民族,2003(4).

085. 王新春. 神妙的周易智慧. 北京:中国书店出版社,2001.

086. 王怡. "读经"背后. 书屋,2004(10).

087. 王玉东. 论传统文化与民族精神的科学扬弃. 东岳论丛,1999(6).

088. 吴光主编. 中华人文精神新论. 上海:上海古籍出版社,1998.

089. 吴来苏. 对构建当代民族精神的思考. 河北学刊,1997(2).

090. 吴虞. 吴虞集. 成都:四川人民出版社,1985.

091. 伍晓明. 吾道一以贯之:重读孔子. 北京:北京大学出版社,2003.

092. 伍雄武. 中华民族的形成与凝聚新论. 昆明:云南人民出版社,2000.

093. 萧功秦. 儒家文化的困境——近代士大夫与中西文化碰撞. 桂林:广西师范大学出版社,2006.

094. 肖君和. 华魂论(第一卷). 哈尔滨:黑龙江教育出版社,1995.

095. 肖君和. 中华学初论. 哈尔滨:黑龙江教育出版社,1997.

096. 肖群忠. 孝——中华民族精神的渊薮. 河北学刊,2004(4).

097. 熊锡元. 民族心理与民族意识. 昆明:云南大学出版社,1994.

098. 徐儒宗. 中庸论. 杭州:浙江古籍出版社,2004.

099. 徐复观. 中国人性论史·先秦篇. 上海:上海三联书店,2001.

100. 徐复观. 中国思想史论集. 上海:上海书店出版社,2004.

101. 徐旭生. 中国古史的传说时代. 桂林:广西师范大学出版社,2003.

102. 徐友渔. 国学热和文化保守主义——在南昌大学的演讲. 理论参考,200(7).

103. 徐友渔. 传统文化的现代化:继承日常人伦,弘扬普世价值. 绿叶,2008(7).

104. 颜炳罡. 心归何处——儒家与基督教在近代中国. 济南:山东人民出版社,2005.

105. 颜炳罡. 儒学与当代社会的双向互动刍议. 孔子与当代国际学术会议论文集. 郑州:河北大学出版社,2005.

106. 杨国章. 人文传统. 北京:北京语言学院出版社,1993.

107. 杨向奎. 大一统与儒家思想. 北京:中国友谊出版公司,1989.

108. 殷寄明. 说文解字精读. 上海:复旦大学出版社,2005.

109. 余治平. 中国的气质. 北京:中国社会科学出版社,2004.

110. 俞祖华,赵慧峰著,中华民族精神新论. 济南:山东大学出版社,2005.

111. 袁阳. 生死事大. 北京:东方出版社,1996.

112. 翟廷晋. 孟子思想评析与探源. 上海:上海社会科学院出版社,1992.

113. 张岱年. 中国哲学大纲. 北京:中国社会科学出版社,1982.

114. 张岱年. 文化与哲学. 北京:教育科学出版社,1988.

115. 张岱年. 文化与价值. 北京:新华出版社,2004.

116. 张岱年. 中国古典哲学概念范畴要论. 北京:中国社会科学出版,1989.

117. 张奇伟. 亚圣精蕴:孟子哲学真谛. 北京:人民出版社,1997.

118. 章太炎. 章太炎政论选集. 北京:中华书局,1977.

119. 张铁勇. 中华民族精神的内涵、作用及现代价值. 理论学刊,2003(6).

120. 张枬,王忍之. 辛亥革命前十年间时论选集(第一卷(上)). 北京:三联书店,1960.

121. 赵馥洁. 中国传统哲学价值论. 西安:陕西人民出版社,1991.

122. 赵敏俐. 先秦君子风范. 北京:东方出版社,1999.

123. 赵明. 先秦儒家政治哲学引论. 北京:北京大学出版社,2004.

124. 赵子林. 民族精神研究:回顾与展望. 兰州学刊,2007(10).

125. 郑万耕. 传统与超越——中国哲学的现代诠释. 北京:北京师范大学出版社,2002.

126. 郑晓江. 中国人生理论史鉴. 桂林:广西人民出版社,1991.

127. 钟明善主编. 中国传统文化精义. 济南:山东人民出版社,1997.

外国文献类

01. [法]爱尔维修. 论精神. 北京:商务印书馆,1979.

02. [希腊]柏拉图. 理想国. 吴献书译. 北京:商务印书馆,1957.

03. [法]丹纳. 艺术哲学. 傅雷译. 北京:人民文学出版社,1963.

04. [美]杜维明. 儒家思想新论——创造性转化的自我. 曹幼华,单丁译. 南京:江苏人民出版社,1991.

05. [德]恩斯特·卡西尔. 人论. 甘阳译. 上海:上海译文出版社,1986.

06. [美]郝大维,安乐哲. 孔子哲学思微. 蒋弋维,李志林译. 南京:江苏人民出版社,1996.

07. [德]恩格斯. 英国工人阶级状况. 北京:人民出版社,1956.

08. [德]黑格尔. 历史哲学. 王造时译. 北京:北京三联书店,1956.

09. [德]黑格尔. 法哲学原理. 范扬,张企泰译,北京:商务印书馆,1961.

10. [德]黑格尔. 哲学史演讲录. 北京:商务印书馆,1981.

11. [德]黑格尔. 历史哲学. 王造时译,上海:上海书店出版社,2001.

12. [英]李约瑟. 中国科学技术史. 北京:科学出版社,1975.

13. [美]林恩·桑戴克. 世界文化史. 陈廷璠译,陈恒整理,上海:上海三联书店,2005.

14. [美]鲁思·本尼迪克特. 菊和刀. 吕万和等译. 北京:商务印书馆,2003.

15. [英]罗素. 中国人的性格. 王正平译. 北京:中国工人出版社,1993.

16. [法]孟德斯鸠. 论法的精神. 张雁深译. 北京:商务印书馆,1961.

17. [德]马克斯·韦伯. 新教伦理与资本主义精神. 于晓,陈维纲译. 北京:北京三联书店,1992.

18. [美]塞缪尔·亨廷顿. 文明的冲突与世界秩序的重建. 周琪等译,北京:新华出版社,1998.

19. [德]斯宾格勒. 西方的没落. 齐世荣译. 北京:商务印书馆,1963.

20. [苏]斯大林. 斯大林选集. 北京:人民出版社,1979.

21. [英]汤因比.历史研究.曹木风等译.上海:上海人民出版社,1966.

22. [英]汤因比,(日)池田大作.展望二十一世纪——汤因比与池田大作对话录.荀春生等译.北京:国际文化出版公司.1985.

23. [德]亚斯贝斯.历史的起源与目标.北京:华夏出版社,1989.